그들은 휴머니스트였다

그들은 휴머니스트였다

—

1판 1쇄 펴냄 2017년 9월 10일
1판 2쇄 펴냄 2019년 11월 28일

지은이 하희정
펴낸이 한종호
디자인 임현주
인쇄·제작 블루앤

펴낸곳 꽃자리
출판등록 2012년 12월 13일
주소 경기도 의왕시 백운중앙로 45, 2단지 207동 503호(학의동, 효성해링턴플레이스)
전자우편 amabi@daum.net

ISBN 979-11-86910-15-3 03230
값 15,000원

그들은
휴머니스트였다

조선의 역사가 된 이방인, 시민사회를 열다

하희정 지음

꽃자리

길 잃은 시대를 위하여

길 위에서 제자들이 스승 예수에게 묻는다.
"쿠오바디스"(Quo Vadis 어디로 가십니까?)

이제는 세상이 길 잃은 교회를 향해 묻는다.
"지금 당신들은 어디로 가는가?"

같은 시대를 산다고 모두가 같은 생각을 하고 같은 선택을 하는 것은 아니다. 현실에 갇히지 않는 한 사람 한 사람의 선택이 의미 있는 역사를 만든다. 오늘날 미래 키워드로 떠오른 시민사회의 등장이 그렇다.

이 책은 힘이 지배한 패권주의 시대에 길을 잃은 조선에 찾아와 휴머니즘을 실천하며 시민사회의 초석이 된 잊혀진 '이방인'들의 '선택'을 들여다본다. 선교사라는 협소한 시각에 갇혀 제대로 평가받지 못했지만, 이들은 기독교라는 종교적 틀에 갇히지 않고 역사의 변곡점에 선 조선의 '위기탈출'에 힘을 보탰다. 특히 철저한 계급사회였던 조선을 근대시민사회로 이끄는 마중물이 되었다. 인종과 종교의 벽을 넘어 다양한 방식으로 인간존엄과 인류평등의 보편가치를 실천한 삶은 세계시민사회를 살아갈 미래세대에겐 더없이 소중한 역사적 자산이다.

기억 저편으로 사라진 사람들을 소환하여 과거 업적을 기리는 것이 이 책의 목적은 아니다. 이방인이라는 이유로 쉽게 잊혀버린 이들의 '이유 있는 선택'을 과거의 행적으로만 묻어두지 않고, '오늘 여기'의 고민을 비추는 작은 빛으로 새롭게 꺼내 읽고자 한다. 이는 길을 잃어버린 이들이 과거로 숨어들지 않고 미래 시민으로 건강하게 자리를 잡을 수 있도록 돕기 위함이다.

나무의 완성은 숲이고 사람의 완성은 사회다. 이 책은 12명을 한 권에 담았다. 인물의 뛰어남이 선별기준은 아니다. 조선에서 이들이 만들어낸 협력과 다양성에 더 큰 가치를 두었다. 시민교육, 공공의료, 대중매체의 생산이라는 근대 인프라 구축이 시민광장을 만들어낸 열쇠다. 일명 조선을 시민사회로 이끈 3종 세트다.

1부 "시민교육" 편은 조선에서 대중교육의 사회적 가치를 처음 각인시킨 교육개척자들을 소개한다. 이들은 가정에 고립된 여성들에게 사회적 활동공간을 열어주고, 변화와 배움에 목마른 젊은 청년들을 근대개혁의 주역으로 이끌었다. 일제 식민치하에서 '열린' 대학을 꿈꾸며 조선의 미래지성들을 키워낼 바탕을 마련하고, 사회적 책임감으로 지역공동체를 돌볼 종교 리더들을 키워냈다.

2부 "공공의료" 편은 힘을 상실한 조선정부를 대신해 빈자들을 위한 사회안전망 구축에 직접 나선 의료개척자들을 소개한다. 이들은 온갖 질병에 무방비로 노출된 조선민중들의 생명과 그 존엄가치를 지키기 위해 다양한 방식의 협력을 이끌며 고군분투했다. 서울에서 처음 선보인 의료 공공성 개념은 지방으로 확대되었다. 평양에서는 여성병원과 어린이병동이 세워졌고 장애아를 위한 특수교육도 시작되었다. 남도에서는 한센 환자를 위한 나병원과 재활공간이 마련되었고, 북부지역인 해주에서는 결핵치료를 위한 요양원과 대안마을이 세워졌다.

3부 "대중매체" 편은 조선의 숨겨진 가치를 재발견하고 조선인들의 자유를 향한 투쟁을 응원하며 이를 국제사회에 알린 용기 있는 인물들을 소개한다. 이들의 생생한 증언과 기록들이 없었다면 조국독립을 위한 저항의 역사는 오롯이 기억되기 어려웠을 것이다.

글로벌 시대의 서막을 연 19세기는 그야말로 판도라 상자가 활짝 열린 듯, 각 대륙의 빗장이 열리고 세계가 요동치기 시작한 시기였다. 조선은 쇠빗장을 단단히 조이며 급변하는 국제정세에 휘말리지 않으려 안간힘을 썼다. 일찍부터 실크로드를 통해 '청자의 나라', '인삼의 나라', '한지의 나라'로 서방에 이름을 알렸던 '코리아'는 '은둔국Hermit Nation'이라는 별명까지 얻었다. 하지만 개방은 누구도 막을 수 없는 세계 흐름이었다. 뒤늦게 빗장을 열었지만, 때를 놓친 개방은 배가된 파괴력으로 조선을 순식간에 집어삼켰다. 변화의 주도권을 갖지 못해 내외적으로 예측할 수 없는 혼란에 빠졌고, 끝내 일본의 식민지로 전락하는 전례 없는 대가를 치렀다. 근대라는 도도한 바다에 들어선 순간, 아무것도 준비되지 않은 작은 배가 무서운 속도의 소용돌이에 대책 없이 빨려 들어간 형상이랄까.

조선은 세계열강들의 이해관계가 집중적으로 충돌하며 크게 흔들렸다. 그 충격파 속에서 체제변화의 요구까지 맞닥뜨렸다. 안타깝게도 운명의 열쇠를 쥔 조선 왕실은 국제적 안목을 갖추지 못해 눈뜬장님이나 다름없었다. 굶주린 하이에나처럼 달려드는 주변국들의 야만적 행태들에 제대로 대응하지 못하고 속절없이 휘둘렸다. 수천 년의 역사를 이어온 민족의 자부심과 문화적 자산들은 회복불능의 타격을 입었다. 밀려드는 혼란 속에서 제대로 된 기록도 남기지 못했다.

그러나 위기의 순간에도 역사는 멈추는 법이 없다. 개방의 흐름을 타고 조선에 찾아든 이들 중에는 자신들의 힘을 확장하려는 탐욕의 손길들만 있었던 것은 아니다. 조선이 왕조시대를 마감하고 근대시민사회로 진입할 수 있도록 학교를 세워 근대사상을 소개하고 국제정세에 눈을 뜰 수 있도록 물꼬를 터준 이들이 있었다. 개개인의 인격적 존엄과 역사적 주체로서 자기 정체성을 일깨워준 이들도 있었다. 세계시민으로서 인류애의 실현을 위해 자발적으로 참여하고 협력하고 연대하는 방식의 삶을 보여준 이들도 있었다. 전쟁보다 더 무섭다는 전염병의 침투로 속절없이 죽어가는 조선 민중들을 돌보며 평생을 질병에 대한 무지와 더 나은 치료를 위해 사투를 벌인 이들도 있었다. 조선 민중들과 같은 옷을 입고 같은 음식을 먹으며 거리에 버려진 이들에게 따뜻한 품을 내어 주고 한겨울 추위에 바람막이가 되어준 이들도 있었다. 아무도 관심 두지 않는 민초民草들의 삶의 고달픔을 역사의 기록으로 남긴 이들도 있었다. 제 민족도 알아보지 못한 한글의 근대적 가치와, 조선의 문학과 가락의 우수함을 세계에 알려 한민족의 인류사적 공헌과 민족적 자주성을 보여준 이들도 있었다.

세계시장 확보를 두고 국가적 이익을 위해 치열하게 경쟁했던 패권주의 시대에 이들이 보여준 용기와 실천의 내용을 섬세하게 들여다볼 필요가 있다.

역사는 홀로 이루어지지 않는다. 가치 있는 다양한 선택이 의미 있는 역사를 만든다. 이들의 선택은 비록 이방인일지라도 근대시민사회의 등장을 이끈 한국역사의 한 조각으로 새롭게 평가되어야 한다. 이들이 '다른 선택'을 할 수 있었던 것은 단순히 약한 나라에 대한 값싼 동정이나 야만을 문명으로 바꾸겠다고 막무가내로 달려든 서구인들의 왜곡된 시선이 아니었다. 무너져가는 조선에 깊이 감추어진 빛나는 가치를 보았기 때문이다. 위기에 빠진 제 민족의 운명을 바꾸기 위해 목숨 걸고 뛰어든 조선인들의 두려움 없는 용기에 힘을 보태고 싶었기 때문이다.

물론 제국의 시대 서구 문명의 힘을 빌려 조선에 찾아온 이들을 바라보는 시선은 다양할 수 있다. 어떤 이들은 무조건 은혜를 베푼 사람들로 칭송하고 또 어떤 이들은 정반대로 무조건 이들의 역할을 애써 외면하며 한국근현대사에서 축소하거나 배제하려 든다. 서로 바라보는 것이 다른 만큼 같은 결론에 도달하기는 어려울 것이다. 하지만 역사가에게 맡겨진 몫이 무작정 죽은 자를 불러내 그 무덤에 침을 뱉을 것인지 그 앞에 공적비를 세울 것인지 심판하는 일은 아닐 것이다. 앞서 산 이들의 가치 있는 선택과 그 의미를 새롭게 읽어내어, 지금 길을 찾는 이들에게 미래로 나아가는 작은 디딤돌 하나 놓아주는 일이 아닐까.

또한 오늘날 길을 잃은 한국교회에 가장 필요한 것은 과거의 영광이 아니라 미래를 비추어줄 기독교 정신의 회복일 것이다. 휴머니즘이야말로 기독교 복음의 진수다. 종교가 인간 안에 깊이 자리한 고통과 그 너머에 감추어진 새로운 희망을 함께 읽어내지 못한다면 어디에서 그 존재 이유를 찾을 것인가. 좌절의 시대, 교회가 세상에 줄 수 있는 것은 구원이 아니라 용기다. 교회는 신의 자리를 탐내서는 안 된다. 신이 인간을 선하게 창조했다고 믿는다면, 인간이 도와야 하는 것은 신이 아니라 바로 인간 자신이다. 인간을 돕는 것이 곧 신을 돕는 일이다. 사람다움의 가치는 인간성의 상실로 치닫는 혼란 속에서 더욱 선명하게 각인되듯이, 종교가 가장 빛을 발하는 순간도 시끄러운 세상과 거리두기를 할 때가 아니라 새로운 미래 질서의 탄생을 위해 몸부림치는 세상에 한 걸음 더 다가설 때다. 신을 사랑하는 일이 함께 발 딛고 서 있는 세상을 폄하하고, 시대의 고통을 외면하는 일이 되어서는 안 된다.

이제 우리는 스스로에게 물어야 한다. 지금 우리는 어디로 가고 있는가?

길을 묻는 모든 이들을 응원하며

하희정

목차

11

제1부

시민교육:
시민사회로 가는
닻을 올리다

아픔 속에 핀 꽃들,
당당한 조선의 여성으로 키우다

메리 스크랜턴
(Mary Fletcher Scranton, 1832~1909)

메리 스크랜턴은 기울어가는 조선의 운명을 보면서 조선 소녀들에게 가장 필요한 것은
조선인으로서의 긍지와 자부심이라고 생각했다. 바깥 세상과 철저히 차단되어 살아온
조선 소녀들은 누구의 딸, 누구의 아내, 누구의 어머니로 살아가는 것 외에 다른 삶이 있
다는 것을 생각조차 못하는 듯했다. 메리 스크랜턴은 조선의 소녀들에게 여성도 자기 이
름으로 살 수 있다는 것을 알려주고 싶었다. 여성도 당당히 세상과 마주할 수 있다는 것
을 깨닫게 해주고 싶었다.

Mary Fletcher Scranton

　말은 시대를 담아내는 그릇이다. 사람들이 습관적으로 던지는 말에
도 시대의 프레임이 담겨 있다. 오랫동안 이 땅에서는 누구도 거부할 수
없는 상식으로 통했던 말 한마디가 있었다. "암탉이 울면 집안이 망한
다." 인구의 절반을 수백 년 동안 침묵 속에 가두어둔 위력적인 말이었
다. 본래 의미가 무엇이었든지 간에 여성들은 이 프레임에 갇혀 그야말
로 벙어리 인생을 살았다. 하지만 제아무리 공고한 프레임이라도 시대의
변화를 거스를 수는 없다. 물론 변화의 시간은 거저 오지 않는다.

서양부인이 한양 도성에 나타나다

　1885년 여름, 갑신정변의 여파로 어수선한 한양 땅에 머리가 희끗희
끗한 한 서양부인이 장옷도 두르지 않은 채 나타났다. 미국에서 온 첫 여
선교사 메리 스크랜턴Mary Fletcher Scranton이었다. 서양여인을 처음 보아서

인지 사람들은 호기심과 의심이 교차하는 시선으로 그녀를 바라보았다. 그녀는 외국공관이 들어선 정동에 자리를 잡았다. 그리고는 과감하게 여성도 배워야 한다며 여학교를 시작했다.

시인 정현종은 〈방문객〉이란 시에 이렇게 썼다. "사람이 온다는 건 실은 어마어마한 일이다. 한 사람의 일생이 오기 때문이다." 한 사람을 만난다는 것은 그 사람이 살아온 세계와 만나는 일이다. 메리 스크랜턴이 조선여성들을 찾아 태평양까지 건넌 것은 미국에서 시민전쟁(남북전쟁) 이후 전국으로 퍼져나간 여성운동의 영향이 컸다. 개신교 여성들이 주축이 되어 "여성이 여성에게"라는 슬로건을 내걸고 해외활동에 참여할 젊은 여성들을 모집해 세계 곳곳에 파견했다.

아시아도 그 중 하나였다. 인도를 시작으로 중국, 일본, 조선까지 이 여성들은 가는 곳마다 여성들을 위한 학교와 병원을 세웠다. 종교적 목적이 우선적인 동기가 되었지만, 그 내용과 역할은 오늘날 국제 네트워크를 가진 NGO 활동에 다름 아니었다. 일본정부의 강제추방으로 철수할 수밖에 없었던 1940년까지 조선을 다녀간 여성들만 800여 명에 이른다. 가정 안에 머물던 여성들이 해외 러시에 합류하고 나선 것은 미국에서도 처음 경험하는 일이었다. 이들은 한 번도 가본 적 없는 미지의 나라도 마다하지 않았다.

미국 여성들은 왜 온갖 위험이 기다리는 해외로 눈을 돌리게 되었을까. 이는 미국이 경제에 올인하면서 시작된 변화였다. 노예제도 문제로 촉발된 4년 동안의 내전을 끝낸 미국정부는 국내갈등을 서둘러 봉합하고 끓어오르는 에너지를 산업경제 구축과 해외시장 확보에 집중시켰다. 산업사회의 경제시스템이 본격 가동되자, 예상치 못한 여러 가지 변화들이 이어졌다. 여성들에게 사회적 공간이 열린 것도 그 중 하나다. 남성들이 산업전선에 재배치되고 경제활동에 몰두하게 되자, 시민윤리를 새롭게 세우고 시민교육을 지속해 나가는 일은 여성들의 몫이 되었다. 자연스럽게 여성들의 적극적인 조력이 필요했다. 특히 산업사회를 이끌어갈 인재양성이 국가적 과제로 떠오르며 모성의 사회적 역할과 여성교육의 필요성도 함께 제기되었다. 미국 여성들은 이를 자신들의 사회적 역량을 키우는 기회로 활용했다.

우물 밖 하늘을 본 개구리는 다시 돌아오지 않는다는 말이 있다. 남성들에게만 열려 있던 고등교육의 기회가 여성들에게 확장되고, 고등교육을 받은 여성들은 부모세대와 다른 삶을 꿈꾸기 시작했다. 교육을 통해 독립된 자의식을 갖게 되자, 결혼보다는 전문직 여성으로서 더 나은 사회를 위해 당당히 일하기를 원했다. 하지만 미국사회는 여성들의 노동력만 필요했을 뿐 새로 깨어나기 시작한 여성들의 열망을 받아들일 준비가 되어 있지 않았다. 결국 젊은 여성들의 새로운 꿈과 열정은 세계로 눈을 돌리기 시작한 교회를 통해 해외활동으로 분출되었다.

메리 스크랜턴이 속한 감리교의 경우, 여성선교사 후보생의 나이는 '22세에서 30세 사이이어야 한다'는 규정이 있었다. 메리 스크랜턴의 경우는 예외였다. 그는 53세로 이미 지천명知天命에 들어선 중년 부인이었다. 하지만 나이와 연륜을 중시해온 동양, 특히 조선에서는 오히려 그의 나이가 유익하게 작용했다. 젊은 여성들에게 유독 폐쇄적이었던 유교문화권에서는 어머니와 같은 기품과 연륜을 갖춘 메리 스크랜턴이 적격이었다.

메리 스크랜턴은 나이만큼이나 인생 경험이 풍부했다. 스물한 살에 결혼하여 행복한 가정생활을 했지만, 결혼한 지 20년째 되던 해 남편과 갑작스럽게 사별하는 아픔을 겪었다. 남편을 잃은 후에는 아들을 홀로 키웠기에 여성이 혼자서 자녀를 양육한다는 것이 얼마나 힘겨운 일인지도 잘 알고 있었다. 물론 아들 뒷바라지만 하지 않았다. 전국조직망을 갖춘 감리교 여성해외선교회WFMS 활동에 지역임원으로 적극 참여했다. 당시 여성에게 허용된 사회적 공간은 종교를 통한 길뿐이었다. 그 과정에서 협력과 연대정신을 자연스럽게 익혔다. 사회선교에 대한 남다른 열정과 리더십은 초기 감리교운동을 이끈 집안에서 성장한 덕분이었다.[1] 아버지에 이어 오빠, 조카들까지 3대가 감리교 목회자나 선교사로 활동했다. 메리 스크랜턴이 이름도 제대로 알려지지 않은 조선에 일찍이 관심을 갖게 된 것도 일본 요코하마에서 활동한 조카 엠마 벤튼Emma J. Benton의 영향이 적지 않았다.

19세기 말 조선은 그리 녹록한 땅이 아니었다. 난폭한 이웃 나라들에 둘러싸인 형국에, 무기를 장착한 큰 배를 앞세워 강제로 통상조약을 맺

---

1) 감리교운동은 18세기 영국에서 존 웨슬리(John Wesley)가 중심이 되어 일어났다. 당시 영국은 산업혁명으로 근대산업사회의 본격적인 도래를 알렸고 세계경제질서를 선도하는 국가로 급부상했다. 하지만 사회적 취약계층의 급격한 증가로 새로운 문제들에 봉착했다. 영국국교회(영국성공회) 사제였던 웨슬리는 "규칙주의자"(Methodist)라는 별명이 따를 만큼 원칙과 전통을 중시했던 인물이었으나, 거리의 대중들을 품지 못하는 전통교회의 제도적 한계를 절감한 후 교회의 사회적 책임을 강조하며 거리의 대중들을 찾아 나서는 새로운 패러다임의 목회를 시작했다. 이것이 감리교운동의 시작이 되었다. 이후 감리교운동은 미국으로 건너가 청교도 전통에 새로운 바람을 불어넣으며 전국으로 퍼져나갔고, 웨슬리와 그의 동료들에게 붙여졌던 Methodist라는 별명이 그대로 감리교를 지칭하는 이름으로 정착했다. 감리교운동의 가장 중요한 특징은 교회에서조차 발언권이 없었던 여성들이 적극 참여해 변화의 주역이 되었다는 점이다. 메리 스크랜턴의 결혼 전 이름인 Mary Fletcher도 영국에서 웨슬리와 함께 감리교운동을 이끈 초기 여성 리더 Mary Bosanquet Fletcher(1739-1815)의 이름에서 따왔다.

으려는 서구열강들까지 더해졌다. 나라의 운명은 한 치 앞을 내다볼 수 없는 나락으로 빠져들었다. 새로운 변화를 요구하는 민중들의 열망은 폭발할 지경에 이르렀지만, 부패한 관료들은 시대의 변화와 민중들의 요구를 무시한 채 기존체제만을 고집했다. 치안은 점점 불안정해지고, 외부인에 대한 적대감은 날로 깊어갔다.

메리 스크랜턴은 조선 땅을 밟기 전 일본에 머물며 조선의 상황이 심상치 않다는 소식을 들었다. 하지만 불안한 미래를 두려워하지 않았다. 오히려 조선입국이 계속 늦어지는 것을 염려했다. 메리 스크랜턴이 배운 기독교 정신은 안정된 기반에 안주하지 않고 늘 고난의 땅을 찾아나서는 것이었다. 고통 받는 민족이야말로 자신이 함께 해야 할 자기 백성이라고 믿었다.

"여기 일본의 환경은 좋습니다. 하지만 나는 어서 가서 내 백성 가운데 살기를 원합니다."

거리에 여성이 없다

조선에서 첫 겨울을 보낸 메리 스크랜턴은 이듬해 봄, 대감집보다 더 큰 기와집을 짓기 시작했다. 소녀들을 위한 학당이었다. 학교가 완성되기 전까지는 서당처럼 자신의 집에서 학생들을 가르칠 생각이었다. 하지만 학생들이 오지 않았다. 아펜젤러Henry Gerhart Appenzeller가 시작한 남학교에는 영어를 배워 출세할 요량으로 찾아오는 젊은이들의 발걸음이 끊이지 않았다. 여학교는 달랐다. 학생이 찾아오기는커녕 거리에 나가도 여성들을 만나기 어려웠다. 어쩌다 여인들을 만나더라도 가까이 가면 재빨리 문을 닫거나 휘장 속으로 숨어버렸다. 아이들도 도깨비라도 본 듯 소리를 지르며 도망치기 일쑤였다.

알고 보니 조선에는 여성들이 마음대로 제 모습을 드러내서는 안 되는 오랜 관습이 있었다. 낮에는 거의 거리를 다니지 않았다. 움직여야 할 경우가 생기면 밤에 장옷으로 얼굴을 숨기고 조용히 다녔다. 고위층 집안의 여성일수록 사회적 규율이 엄하여 집안에서 잘 나오지 못했다. 언뜻 보면 햇빛도 제대로 보지 못하고 집이라는 감옥에 갇혀 지내는 듯 보였다. 이는 아픈 역사가 남긴 흔적이었다. 이전 왕조인 고려시대만 해도 여성들은 남성들과 마찬가지로 말을 타고 다닐 만큼 자유로웠다. 하지만 고려말기로 접어들며 외세의 침략이 잦아져 여성들이 무자비한 폭력에 노출되고 탐색의 대상이 되어 가족공동체가 위기에 처했다. 새롭게 들어선 조선왕조는 가문을 보존하기 위한 안전장치로 여성을 가정 안에 깊이 숨겨두는 관습을 만들어냈다.

여성을 가정에 감춰두는 것이 최선일까. 여성운동을 목도한 서양부인의 눈엔 조선여성들이 새장에 갇힌 새처럼 보였다. 무엇보다 어린 소녀들이 학교교육 없이 자라나는 모습이 가장 안타까웠다. 조선은 그 어느 나라보다 "학문을 숭상하고 글을 배운 선비를 존경하는 나라"였지만, 여성들은 밥 짓고 바느질하는 것 외에는 어떤 배움도 필요치 않다고 믿었다. 아니 오히려 여성의 배움은 곧 남편은 물론 집안을 망치게 하는 해로운 독이라고 여겼다. 교육을 중시하는 양반집 가정에서도 딸들에게 글을 가르치지 않았다. 예외가 없는 것은 아니었지만, 여성교육은 말없이 살림 잘하고 남편을 조용히 내조하는 법을 가르치는 내방교육이 전부였다.

담장 밖은 남성의 공간이기에 여성이 관심을 두어서는 안 되었다. 글도 여성이 넘보아서는 안 되는 남성의 영역이었다. 이런 상황에서 교육을 시키겠다고 '낯선' 외국부인에게 선뜻 딸을 맡길 부모는 없었다. 메리 스크랜턴이 마주한 현실의 벽은 그리 간단치 않았다.

배꽃같이 어여쁜 소녀들의 글 배움터

새로운 변화는 늘 중심이 아닌 변방에서 시작된다. 메리 스크랜턴은 부모의 보호를 받지 못하거나 신분이 낮은 여성들에게 먼저 관심을 가졌다. 덕분에 조선에서는 단 한 번도 중심에 서 보지 못한 가난하고 소외된 여성들이 근대시대를 여는 행운을 얻게 되었다. 말 그대로 역사의 중심이 바뀌고 세상이 뒤집어지는 변화가 시작된 것이다.

출발은 쉽지 않았고 화려하지도 않았다. 1886년 5월 첫 학생이 찾아왔다. 정부관리의 첩 김 씨 부인이었다. 영어를 배워 왕비의 통역이 되라는 남편의 권유에 못 이겨 마지못해 발걸음을 했다. 동기야 어떻든 제 발로 찾아와준 것 만으로도 메리 스크랜턴은 마치 "암흑 속에 빛"을 본 것처럼 기뻤다. 하지만 김 씨 부인은 3개월 만에 중도 하차하고 말았다. 얼마나 실망이 컸던지 메리 스크랜턴은 이후부터 가정부인을 학생으로 받지 않겠다는 내규를 정했다.

그 후로 정규학생들이 하나 둘씩 생겨났다. 아홉 살 꽃님이는 외국부인이 아이들을 공짜로 먹여주고 재워준다는 소문을 듣고 그의 엄마가 직접 데려왔다. 메리 스크랜턴이 만난 아이들 중 "제일 다루기 힘든 말썽꾸러기"였다. 하지만 1년쯤 지나자, 말썽꾸러기 소녀는 어느새 따뜻한 마음과 남다른 추진력 그리고 강인한 성품의 소유자가 되었다. 메리 스크랜턴이 "다른 아이를 포기할지언정 꽃님이는 포기할 수 없다"고 말할 정도였다. 어려움도 있었다. 그의 어머니가 데려가겠다고 소동을 부렸다. 처음에는 잘 먹여주고 입혀주겠지만, 나중엔 외국으로 데려갈 것이라는 주변 사람들의 말에 덜컥 겁이 난 거였다. 딸을 외국으로 데려가지 않겠다는 각서를 써준 후에야 그는 발걸음을 돌렸다.

열한 살 음전이는 아주 어려서 어머니를 잃은 고아나 다름없는 아이였다. 학생 중 가장 어렸던 여섯 살 간난이는 전염병으로 서대문 성벽 아래 버려진 엄마 곁을 지키던 아이였다. 의료선교사로 함께 내한한 아들 윌리엄 스크랜턴William B. Scranton이 이들을 발견하고는 병원으로 옮겨 치료해 주었다. 그 후에도 갈 곳이 없자, 메리 스크랜턴이 두 모녀를 거두었다.

속도는 더뎠지만 한 사람 한 사람 만나면서, 메리 스크랜턴은 조선 여성들의 아픔을 세밀히 들여다볼 수 있었다. 그해 늦가을 새로 지은 큰 기와집 학교가 완성되자, 4명이었던 학생은 불과 두 달 만에 7명으로 늘었다. 전혀 다른 문화에서 자란 어린 소녀들과 같은 공간에서 생활한다는 것이 그리 쉬운 일은 아니었다. 하지만 메리 스크랜턴은 기쁘게 받아들였다. 그의 품은 돌봄이 필요했던 소녀들에게 더없이 넓고 따뜻한 어머니의 품이 되었다. 조혼으로 어린 나이에 결혼했다가 홀로 되어 돌아갈 곳이 없어지거나 소박을 맞고 버림받은 여성들에게도 어머니의 품은 필요했다.

메리 스크랜턴은 1886년 연례보고서에 이렇게 썼다.

"우리가 이들의 마음을 얻었는지는 알 수 없지만, 이들이 우리의 마음을 얻은 것은 확실합니다. 이들에게 축복된 존재가 되려는 마음이 점점 더 강해집니다."

메리 스크랜턴은 조선소녀들에게 배움의 길을 제대로 열어주고 싶었다. 여학교 설립취지와 계획을 정리하여 조선정부에 제출했다. 그리고는 고위관리들을 학교로 초청해 미국에서 보내준 환등기로 미국과 유럽의 경치, 성서를 소개하며 여성교육의 필요성과 중요성을 차근차근 설득해나갔다. 종교교육은 금지사항이었지만, 여학생들이 당당하게 성서구절을 외우고 노래하는 모습도 보여주었다. 그렇다고 무조건 서두른 것은 아니다. 조선에서 "새로운 종교"를 믿는다는 것이 얼마나 위험천만한 일인지 잘 알고 있었기에 학생들에게 성급한 개종을 요구하지 않았다. 오히려 개종에 대한 조급한 마음을 경계했다. 아무도 나서지 못할 때 앞으로 나가는 것은 분명 용기다. 하지만 때를 알고 기다리는 것도 그 못지않은 큰 용기다.

조선왕실은 조선소녀들을 위한 노력과 열정에 고마움을 전하며 '이화학당梨花學堂'이라는 아름다운 이름과 사액현판을 하사하여 학교의 격을 높여 주었다. "배꽃같이 어여쁜 소녀들의 글 배움터"라는 뜻이었다. 메리 스크랜턴은 학교 이름이 아주 마음에 들었다.

"학교 이름은 더할 나위 없이 훌륭합니다. 왕실에서 그 이름을 지어주었다는 점에서 더욱 특별한 의미가 있습니다. 조선인들은 여성들을 칭할 때, 특히 우아하고 감미로운 여인을 칭할 때 '배꽃'이라는 표현을 씁니다. 그래서 우리 학교는 이화학당이 되었습니다."

_〈Heathen Woman's Friend〉, 1887년 7월호

조선에서 "배꽃같이 예쁘다"는 말은 아름다운 여성을 이르는 최고의 찬사였다. 햇빛도 제대로 들지 않는 음지에서 시든 꽃처럼 지내던 어린 소녀들이 이화학당의 넓은 뜰에서 맘껏 글을 배우며 배꽃같이 환하게 다시 피어나리라고는 아무도 예상하지 못했다.

이화학당을 특집으로 다룬 미국감리교 여성해외선교부 월간 저널(1889년 1월호 겉표지)

"당당한 조선의 여성이 되어라"

메리 스크랜턴은 기울어가는 조선의 운명을 보면서 조선소녀들에게 가장 필요한 것은 조선인으로서의 긍지와 자부심이라고 생각했다. 바깥 세상과 철저히 차단되어 살아온 조선소녀들은 누구의 딸, 누구의 아내, 누구의 어머니로 살아가는 것 외에 다른 삶이 있다는 것을 생각조차 못 하는 듯했다. 메리 스크랜턴은 조선의 소녀들에게 여성도 자기 이름으로 살 수 있다는 것을 알려주고 싶었다. 여성도 당당히 세상과 마주할 수 있 다는 것을 깨닫게 해주고 싶었다. 여성으로 당당히 서서 남성들과 함께 조선의 미래를 당차게 세워가기를 간절히 소원했다.

> "우리는 조선인이 조선적인 것에 대하여 자부심을 갖게 되기를 희망합 니다. 그리고 더 나아가 그리스도와 그리스도의 가르침을 통하여 온전한 조선인이 되기를 희망합니다."_⟨Gospel in All Lands⟩, 1888년 8월호

배움의 가치도 근대라는 이름으로 서양인들의 생활양식을 따르게 하 거나 기독교의 교리를 주입하는 것에 두지 않았다. 오히려 한 사람 한 사람 안에 감추어진 다양한 잠재력을 발현시켜 더 나은 조선인으로, 당 당한 조선여성으로 살아가도록 길을 열어주고자 했다. 온전한 사람으 로 살아가도록 하는 것이야말로 가장 중요한 그리스도의 가르침이라고 믿었다.

메리 스크랜턴은 딸로 받아들인 이경숙을 이화학당 첫 조선인 교사로 채용하여 어린 소녀들에게 직접 한글을 가르치도록 했다. 이경숙은 홀로 되어 삯바느질로 어렵게 살았지만 가난한 선비였던 아버지의 가르침 덕 분에 어릴 때부터 글을 읽고 쓸 줄 알았다. 여성에게는 서당 근처에 가는 것조차 허락되지 않았던 때였기에, 여성이 직접 나서서 글을 가르친다는 것은 상상조차 하기 어려웠다. 메리 스크랜턴은 이경숙을 통해 조선 여

성도 배우고 가르칠 수 있는 능력이 있음을 확인시켰다.

이경숙이 닥터 로제타 홀(의료선교사)에게 직접 쓴 생일축하편지

줄탁동시啐啄同時라는 말이 있다. 병아리가 알을 깨고 밖으로 나오기 위해서는 새끼와 어미닭이 안팎에서 동시에 쪼아야 한다는 뜻이다. 새로운 시대를 여는 일은 한 사람의 의지와 노력만으로는 어렵다. 조선의 소녀들이 알을 깨고 새로운 세계로 나가는 데도 주변의 협력이 절실했다. 메리 스크랜턴은 미국 여성해외선교부에 전문성을 갖춘 여선교사 파견을 지속적으로 요청했다. 조선의 미래를 위해 여성들에게도 체계적인 근대교육이 필요하다고 판단했다. 자신은 교육전문가가 아니었기에 교육적 체계를 마련하는데 한계가 있었다. 메리 스크랜턴은 길을 열고 터를 닦는 개척자의 역할과 그 위에 기초를 세우는 전문가의 역할이 달라 함께 협력해야 한다는 것을 잘 알고 있었다.

학교가 시작된 지 1년이 조금 지난 1887년 가을, 그의 첫 소망이 이루어졌다. 여성교육과 의료를 담당할 전문가로 로드와일러L. C. Rothweiler와 닥터 하워드M. Howard가 내한했다. 전문성을 갖춘 선교사들이 합류하자, 이화학당은 비로소 조선에 세워진 첫 근대식 여학교로서의 면모가 갖춰지기 시작했다. 하워드도 조선에 파견된 첫 여의사의 역할을 톡톡히 해냈다.[2] 윌리엄 스크랜턴이 세운 정동진료소에서 진료를 시작한 지 1년 만에 이화학당 옆에 단독공간을 마련하고, 남성의사를 꺼리는 조선여성들을 위해 첫 여성병원을 개원했다. 조선왕실도 이를 고맙게 여겨 '보구여관保救女館'이라는 이름과 사액현판을 하사했다. "여인들을 보호하고 구하는 집"이라는 뜻이었다. 드디어 조선 땅에도 여성들을 위한 공간이 생겨나기 시작한 것이다.

메리 스크랜턴은 조선여성들에게는 물론이요 가족의 품을 떠나 낯선 땅에서 새로운 삶을 개척해나가는 젊은 여선교사들에게도 어머니 같은 존재였다. 하지만 그는 젊은 선교사들을 딸처럼 품으면서도 이들이 동료라는 사실을 한시도 잊지 않았다. 자기 연륜이나 경험에 이들을 가두려 하지 않고, 오히려 조선여성들의 잠재력과 가능성을 발현시키는데 각각의 능력을 맘껏 발휘하고 서로 협력하도록 공간과 기회를 열어주었다.[3]

이런 토대 위에서 조선은 침몰해가는 운명 앞에서도 근대사회로 진입하는 채널을 가까스로 마련할 수 있었다. 메리 스크랜턴이 공들여 키운 박에스더는 1900년 미국에서 근대의학을 공부하고 돌아와 조선의 첫 의

---

2) 조선 땅을 밟은 첫 여성의료인은 1886년 내한한 미국장로교 소속선교사 애니 엘러스(Annie Ellers)다. 하지만 그는 의료면허증을 정식으로 취득한 의사는 아니었다. 서둘러 내한하느라 의과대학을 졸업하지 못했다.

3) 이화학당은 1908년 6월 학교설립 22년 만에 첫 졸업식을 가졌다. 그리고 2년 후엔 대학부를 설립했다. 이전까지는 결혼하는 날이 졸업하는 날이었다. 그만큼 초기의 이화학당은 학생들의 인격형성에 결정적인 영향을 미쳤다.

사가 되었다.[4] 그리고 당당히 '조선여성이 조선여성을 치료하는' 새로운 역사를 써내려갔다. 기혼여성을 입학시키지 않는 내규에 도전하며 이화학당에서 배움의 기회를 스스로 얻어낸 하란사는 인천 별감이었던 남편과 동행하여 일본과 미국에서 유학을 하고 돌아왔다.[5] 그리고는 이화학당뿐 아니라 메리 스크랜턴이 새로 시작한 상동여자중학교, 부인성경학원에서 배움을 갈망하는 조선여성들의 목마름을 채워주었다.

신분이 운명을 결정했던 조선에서 학교는 여성이 운명의 굴레에서 벗어날 수 있는 유일한 길이었다. 하지만 운명을 바꾸는 일은 뛰어난 성취를 이룬 소수의 여성들 손에 달린 것이 아니라 대중여성들이 스스로 알을 깨고 나와 자신들의 사회적 역량을 함께 키워가야 가능했다. 상동여자중학교는 메리 스크랜턴이 여성지도력 양성을 위해 남대문에 세운 학교였다. 미국대학을 졸업한 조선여성이 선생으로 왔다는 소식이 전해지자, 양반집 아낙네들까지 비용을 부담하겠다며 찾아왔다. 학교운영에 큰 도움이 될 터였지만, 메리 스크랜턴은 가난한 여성들에게 먼저 기회를 주어야 한다는 생각에 처음부터 이들을 받지 않았다. 사회적 약자를 위한 우선적 선택은 메리 스크랜턴이 일관성 있게 견지해온 원칙이었다. 신분을 속이고 입학한 이들도 있었지만, 그대로 돌려보냈다. 대신 부인영어학교를 세워 남편과 사별한 여성들, 기생, 궁녀, 정부 고위관리들의

---

4) 본명은 김점동이다. 에스더라는 세례명을 얻고 박유산과 결혼한 후 박에스더로 이름을 바꾸었다. 1894년 남편과 함께 미국으로 건너가 볼티모어 여자의과대학(현 존스홉킨스대학)에서 공부했다.
5) 하란사(河蘭史)는 하상기의 후처로 이화학당 시절 란사(낸시)란 이름으로 세례를 받고 서양식으로 남편의 성을 따서 지어진 이름이었다. 일본 게이오의숙에 이어 미국 오하이오주 웨슬리안대학에서 공부하고 조선여성으로서는 처음으로 문학사 학위를 취득했다.

첩 등 아픔 많은 여인들에게 또 다른 교육의 기회를 제공했다.

하란사가 가르친 학생들은 1919년 전국으로 흩어져 3·1운동의 중요한 구심점과 네트워크를 만들어냈다. 하지만 그해 하란사는 비밀리에 고종의 명을 받고 미국에서 교류했던 의(친)왕을 파리강화회의에 참석하도록 그의 망명을 돕다가 북경에서 의문의 죽음을 당하고 말았다.[6]

리더십을 넘어 파트너십으로

메리 스크랜턴은 조선여성들의 미래를 열어주기 위해 조선왕실과도 협력했다. 1906년 세워진 진명여학교가 그 열매다. 왕실의 후원을 받아 설립된 진명여학교는 명성황후 시해 후 고종 곁을 지킨 엄비가 메리 스크랜턴에게 특별히 부탁한 일이었다. 메리 스크랜턴은 이화학당에서 공부한 여메레를 엄비에게 추천했다. 여메레는 부모에게 버려지다시피 하여 메리 스크랜턴에게 왔는데 매우 총명했다. 여성이었음에도 불구하고 고종의 어전통역관으로 불려 다닐 만큼 영어를 잘하고 조직능력도 뛰어났다. 여메레는 왕실의 요청대로 서울과 평양에 진명여학교를 세웠다. 이화학당이 롤 모델이 되었다. 여메레가 평양에 집중하는 동안 메리 스

---

6) 그해 1월 21일 고종이 갑자기 승하했지만, 하란사는 거사를 실행하기 위해 곧장 북경으로 떠났다. 하지만 교포가 마련한 만찬회에 참석했다가 갑자기 숨을 거두었다. 그의 장례에 참석했던 성서공회 선교사 베커(A. L. Becker)의 증언에 따르면, 그의 시신은 마치 독살당한 듯 검푸르게 변해 있었다고 한다. 그의 남편이 검게 변한 아내의 시신을 안고 돌아왔다. 일제의 스파이로 활동했던 배정자가 하란사를 미행하여 독살시켰다는 소문이 한동안 세간에 나돌았지만, 분명한 원인은 끝내 밝혀지지 않았다.

크랜턴은 선교사 부인들에게 협력을 요청해 서울 진명여학교의 공백을 메웠다.

한 번도 가보지 않은 길을 갈 때에는 한 사람의 빼어난 리더십보다 모두가 지혜를 모으는 파트너십이 더 큰 힘을 발휘한다. 진명여학교를 세우는 과정에서도 메리 스크랜턴은 뛰어난 능력을 가진 이가 '홀로' 주도해나가는 것이 아니라 '여럿이 함께' 노력하고 협력하는 파트너십의 진가를 보여주었다. '포용'과 '협력' 정신에 바탕을 둔 그의 실천적 사고는 위기를 기회로 만들어내는 성과들을 가져왔다.

진명여학교가 설립된 이듬해인 1907년, 고종의 헤이그 비밀특사파견이 실패로 돌아가며 일본에 의해 정미 7조약이 강제 체결되었다. 이에 저항하는 항일의병운동이 전국 곳곳에서 일어나는 등 조선은 그 어느 때보다 힘겨운 시간을 보냈다. 대부분의 선교사들이 그랬듯이, 메리 스크랜턴도 처음에는 서구의 근대문물을 일찍부터 받아들인 일본이 조선의 문명화에 도움이 될 것이라고 막연하게 생각했다. 하지만 약소국가로써 조선이 당하는 아픔 또한 누구보다 잘 알고 있었다. 그 해엔 겨우 열한 살밖에 되지 않은 조선의 황태자가 일본의 볼모로 끌려가기도 했다. 메리 스크랜턴은 왕실 초청을 받자 학생들에게 애국가를 가르쳤다. 그리고는 고종 부부 앞에서 힘차게 부르게 해 동력을 완전히 상실한 조선왕실에 힘을 보탰다. 위기의 순간에도 흔들림 없이 조선의 미래를 위해 여성교육을 지속해가는 메리 스크랜턴의 용기와 진정성에 왕실은 깊은 위로를 받았다.

특히 일본이 조선군대를 해산하며 군권까지 장악한 상황에서 애국가가 주는 울림은 그 어느 때보다 컸다. 애국가가 공식석상에 처음 등장한 것은 10여 년 앞선 1896년 11월 21일 독립문 정초식 때로, 배재학당 학생들이 행사에 참여해 부른 것으로 알려져 있다. 1882년 한미조약을 맺을 때 미국 측은 천막 앞에 미국 국기를 꽂고 〈Yankee Doodle〉 노래를 들으며 조약에 서명했다. 이 모습을 인상 깊게 들은 고종은 조선에도 나라를 위한 노래가 필요하다 생각했고, 음악에 조예가 깊었던 배재학당 교사이자 감리교 선교사였던 벙커D. A. Bunker가 그 뜻을 헤아려 마련했다. 조선인이 지은 시에 스코틀랜드 민요인 〈Auld Lang Syne〉의 곡을 붙였다.[7] 벙커는 육영공원 교사로 조선왕실과 처음 인연을 맺었다. 그의 부인 애니 엘러스Annie Ellers도 조선왕실과 깊은 연연을 맺고 있었다. 그녀는 장로교의 첫 여성의료선교사로 내한했다가 벙커와 결혼했고, 명성황후가 시해되기 전까지 8년간 왕비의 주치의로 맺은 우정을 이어갔다.

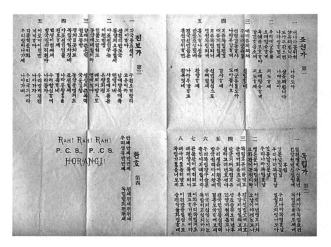

독일의 한 고서점에서 발견된 독립문 정초식 전단지

메리 스크랜턴은 정부 측 관계자들의 입장도 깊이 헤아렸다. 한민족의 미래를 위해 세운 진명여학교가 기독교 색채가 강한 학교가 되지 않을까 의구심을 갖자, 이들의 염려를 이해하고 해소해주는 방식으로 학습 내용과 속도를 조율해나갔다. 자신의 열정과 일정대로 일을 진행하기보다는 "급할수록 돌아가라"는 조선인들의 지혜를 따랐다. 변화에는 용기와 지혜가 동시에 필요하다는 것을 그는 잘 알고 있었다. 상대를 인정하고 배려하며 협력하려는 정신이 없었다면 어려운 일이었다. 메리 스크랜턴은 놀라운 추진력으로 수많은 일들을 해나가면서도 성과에 집착하는 마음을 경계했다. 업적과 성과에 집착하는 순간 사람은 한낱 무언가를 위해 소비되는 소모품으로 전락하기 마련이다.

동료 선교사들과 조선 여성들에게도 늘 이렇게 당부했다.

"신은 우리에게 풍성한 수확을 가져오라 하지 않으신다. 최선을 다하라. 결과는 하늘의 것이다. 이것이 우리에게 주시는 메시지다."

끝까지 조선을 품다

메리 스크랜턴의 시선은 늘 중심이 아닌 변방으로 향했다. 이화학당이

7] 초기의 애국가는 지금과 달리 통일된 형태의 가사가 아니었다. 독립문 정초식에 애국가로 불렀다는 "조선가"도 오늘날의 애국가와 가사가 다르다. 작사자도 윤치호 설과 안창호 설이 팽팽히 맞서며 여전히 논란거리다. 최근 독일의 한 고서점에서 발견된 〈코리안 리포지토리 The Korean Repository〉에 당일 배포된 것으로 추정되는 전단지가 갈피에 끼어 있었는데, 전단지에 소개된 가사에는 오늘날과 같은 애국가 후렴구도 포함되어 있지 않았다. (《조선일보》 2013. 5. 15)

문을 연 지 10여 년을 지나며 안정궤도에 들어서자, 외국공관이 말끔하게 자리한 정동을 떠나 늘 시끌벅적한 남대문으로 주거지를 옮겼다. 이곳은 가난한 시장상인들이 지방을 오가며 생활하는 곳이었다. 서양 '귀부인'이 시장터로 이사 왔다는 소문이 나자, 호기심으로 찾아오는 여성들이 얼마나 많았던지 첫 3개월 동안 1,200여 명의 손님을 맞았다.

새로 자리 잡은 남대문에서도 메리 스크랜턴은 "어린 소녀들이 자기네 어머니들처럼 문맹과 무지 속에 살아가도록 내버려 두어서는 안 된다"고 결심했다. 하지만 이곳의 가난한 부인들은 기숙학교인 이화학당에 딸을 보낼 형편이 되지 못했다. 다행한 것은 조선에 처음 발을 들일 때와 다르게, 여성들도 낮에 자유로이 거리를 걸을 수 있어 굳이 기숙학교가 필요하지 않았다. 그래서 지역 상황에 맞게 집안 일을 도우며 공부할 수 있는 매일학교를 시작했다. 상동교회 부설로 세운 공옥여학교가 그 열매다. 그 후로 이천, 여주, 수원 등 지방을 다니며 많은 여성들을 만나고, 이들을 위해 지역 곳곳에 여자매일학교를 세웠다.

1909년 77세로 생을 마감할 때까지 메리 스크랜턴은 스스로 "내 백성"이라고 고백했던 조선인들에 대한 배려와 사랑을 멈추지 않았다. 고통을 참는 것에 익숙했던 조선인들조차 혀를 내두를 정도로 병석에서의 아픔을 인내하며, 곁에서 자신을 도와준 조선인 친구들을 모두 불러 마지막 성찬과 인사를 나누었다. 사람들도 신분을 가리지 않고 메리 스크랜턴을 깊이 존경하고 사랑했다. 동료선교사들이 한목소리로 "스크랜턴 부인은 모든 계층의 사람들로부터 사랑받았다"고 증언할 정도였다.

이것이 빈말이 아니었음은 그의 장례식이 증명해주었다. 궁궐에서 고위관리가 나와 그의 시신이 담긴 관을 향해 세 번 절을 하며 예를 다하였다. 나이, 성별, 신분을 초월하여 수천 명의 사람들이 그의 마지막 가는 길을 따르며 "조선에서 태어났더라면 우리의 왕비가 되고도 남았을 것"이라고 그와의 영원한 이별을 아쉬워했다. 한강변으로 향하는 그의 운구행렬은 국모상이 난 듯 끝도 없이 이어져 그 길이가 '5마일'(8km)이나 되었다.

조선왕실의 명을 받고 메리 스크랜턴을 밀착 경호했던 호위병은 그의 차별 없는 사랑을 잊지 못하고 이렇게 고백하곤 했다.

"노부인이 조선에 온 이후로 해온 것은 바로 암탉이 제 새끼를 품듯이 이 백성을 품는 것이었다."

아무도 눈길 주지 않는 조선의 딸들에게 다가와 기꺼이 곁과 품을 내어준 메리 스크랜턴. 집안을 망치는 암탉이 될까 두려워 자신을 깊이 감추고 살던 여성들에게 당당히 새날을 여는 주역이 되도록 날개를 달아준 여성교육의 개척자. 고통이 있는 곳에 하나님이 계시다는 믿음 하나로 척박한 땅에 찾아와 첫 씨앗을 심은 그의 용기는 어두운 터널 속을 지나던 조선에 한 줄기 빛이고 희망이었다. 그가 세운 학교들은 오늘날까지도 그의 업적을 칭송하며 역사의 자랑거리로 삼는다. 하지만 그의 정신과 실천이 여전히 살아있는지에 대해서는 말끝을 흐린다.

130년 역사를 거치며 이화학당은 한국을 대표하는 여자대학으로 성장했으나, 최근 들어 새로운 역사를 열어가는 변화의 중심이 아닌 부패 권력이 자행한 교육 농단의 한복판에 섰다. 오늘의 부끄러움은 과거의 자랑거리로도 덮어지지 않는다. 역사는 자랑이 아니라 책임감으로 받아들일 때 의미를 갖는다. 다행히 학생들이 비정상적으로 운영된 학교를 바로잡기 위해 저항의 깃발을 들어 새 희망을 쏘아 올리고 있다.

근대의 주역들을 탄생시킨
신학문 1번지

헨리 아펜젤러
(Henry G. Appenzeller, 1858~1902)

사람은 끊임없이 성장하는 존재다. 누구를 만나고 어떤 문화를 경험하느냐에 따라 그 끝이 달라진다. 조선은 종교적 열정 하나에 몸을 실어 찾아온 한 젊은이를 전혀 다른 사람으로 바꾸어 놓았다. 변화는 조선인들을 직접 만나면서 시작되었다. 아펜젤러는 고지식하다는 평을 들을 만큼 원칙주의자였지만 새로운 변화에 늘 열려 있었다.

Henry G. Appenzeller

　한 사람의 힘은 결코 작지 않다. 변화의 요구가 임계점에 이르렀을 때, 한 사람이 보태는 힘은 새로운 시대로 들어서는 견인차 역할을 하기도 한다. 1885년 감리교 선교개척자로 조선에 온 헨리 아펜젤러Henry G. Appenzeller도 그런 사람 중 한 사람이었다. 서울에 입성하기까지는 쉽지 않은 여정이었다. 일본에서 한 달을 기다린 끝에 절묘하게도 4월 5일 부활절에 제물포항에 도착했다. 그는 조선 땅에 처음으로 깃발을 꽂을 수 있게 되었다는 사실에 감격했다.

　"오늘 무덤의 빗장을 산산이 부수고 부활하신 주께서 이 나라 백성들에게 하나님의 자녀가 누리는 빛과 자유를 허락해 주옵소서."_4월 9일 일기[8]

　감격은 잠시였다. 몇 개월 전 젊은 정치인들이 일으킨 근대개혁(갑신정변)

---

8) 윌리엄 그리피스 저/ 이만열 역,《아펜젤러》(2015), 10

이 실패로 돌아가고 일본이 개입된 사실이 밝혀지면서 서울은 발칵 뒤집혔다.

다른 아시아 나라들처럼 근대개혁은 조선에서도 피할 수 없는 시대 요청이었다. 개혁을 주도한 젊은 정치인들은 대부분 일본을 통해 근대문물에 눈을 떴다. 자연스럽게 이들이 꿈꾼 정치혁명도 정부주도의 근대개혁을 성공시킨 일본이 롤 모델이었다. 중국에 의존해 오랫동안 권력을 유지해온 구체제를 청산하고 왕이 정치개혁에 나서도록 칼을 뽑아 들었지만, 중국의 영향력을 넘어서기는 어려웠다. 결국 그 저항에 맞서기 위해 또 다른 외세인 일본을 국내정치에 끌어들이는 패착을 두었고, 이는 돌이킬 수 없는 역사로 이어졌다. 혁명에 가담한 젊은 정치인들은 형장의 이슬로 사라지거나 훗날을 기약하며 일본으로 망명을 떠났다. 무리하게 추진된 '위로부터의 개혁'은 대륙국가와 해양국가 사이에 긴 반도국가의 심상치 않은 운명만 확인시킨 채 넘어야 할 산이 만만치 않음을 숙제로 남겼다.

실패한 혁명은 역풍을 불러오기 마련이다. 이 사건으로 외세에 대한 반감은 극에 달했다. 이런 시국에 이제 갓 결혼한 젊은 신부를 데리고 서양인이 도성 안으로 들어간다는 것은 생명을 잃을 수도 있는 무모한 일이었다. 함께 배를 타고 온 장로교 선교사 언더우드Horace G. Underwood는 혼자라도 서울로 들어가겠다고 했다. 그는 미혼이었다. 아펜젤러는 언더우드를 응원하는 것에 만족하며 미 공사관과 미군 함장의 권유대로 일본으로 다시 돌아갈 수밖에 없었다.

친구를 대신하여 선택한 조선

아펜젤러가 서울로 입성한 것은 7월 끝자락이다. 첫 개척선교사들 중 가장 먼저 조선 땅을 밟았지만, 가장 늦깎이로 서울에 입성한 셈이다. 이 때만 해도 아펜젤러는 여느 미국인들처럼 미국이 최고문명국이라는 자부심에 가득 찬 스물일곱 살 젊은 청년이었다. 그는 외국인 거주지 정동에 마련된 한옥을 서구식으로 개조하며 "서울의 한 끄트머리를 조그마한 미국으로 만들겠다"고 마음 먹었다. 그리고 서양식 침구류와 생활물품들을 갖추고 테니스 코트도 마련해 미국에서 생활하던 방식을 그대로 이어갔다.

조선인들은 생전 처음 보는 물건들에 홀린 듯 마냥 신기해 했다. 구경꾼들은 날로 늘어 일상생활이 힘들 정도였다. 물론 "조선을 사랑한다"는 그의 고백은 진심이었다. 하지만 "신이 함께 하신다"는 신앙적 차원이지 처음부터 조선이 특별한 의미로 다가왔던 것은 아니다. 처음에 그가 마음에 품었던 선교지는 일본이었다. 조선 선교사가 되기로 작정하고 준비했던 친구 워즈워스Wadsworth가 진로를 바꾸지 않았다면, 아펜젤러는 굳이 조선을 택하지 않았을 것이다.

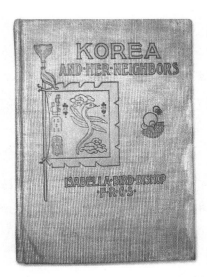

이사벨라 비숍이 쓴 《조선과 그의 이웃나라들》(1897)

　당시 서구인들에게 조선은 어떤 나라였을까. 한마디로 "이름도 들어 보지 못한 나라"였다. 일본에서 교육가로 활동하며 아시아 전문가라는 명성을 얻었던 윌리엄 그리피스William E. Griffis가 조선에 관한 책을 집필하여 서구세계에 소개하기 시작했다. 사람들은 그저 "먼 동양 미지의 바닷가에서 주운 이상한 조개껍데기strange seashell"에 대해 말하고 있는 것쯤으로 여겼다. 10년쯤 지나 감리교 선교사 노블W. A. Noble이 고향을 떠나기 전, 도서관에 들러 조선에 관한 것은 무엇이든 찾아보려 했지만 아무 것도 찾지 못했다. 《조선과 그의 이웃나라들 Korea and Her Neighbours》(1897)을 펴낸 영국 여류여행가 이사벨라 비숍Isabella Bishop도 여행 전 높은 학식을 자랑하는 지식인 친구들에게 문의했지만, 조선이 어디에 있는지 대충이라도 짐작하는 이가 없었다. 그저 조선은 서구사회에서 이름 없는 섬 정도로 인식되었고, 선교사들도 가장 기초적인 정보조차 갖지 못한 채 낯선 땅에 발을 들여놓았다.

대학을 갓 졸업하고 개척선교사로 온 아펜젤러도 예외는 아니었다. 한미조약이 체결되었다는 소식을 듣고서야 신학교 친구들과 지도에서 처음으로 조선을 찾아보았다. "미국의 새로운 조약국이 아프리카나 지중해, 혹은 북극이나 남극에 있지 않다는 것을 발견"하고는 "적어도 이것은 희망적인 일"이라고 생각할 정도였다. 당시 선교사들은 조선을 "하나님의 자녀들이 속히 자유와 문명의 빛으로 인도해야 할 어둠 속에 갇힌 이교도들의 땅" 쯤으로 상상했을 뿐이다.

정동, 신학문 1번지가 되다

사람은 끊임없이 성장하는 존재다. 누구를 만나고 어떤 문화를 경험하느냐에 따라 그 끝이 달라진다. 조선은 종교적 열정 하나에 몸을 실어 찾아온 한 젊은이를 전혀 다른 사람으로 바꾸어 놓았다. 변화는 조선인들을 직접 만나면서 시작되었다. 아펜젤러는 고지식하다는 평을 들을 만큼 원칙주의자였지만 새로운 변화에 늘 열려 있었다. 서울 정동에 도착한 지 5일 만에 숨 돌릴 틈도 없이 영어를 배우고 싶다며 조선인 청년 두 사람이 찾아왔다. 두 달 먼저 입성한 동료선교사 윌리엄 스크랜턴이 보낸 이들이었다. 알렌 Horace N. Allen이 운영하던 제중원濟衆院 직원들이었는데, 의사가 되려고 스크랜턴을 찾았다가 먼저 영어를 배우라는 권유를 받고 온 것이었다.

한발 앞서 들어온 언더우드는 비슷한 시기에 버려진 고아들을 모아 학당을 시작했다. 이에 반해, 아펜젤러는 서구로부터 밀려드는 '문명'의 바람에 적극적으로 호응한 젊은이들의 요구로 학교를 시작한 셈이다. 외국인에 대한 의심이 사라진 것은 아니지만 "영어를 배워 새 세상에서 살아 보겠다"는 야망을 품은 젊은 친구들이 끊이지 않고 찾아왔다. 조선은 새로운 변화와 배움에 목말라 있었다.

그해 가을 아펜젤러는 조선정부에 정식으로 학교 설립 인가를 요청했다. 고종은 "조선인민에 관심을 가져주어 고맙다"며 "조선인민을 가르치는 일은 대단히 좋은 일"이라고 반가운 답변을 주었다. 1년 만에 학교부지와 교사를 마련해 정식으로 학교를 열자, 학생 수는 20여 명으로 늘었다. 이에 응답하듯, 이듬해(1887년) 고종은 "인재를 널리 양성하라"는 의미를 담아 '배재학당培材學堂'이라는 멋진 이름을 지어주었고, 정부에서 인정한 교육기관임을 알리는 사액현판까지 하사했다. 아펜젤러에겐 최고의 선물이었다.

그제야 일반 사람들도 반신반의하던 시선을 거두고 마음을 열기 시작했다. 때마침 미국 감리교본부에서도 "미국인들이 조선에 주는 선물"이라며 학교건축비로 4,000달러를 보내주었다. 이 씨앗자금을 가지고 아펜젤러는 조선에서 처음으로 서양식 건물로 된 학교를 지었다. 메리 스크랜턴이 이화학당을 조선식 기와집으로 지은 것과는 다른 선택이었다. 남녀학교들이 세워지면서 정동은 '조선 속의 미국'이 아닌 '신학문 1번지'가 되어 근대교육의 요람으로 자리잡았다.

배재학당(건축 장면, 1887)

청일전쟁 후 배재학당은 그 존재감을 더했다. 전쟁이 조선에 상처만 남긴 것은 아니다. 국권회복을 위해 근대교육이 시급한 국가적 과제임을 알려주었다. 1895년 초 정부는 아펜젤러에게 학비와 교사봉급을 지원하는 조건으로 왕실에서 추천하는 학생들을 받아 달라고 요청했다. 조선정부로서는 인재양성을 위한 근대식 학교가 사실상 없다시피 한 상황에서 배재학당에 위탁교육을 부탁한 셈이다.[10] 위탁받아 가르친 학생만 200명에 이르렀다. 고종은 한 치 앞을 내다볼 수 없는 혼란 속에서도 아펜젤러가 죽음을 맞이한 1902년까지 지원을 멈추지 않았다. 덕분에 배재학당은 선교사가 세운 학교였음에도 불구하고 정부가 지원하는 공립학교

---

10) 조선 정부에서 설립한 육영공원은 1894년 개교 8년 만에 문을 닫았다.

성격의 교육기관으로 자리 잡았다. 아펜젤러의 열린 교육이 있었기에 가능했다.

1900년 아펜젤러의 보고다.

"우리의 문은 누구에게나 열려 있다. 남자들과 소년들이 방방곡곡에서 찾아온다. 우리는 그들의 계급, 재산, 신앙을 문제 삼지 않는다."

다른 선교사들처럼 아펜젤러도 처음에는 조선의 모든 지방을 방문해 "북쪽의 호랑이 사냥꾼으로부터 남쪽의 벼 농사꾼에 이르기까지" 복음을 전하겠다는 야망으로 가득 차 있었다. 하지만 위기에 빠진 조선이 가장 필요로 하는 것은 미래인재를 키워낼 수 있는 폭넓은 학문의 기회였다. 이를 잘 알면서 교육의 내용과 목적을 종교적인 것으로만 묶어둘 수는 없는 노릇이었다. 국운이 급속히 기울자, 신학문 1번지로 떠오른 배재학당은 더욱 주목받았다. 조선을 여행한 이사벨라 비숍은 배재학당을 두고 "자유로운 교육, 폭넓은 지적 사유, 심오한 윤리관"을 높이 평가하며, 이러한 요소들이 "조선을 구원할 것"이라고 기대를 숨기지 않았다.

아펜젤러는 일찍부터 배재학당을 대학으로 구상했다. 영문보고서에도 College로 이름을 올렸다. 아펜젤러 개인의 꿈만은 아니었다. 감리교 선교부가 아시아 선교를 시작하며 배운 교훈 한 가지가 있었다. "교회가 세워져도 세상에 필요한 인재를 키워내지 못하면, 교회는 나라를 돕기 어렵다." 롤 모델이 된 일본의 아오야마학원青山学院大学이나 중국의 영화서원英華書院도 이러한 깨달음을 바탕으로 세워진 학교들이었다. 아펜젤러는 대학이 설립되면 근대학문과 사상을 배운 젊은이들이 '위기의 조선'을 구해내리라 확신했다.

근대 시민사회의 등장을 응원하다

도전에는 위험이 따른다. 모든 것을 잃을 수도 있다는 각오를 하지 않고는 '다른 길'을 가는 도전은 어렵다. 아펜젤러는 조선정부의 입장을 철저히 존중했다. 하지만 정부의 요구를 무조건 따르지는 않았다. 주변 강대국들의 위협을 받을 때는 조선왕실을 보호하는 선택을 했지만, 봉건체제로 회귀하려 했을 때는 과감하게 근대시민사회를 추구했던 젊은 개혁가들에게 힘을 실어주었다.

사실 조선사회는 청일전쟁 후 중대 갈림길에 섰다. 일본의 급부상을 눈으로 목격한 후, 젊은 개혁세력들은 국권회복을 위해 더는 근대개혁을 늦출 수 없다는 절박감에 휩싸였다. 때마침 갑신정변 실패 후 일본을 거쳐 미국으로 망명했던 서재필이 돌아오자 젊은 지식인들이 다시 모여들었고, 1896년 독립협회를 조직했다. 기독교를 통해 근대사상을 접한 이들이 핵심 세력으로 참여해, 정부가 주도하는 위로부터의 개혁이 아닌 근대교육을 통해 시민의식을 고취하는 대중계몽운동을 시작했다.

처음에는 조선왕실도 독립협회운동을 지지했다. 하지만 곧 동상이몽, 국권회복이라는 공동의 목적 아래 서로 다른 꿈을 꾸고 있다는 것을 알게 되었다. 왕실은 조선왕조의 회복을 기대했지만, 신진개혁가들은 반외세뿐 아니라 반봉건을 외치며 근대 시민국가를 꿈꾸었다. 순 한글로 발간되는 〈독립신문〉을 통해 개화자강開化自强, 민권신장民權伸張, 국민주권國民主權을 논하며 근대사상을 설파했다. 유교적 봉건체제를 극복할 수 있는 대안적 정치제도로 입헌군주제와 의회제도를 소개하기도 했다. 결국 독립협회는 정부의 반대에 부딪혀 1898년 12월 강제해산 되고 말았다.

더욱이 조선정부는 이미 일본의 손아귀에 들어갔다.

아펜젤러는 정부가 추진하는 관제개혁이 아닌 젊은 개혁가들과 민중들이 자발적으로 참여하는 소위 시민사회의 대중운동을 지지했다. 독립문 정초식에 참석해 청년운동을 독려하고, 협성회와 독립협회운동에도 적극 참여했다. 때문에 일본과 이를 방해하는 세력으로부터 위협과 협박을 받았다. 아펜젤러는 물러서지 않았다.

1897년 여름에는 독립협회 모임에 참석해 "주한 외국인의 의무"라는 제목으로 공개연설을 했다. 조선에 거주하는 외국인들은 조선에 대하여 말할 때 조선의 입장을 먼저 헤아릴 것과 조선인들이 가지고 있는 "평화사상"을 끝까지 믿고 격려해야 한다는 당부였다. 미국공사 알렌이 조선정부와 갈등을 염려하여 관여하지 말 것을 여러 차례 경고했으나, 아펜젤러는 개의치 않았다. 오히려 기독교인들이 독립협회운동에 앞장서고 있음을 강조하며 이들이야말로 진정한 애국시민이라고 자랑스러워했다.

아펜젤러는 부당한 압력이나 일방적 강요를 용납하지 않는 조선의 평화사상을 사랑했다. 이는 그가 어린 시절부터 가정에서 자연스럽게 훈련받은 기독교 신앙의 핵심가치와 크게 다르지 않은 것이었다. 메노나이트 Mennonite 교도 가정에서 자란 그의 어머니는 부모의 일방적 결단으로 이루어지는 유아세례를 거부하고, 아펜젤러가 스스로 결단할 때까지 그의 성장을 기다려 주었다.[11] 독일 개혁교회 교인이었던 그의 아버지도 같은 선택을 했다. 덕분에 아펜젤러는 기독교 가정에서 태어났음에도 불구하고 유아기가 아닌 자의식이 싹트기 시작한 열네 살에 스스로 결단하여 세례를 받을 수 있었다. 자녀들이 스스로 좋은 선택을 할 수 있도록 끝까지 기다려주고 이끌어주고 그 선택을 언제나 존중했던 부모의 교육철학과 평화사상이 아펜젤러의 인생에 가장 좋은 선물이 되었음은 두말할 필요도 없다.

아펜젤러는 기독교인들이 시민운동에 적극적으로 그리고 자발적으로 참여하는 것을 보고 조선이 "진보와 발전의 시대"에 접어들었다고 기뻐했다. 하지만 선교에 대한 악영향을 염려한 미국 선교부에서는 '정교분리政教分離'라는 그럴듯한 명분을 내세워 선교사들에게 일본이나 조선정부와 갈등을 일으키는 일에 절대 개입하지 말 것을 명했다. 독립협회가 해산된 후 교회가 정부와 여러 가지 갈등을 겪게 되자, 장로교는 1901년 '정교분리'를 공식 입장으로 채택했다.

선교부가 내세운 정교분리론은 일제 식민치하에서 더욱 효과를 발휘했다. 사실상 교회의 정치 불개입을 요구한 정교분리는 항일저항운동을 통제하는데 더없이 좋은 이념적 도구였다. 일본 정부는 조선인들을 향하여 정치에 관여하지 말고 기도생활에만 전념할 것을 가르치는 선교사들이 무척 고마웠다. 그래서 치외법권의 특혜를 베풀고 선교협력을 약속했다. 선교사들은 선교확장을 위해 일본 식민정부에 최대한 협조하며 좋은 관계를 유지하려 애썼다.

---

11) 메노나이트는 리더 메노 시몬스(Menno Simons)의 이름을 딴 기독교의 한 종파로 16세기 종교개혁을 이끈 아나뱁티스트(Anabaptist 또는 재세례파 Rebaptist) 고백교회의 신앙전통을 계승한다. 아나뱁티스트는 자신의 의지와 상관없이 주어지는 유아세례를 거부하고 자기결단에 의한 세례를 고수해 붙여진 이름이다. 이 신앙전통을 따라 메노나이트 교도들은 교회의 제도적 권위와 일방적 교리를 거부했다. 대신에 성서의 가르침, 특히 신약성서에 기록된 그리스도의 삶과 제자도의 자발적 실천을 강조하며 평화공동체의 실현을 기독교의 핵심가치로 가르쳤다. 종교개혁 당시 가톨릭교회와 프로테스탄트교회 양쪽으로부터 공격을 받게 되자, 신앙의 자유를 찾아 러시아, 미국, 캐나다로 이주했다. 이후 퀘이커 공동체 등 평화를 지향하는 기독교 신앙공동체들에 영향을 주었다.

한마디로 정교분리론은 종교에 대한 국가권력의 개입을 막고 정치와 종교가 공공의 선을 위해 서로 협력하는 우호적 관계를 세우기 위한 것이 아니었다. 종교인들의 사회참여를 원천봉쇄하기 위한 수단에 불과했다. 아펜젤러는 조선정부와 변화를 열망하는 조선 젊은이들 사이에서 타협점을 찾으려 노력하며 때로 실망을 안기기도 했지만, 끝까지 '정교분리'의 이념적 허상에 굴복하지 않았다.

아펜젤러에게 큰 고뇌를 안겨주었던 정교분리의 이념적 허상은 해방 후에도 이어져 시민사회가 새로운 변화를 요구할 때마다 다시 부활해 한국교회를 집어삼켰다. 이는 한국교회가 풀어야 할 가장 큰 숙제다.

배재학당, 동서양의 학문이 만나는 지성의 공간

처음부터 아펜젤러가 국권회복을 향한 조선인들의 열망을 응원했던 것은 아니다. 청일전쟁 전만 해도 서구문명을 적극적으로 수용하는 일본의 승리를 기원했다. 고집스럽게 전통을 지키고 서구문명에 강한 거부감을 느끼는 중국이 한반도에 계속 영향력을 행사하는 것은 최악의 시나리오로 보였다. 거의 모든 선교사들이 그랬듯이, 일본에 의한 "조선의 개방은 선교사역에 크게 도움이 될 것"이라고 기대했다. 이렇듯 청일전쟁을 바라보는 선교사들의 시각은 조선인들의 정서와 큰 차이가 있었다. 선교사들은 그저 조선이 일본처럼 서구의 근대문물을 빠르게 흡수해 '문명한 국가'가 되기만을 바랐다. 그 주체가 일본정부든 개혁적 조선인들이든 아무런 문제가 되지 않았다. 오히려 한발 앞서가는 일본정부가

개입하는 것이 조선의 근대화에 훨씬 효과적이고 도움이 될 것이라고
내다보았다.

아펜젤러도 처음 부산항에 도착했을 때, 조선인들이 "마치 아버지의
농장에서 본 벌통같이 생긴 흙집에서 살고 있는 모습"을 보고 충격에 빠
졌었다. 몇 시간 전 떠나온 "동양의 스위스" 같은 일본의 나가사키와는
너무나도 대조적 모습에 할 말을 잃었다. 조선을 문명으로 인도하기에
미국은 너무 멀었고 가장 가까이에 있는 일본이 적격으로 보였다.

아펜젤러의 초기 인식을 바꾸어 놓은 것은 배재학당의 조선인 교사들
과 학생들이었다. 이들을 만나면서 아펜젤러는 조선에 대하여 새롭게 눈
떴고, 조선의 미래를 함께 그려가게 되었다. 배재학당에는 영어와 서구
학문을 배우기 위해 찾아오는 학생들이 많았지만, 아펜젤러는 영어뿐만
아니라 한자와 한글 교육도 잊지 않았다. 특히 조선의 역사와 문화에 대
한 이해가 깊어지면서 중국고전이 조선인들에게 매우 중요한 위치를 차
지하고 있음을 간파했고 모든 학생들에게 의무적으로 중국고전도 함께
공부하도록 했다. 아펜젤러가 새로운 학문에 대한 열린 지성으로 끊임없
이 공부하는 사람이었기에 가능했다.

중국고전과 한자의 중요성에 대해서는 장로교 선교사 게일James S. Gale
의 열정도 빼놓을 수 없다. 문학에 뛰어났던 게일은 매일 두 시간씩《공
자孔子》를 읽으며 한자를 배웠고, 이를 바탕으로 1901년《유몽천자牖蒙千
字, The Thousand Character Series: Korean Reader》를 발행했다.[12] 하지만 아펜젤러
와는 결이 조금 달랐다. 게일은 한자를 숭상하는 조선 식자층에게 서구의
근대지식을 효과적으로 전달하는 수단으로 활용했다.

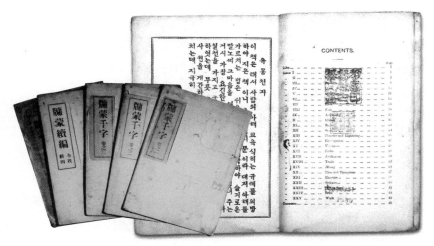

게일의 《유몽천자》(서문, 1901)

중국고전에 대한 아펜젤러의 관심은 동양종교에 관한 관심으로 발전했다. 물론 변화는 하루아침에 이루어지지 않는다. 또한 혼자 이룰 수 있는 것도 아니다. 배재학당 교사로 함께 일했던 동갑내기 유학자 최병헌 崔炳憲과의 만남이 서구적 세계관에 갇혀 있었던 아펜젤러를 새로운 차원으로 이끌었다. 최병헌은 중국에서 들어온 서적을 통해 기독교를 처음 접했다며 1888년 아펜젤러를 찾아왔다. 성경 한 권을 얻어간 후로는 늘 궁금한 것이 많았다. 아펜젤러는 그를 배재학당 한문교사로 초빙했고, 깊은 우정을 나누며 동양종교와 철학에 다가설 수 있었다. 최병헌은 한글 성서번역에도 큰 도움을 주었는데, 5년 동안 스스로 성서를 읽은 후

---

12) 캐나다 공립학교 교과서를 본 따 만든 한문교재이며 4권으로 구성되었다. 언더우드 학당으로 출발한 경신학교에서 교과서로 사용했다.

에야 개종을 결심했다.

1892년 첫 안식년 휴가를 맞아 잠시 미국에 머무는 동안, 아펜젤러는 때마침 서구에서 새로운 학문 분야로 떠오른 비교종교학 서적들을 집중적으로 읽었다. 다종교 전통을 가진 조선의 종교문화를 이해하는데 더없이 좋은 배움의 기회였다. 그의 열린 지성은 조선인들의 신학교육에도 중요한 영향을 미쳤다. 배재학당 신학부는 후에 감리교신학교(현 감리교신학대학교)로 발전했는데, 최병헌이 조선인 교수진으로 참여하여 한문과 비교종교학을 가르쳤다. 대부분의 선교사들이 동양의 종교와 철학을 야만시하고 미신적인 것으로 깎아내리던 당시의 분위기로서는 매우 파격적인 선택이었다.

이렇듯 배재학당은 단순히 조선학생들이 서구로부터 들어온 신학문만을 배우는 공간이 아니라, 동서양의 학문이 만나는 지성의 공간이었다. 특히 아펜젤러에게는 교육의 공간만이 아니라 조선의 문화와 역사 그리고 언어를 배우는 또 다른 학문의 장이기도 했다. 진리에 대한 갈증과 참된 배움에는 동서양이 따로 없다.

한글, 성서를 만나 가장 빛나는 언어로 다시 태어나다

아펜젤러가 조선에서 발견한 보석 중의 보석은 '한글'이었다. 그런데 이상하게도 조선의 지식인들은 한글로 쓰인 책을 거들떠보지도 않았다. 충격이었다. 스위스 독일계 5세대 이민자로 미국 펜실베이니아에서 태어난 아펜젤러는 어릴 때부터 다중 언어 환경에서 자라나 언어감각이

탁월했다. 독일어만 사용했던 어머니 덕분에 모국어인 독일어는 기본이었고, 학교에 입학하면서부터는 영어를 배웠다. 메노나이트파^{Mennonite} 교인답게 어머니는 특유의 고집스러움으로 주일 오후마다 아펜젤러 형제들에게 독일어 성서를 읽어주고 재미있는 성서 이야기를 들려주었다. 성서에 친숙했던 환경은 드류신학교에 입학했을 때 성서 언어에 관심을 갖게 해주었다. 아펜젤러는 신약성서의 원어인 헬라어에 뛰어난 재능을 보였다. 이러한 축적된 경험은 아펜젤러가 조선에서 한글의 아름다움을 발견하는 데 큰 도움이 되었다. 배재학당에서 공부한 젊은 지식인들이 적극적으로 참여하여 순 한글로 〈독립신문獨立新聞〉을 발행한 것은 결코 우연히 이루어진 일이 아니다.

한글의 가치를 처음 알게 되었을 때, 아펜젤러는 마치《알리바바와 40인의 도둑》에 나오는 이야기의 주인공이 된 듯했다. 자신이 무한가치를 지닌 보물이 감춰진 동굴 속에 들어와 있다는 사실에 전율했다. 아펜젤러의 전기작가인 윌리엄 그리피스는 "비밀을 훔쳐 금과 보석을 발견한 알리바바도 한글의 철자를 찾아낸 언더우드와 아펜젤러보다 더 큰 즐거움을 느끼지는 못했을 것"이라고 기록했다. 두 선교사와 늘 뜻을 함께했던 선교사 헐버트^{Homer B. Hulbert}는 아예 한글이 얼마나 아름답고 과학적인 언어인지 세계에 소개하는데 몰두했다. 세계적 가치를 지닌 언어였지만, 정작 조선의 지식인들은 "중국문자의 중심성"에 갇혀 한글의 언어적 가치를 제대로 알아보지 못하고 있었다.

1912년 세상에 나온 아펜젤러의 전기에서 그리피스는 이 부분을 날카롭게 꼬집었다.

"미국의 허드슨 강 하류가 바다에 흡수되어 그 흔적을 찾기가 힘들듯이 한글이라는 시냇물은 한문의 홍수 속에 말려들어 자취가 사라져 갔다. 나는 여러 번 한국의 지식인들에게 영국 작가들의 예를 들어가면서까지 한국어를 개발하라고 촉구했지만 '마이동풍'일 뿐이었다. 그들 마음의 귀는 이미 중국의 폭풍우에 기울어져 있었다. 그들은 자국어를 개발하는 문제를 전혀 의식하지 않았기 때문에 아무런 부끄러움도 없이 그것을 자기 일이 아니라고 여기고 있었다. 햇빛을 차단하고 있는 빽빽한 숲 아래 피는 아름다운 꽃처럼, 한국적인 상상력이라는 꽃 위에는 거대한 중국의 그늘이 너무 오랫동안 드리워 있었다. 학자는 자국의 국기 다음으로 모국어에 충성해야 한다는 드 퀸시의 격언이 사실이라면, 한국이 주권을 잃고 일본어가 조선의 공식어로 채택될지도 모른다는 사실은 놀랄 일이 아니다."

_《아펜젤러》, 이만열 역, 205쪽

　　아펜젤러는 "변함없는 친구이자 동지"였던 언더우드와 1887년 성서번역위원회를 꾸렸다. 두 사람은 조선에 오기 전인 1883년, 미국 코네티컷 하트퍼드에서 열린 신학생대회에서 먼저 인연을 맺었다. 아펜젤러는 일본선교사를, 언더우드는 인도선교사를 꿈꾸며 처음 만났다. 조선행 배에서 다시 만난 두 사람은 시종일관 뜻이 잘 맞아 학교를 각각 따로 운영하면서도 성서번역 작업을 함께 할 수 있었다. 중국의 로스J. Ross 선교사가 첫걸음을 떼었기에 큰 두려움은 없었다.[13] 하지만 성서번역은 실로 엄청난 작업이었다. 마치 "민족의 지성 속에 철도를 건설하는 것"과 같았고 "신의 한없는 사랑과 인간의 끝없는 필요라는 두 바다 사이를 연결하기 위해 파나마 운하를 파는 것"과 같았다. 서양식 건물로 처음 학교를 짓고 예배당을 세운 것은 작은 깃털에 불과했다. 아펜젤러는 "다이너마이트를 폭파해 구멍을 내는 작업부터 도구를 만들어 정확한 용어와 원어에 맞는 한글 단어를 찾고 때로는 단어를 새롭게 만들어" 내기도 했다. 이 작업 때문에 머리가 하얗게 셀 정도였다.

1900년 9월 드디어 신약성서의 한글번역이 완성되었다. 키가 180센티미터가 넘었던 아펜젤러는 체중이 59킬로그램으로 줄었다. 처음 조선에 왔을 때는 90kg의 건장한 청년이었다. 몸무게가 1/3이 줄어든 셈이다. 아내의 도움 없이는 홀로 여행하기도 어려울 만큼 몸은 망가졌지만, 그 감격은 이루 말할 수 없었다. 우정을 깊이 나눠온 게일도 성서번역 작업에 합류했다.

그의 고백은 문학가답게 너무도 생생하다.

"그것이 얼마나 엄청난 작업인지 해보지 않은 사람은 모른다. 뉴욕의 60층짜리 생명보험사 건물 건축도 이 작업만큼 거대하지는 않으리라. …… 기초를 파는 일, 한 문단씩 삽질을 해 나가는 일, 온통 말라리아와 피로로 덮여 있는 듯 보이는 각 단어들을 거르고 무게를 달고 평가하고 기록하는 일들은 마치 파나마 운하를 파고 있는 것 같다는 생각이 들게 한다."

---

13) 첫 한글성서는 1882년 만주에서 발행되었다. 만주를 드나들던 황해도 의주 상인 이응찬, 백홍준, 서상륜 등이 어학선생으로 성서번역을 도왔다. 2년 후인 1884년에는 일본에서도 이수정 번역본이 발행되었다. 성서번역위원회는 두 번역본을 검토하여 개정을 시도했으나 표준번역으로는 적합하지 않다는 결론을 내리고 새로운 한글 성서번역을 시작했다.

신약전셔(1900년)

한글 성서번역은 500년 전 독일의 종교개혁가 마르틴 루터_{Martin Luther}가 라틴어로 된 성경을 보통 사람들도 읽을 수 있도록 독일어로 번역하여, 독일어의 수준을 끌어올리고 그 표준을 마련한 역사에 비견될만하다. 진흙 속에 깊이 감추어진 진주를 캐듯 조심스럽게 그 가치를 하나하나 끌어올린 초기 성서번역가들의 땀과 고뇌 덕분에, 수백 년간 천덕꾸러기 취급을 받았던 한글은 가장 빛나는 언어로 새롭게 태어날 수 있었다.

마지막 생명도 조선 친구를 위해

귀한 것일수록 큰 대가를 요구한다. 성서가 아름다운 한글로 탄생하기까지 그 가치를 환산할 수 없는 제물도 필요했다. 아펜젤러가 그 제물이 되었다. 1901년 마지막 고향 방문이 된 두 번째 안식년 휴가를 마치고 홀로 조선으로 돌아온 아펜젤러는 성서번역에 더욱 매진했다. 이듬해인 1902년 6월 성서번역위원회 모임이 목포에서 열리게 되었다. 하지만 중요한 모임을 앞두고 아펜젤러는 전혀 예기치 못한 폭행사건에 휘말렸다. 서울과 부산 간 철도부설권을 손에 넣은 일본은 러시아 첩자에 온통 신경을 곤두세우며 철도건설에 한창이었다. 마침 아펜젤러 일행이 공사현장을 지나게 되었다. 갑자기 철도건설에 투입된 일본인 노무자들이 나타나 금지구역에 침입했다며 이들을 향해 몽둥이를 휘두르기 시작했다. 러시아 첩자로 오해하고 거친 폭력을 행사한 것이다. 일본인들의 야만적 폭력에 동료선교사와 아펜젤러가 크게 다쳤다. 이 일로 재판이 열렸고, 아펜젤러는 증인으로 출석해야 했다. 언더우드 부부와 게일은 예정된 시간에 목포로 먼저 출발했다. 이것이 마지막 이별이 될 줄은 꿈에도 몰랐다.

아펜젤러는 6월 11일 뒤늦게 배에 올랐다. 어청도 부근에 이르렀을 때, 어둠 속에서 일본 배 한 척이 다가와 부딪치는가 싶더니 배가 순식간에 침몰했다. 어학선생이었던 조한규와 목포가 고향인 정신여학교貞信女學校 학생이 일행으로 함께 타고 있었다. 일본인 4명, 조선인 14명, 선원 4명도 함께 바다에 가라앉았다. 배가 침몰하기 직전 구사일생으로 구조된 미국인이 아찔했던 마지막 순간을 후에 증언해 준 것이 그나마 다행이었다. 그는 운산 금광에서 일하던 탄광 기술자였다. 그날 배 안에서 밤늦게까지 아펜젤러와 대화를 나누었는데, 그의 증언에 따르면 사고가 난 순간 아펜젤러는 옷을 다 입은 채 그보다 앞서 방을 나왔다고 한다. 하지만 갑판으로 곧장 오르지 않고, 매우 흥분한 채 이리저리 뛰어다녔다. 아펜젤러는 선수 못지않은 수영 실력도 갖추고 있었다. 하지만 생사의 갈림길에서 그는 자신의 목숨이 아니라 동행한 조선 동료를 선택했다. 아펜젤러와 가끔 갈등을 빚었던 알렌도 그의 사고 소식에 충격을 감추지 못했다.

"조선 소녀를 구하려고 되돌아가지 않았더라면, 자기 생명을 구할 수 있었을 텐데……."

불행한 사고였지만 이는 아펜젤러의 어머니가 앞서 여러 차례 환상으로 보고 염려했던 일이었다. 아펜젤러는 다시 돌아오지 못했다. 하지만 10여 년 후인 1911년 성서 전권이 아름다운 한글로 번역되어 세상에 나와 그의 수고와 희생이 헛되지 않았음을 증명해주었다.

아펜젤러는 조선에서 보낸 17년 동안 "세 사람 몫의 일"을 해냈다는 평가를 받을 정도로 열정적인 삶을 살았다. 그 덕분에 정신은 날로 새로워졌지만, 육체는 빠르게 허물어졌다. 그와 첫걸음부터 함께 했던 윌리엄 스크랜턴은 그의 마지막 모습을 이렇게 회상했다.

"우리가 20년 전에 알고 있던 아펜젤러, 타고난 성품이나 특징이 늘 일관되었다. 그러나 우리를 떠날 때, 그는 전혀 딴 사람 같았다. 몸은 굽었고 얼굴은 초췌했으며 중년밖에 안 되었으면서도 모습은 노인 같았다."

마지막 안식년에 미국에서 만난 옛 친구들은 아펜젤러를 알아보지 못했다. 신학교 동창들은 그의 모습에 충격을 받고 미국에 남을 것을 여러 차례 권유했다.

그때마다 아펜젤러의 대답은 같았다.

"나는 이제껏 조선에 나 자신을 바쳐왔네. 내 고국보다는 그곳이 나를 더 필요로 한단 말일세. 나는 여하한 일이 있더라도 은둔의 나라에서 천국으로 올라갈 거야. 조선이 미국보다 천국에서 더 멀리 있는 것은 아니니까. 여생동안 내 마음과 내 관심은 조선에 묶여 있을 걸세."

"나무는 꽃을 버려야 열매를 얻고, 강물은 강을 버려야 바다에 이른다."

《화엄경》의 한 구절이다. 제 울타리를 넘지 않고는 넓은 세상으로 나갈 수 없다는 뜻일 것이다. 제 집 문턱을 넘지 않고 더 큰 세상과 마주할 수 없듯이, 집단의식의 옹졸함과 편협함을 넘어서지 않고는 세계시민사회에 합류할 수 없다. 미국인이라는 제 울타리를 어렵게 넘어 조선에 합류하고, 인류에 대한 깊은 공감과 양심을 가진 세계시민으로 살고자 노력했던 아펜젤러. 그가 남긴 짧은 말 한마디가 세계시민사회로 한 걸음 더 다가서는 오늘 한국사회에 결코 작지 않은 울림을 준다.
"그 어떤 민족이 있기 이전에, 인류가 있다."

식민지 땅에 지성의 전당을 세우다

호러스 언더우드
(Horace G. Underwood, 1859~1916)

경계인의 삶을 사는 이들에겐 언제나 낯선 이방인의 고독감이 소리 없이 밀려들게 마련이다. 불쑥불쑥 찾아오는 정체성의 혼란도 피할 수 없는 손님이다. 문화적 간극에서 빚어지는 수많은 혼란들, 때때로 쏟아지는 오해와 비난은 경계인의 삶을 선택한 이들에겐 피할 수 없는 운명 같은 것인지도 모른다. 언더우드는 기꺼이 그 운명을 받아들였다.

Horace G. Underwood

최근 미국에서 한 사회학자가《도전받는 정체성 : 한국의 북미 선교사 *Challenged Identities: North American Missionaries in Korea, 1884-1934*》라는 흥미로운 책을 펴냈다. 19세기 말부터 50년간 한국에서 활동했던 북미 선교사들, 그중에서도 장로교 선교사들을 주제로 삼았다. 미국과 한국을 오가며 한 세기가 넘는 긴 세월동안 4대가 경계인의 삶을 살았던 호러스 언더우드 Horace G. Underwood 가의 엘리자베스 언더우드 Elizabeth Underwood가 그 저자다. 그는 18세까지 한국에서 성장기를 보내고 미국으로 건너갔다. 경계인의 경험을 깊이 간직한 학자답게 엘리자베스는 초기 선교사들이 한계와 가능성을 동시에 넘나들며 한국사회에 동화되어간 변화의 선들을 차근차근 짚었다.

이 책은 한국어로도 번역되었다. 여간 반갑지 않다. 단지 의미와 긴장성을 갖춘 원제목 대신 "언더우드 후손이 쓴 한국의 선교역사"라는 밋밋한 이름을 붙인 것은 아무리 생각해도 아쉽다. 김빠진 사이다처럼 저자가 던진 화두의 핵심을 비껴간 것이 아닌가 싶다. 물론 좋은 작품을 소개해준 큰 고마움에 비하면 이런 아쉬움은 작은 것이다. 이 책은 증조부가 되는 호러스 언더우드에 대한 평가에서도 균형감을 잃지 않는다.

불안한 시작

호러스 언더우드는 미국 장로교가 조선에 파견한 첫 주한 선교사다. 스물여섯 살에 선교개척자로 내한하여 30여 년을 조선에서 보냈다. 그에게는 언제나 "처음"이라는 수식어가 역사의 훈장처럼 따라다닌다. 견고한 성안으로 들어가 처음 깃발을 올린 인물이니 어쩌면 당연한 것인지도 모른다. 하지만 그의 여정이 늘 환호만 받았던 것은 아니다. 낯선 땅에서 새로운 삶을 시작한 이방인으로 경계인의 삶을 가장 치열하게 경험한 인물이기도 하다. 두 문화의 경계를 넘나든다는 것은 상상만으로도 가슴 벅찬 일이다. 하지만 경계인의 삶을 사는 이들에겐 언제나 낯선 이방인의 고독감이 소리 없이 밀려들게 마련이다. 불쑥불쑥 찾아오는 정체성의 혼란도 피할 수 없는 손님이다. 문화적 간극에서 빚어지는 수많은 혼란들, 때때로 쏟아지는 오해와 비난은 경계인의 삶을 선택한 이들에겐 피할 수 없는 운명 같은 것인지도 모른다. 언더우드는 기꺼이 그 운명을 받아들였다.

1885년 봄 처음 입국할 때, 조선의 상황은 매우 혼란스러웠다. 젊은 정치가들의 근대개혁 추진(갑신정변)이 3일천하로 막을 내린 후, 한 치 앞을 내다볼 수 없는 불안한 시국이 이어졌다. 미국영사가 직접 제물포까지 나와 시국이 안정될 때까지 일본에 머물기를 권유할 정도였다. 일본에서 함께 배를 타고 온 감리교 선교사 아펜젤러는 갓 결혼한 신부의 신변을 염려하여 되돌아가기로 결정했고, 미혼이었던 언더우드는 '위험한 도전'을 선택했다. 한해 전인 1884년 6월 일본에서 활동하던 감리교 선교사 매클레이R. S. Maclay가 조선을 방문하여 고종으로부터 선교허락을 받아낸 데다, 첫 수혜자로 중국 선교사였던 알렌이 미국공사관 주치의로 내한한 상태였기에 그리 두렵지 않았다. 더욱이 같은 장로교 소속인 알렌은 조선왕실의 총애를 받아 제중원을 열고 의료 활동을 시작한 터였다. 두 달쯤 지나 조선사회가 차츰 안정을 찾아가자, 같은 선교부 소속 의료선교사 헤론J. Heron과 일본에 머물던 감리교 선교사들도 뒤를 이어 입국했다.

언더우드의 위험한 도전은 젊은 패기와 포기를 모르는 선교 열정이 무기였다. 처음 선교사가 되겠다고 결심한 것은 네 살 때다. 아주 어린 시절 우연히 들었던 어느 인도 선교사의 선교보고가 일찍부터 인생의 방향을 결정지었다. 처음부터 조선을 원했던 것은 아니다. 선교사를 꿈꾸던 대부분의 젊은이들처럼 그도 인도를 마음에 두고 있었다. 오래전부터 서구인들의 상상력을 자극했던 인도나 중국과 달리, 조선은 "이름조차 알려지지 않았고 어디에 있는지도 모르는" 땅이었다. 기껏해야 중국의 섬 정도로 알려져 있었다. 당연히 기초적인 정보도 찾기 어려웠다. 한마디로 언더우드는 조선이 어떤 곳인지 제대로 알지 못한 채 그저 "하나님이 부르시는 곳이면 어디든지 간다"는 종교적 소명감 하나로 조선을 찾았다. 약혼녀와 이별도 감수할 만큼 그는 선교에 대한 열정에 사로잡혀 있었다. 그 덕분에 조선에서 뜻을 같이하는 여성 의료선교사 릴리어스 호턴Lillias Horton을 만났고, 평생의 반려자요 동역자로 함께 길을 걷는 행복을 누렸다.

고아들로 시작한 언더우드학당

한때 의학을 공부했던 언더우드는 제중원에서 알렌을 도우며 첫걸음을 시작했다. 조선정부가 선교사들의 입국을 허락했다고는 하나 종교 활동을 허용한 것은 아니었다. 선교사들의 활동은 교육과 의료에만 제한된 것이었다. 조선어가 익숙해졌을 즈음, 언더우드는 모험을 감행했다. 조선에 온 지 4년만인 1889년, 신혼여행을 명분 삼아 북부지역 탐방에 나섰다. 내외법이 엄격하고 외국인을 한 번도 본 적 없는 시골 마을을 갓 결혼한 부인과 함께 여행한다는 것은 도전을 넘어 앞날을 장담할 수 없는 위험천만한 일이었다. 반기독교 칙령을 내린 조선정부도 허락할 리 만무하였다. 조선에 거주하던 외국인들이 모두 말렸다. 언더우드는 아랑곳하지 않았다. 급기야 "기독교 사업을 벌이거나 종교의식을 거행하지 않겠다"는 약속을 한 후 여권을 받고 계획대로 여행을 떠났다.

언더우드는 약속을 지키지 못했다. 가는 곳마다 조선인들은 이들 부부를 따뜻하게 반겨주었다. 가끔 위험에 처하기도 했지만 처음 나타난 외국인을 구경하겠다고 몰려든 사람들로 머무는 곳마다 창호지 문이 남아나지 않았다. 언어의 장벽에도 불구하고 친절히 진료도 하고 약도 처방해주자 점점 더 많은 사람들이 몰려들었다. 예상치 못한 반응에 고무된 언더우드 부부는 전도활동은 물론 세례를 요구하는 의주 사람들을 강건너 중국영토로 데려가 세례까지 베풀고 돌아왔다.

여행은 기대 이상이었지만 후폭풍은 거셌다. 주재외국인들은 양심의 가책 운운하며 외국인 전체를 위험에 빠뜨린 무모한 행동이었다고 언더우드를 비난했다. 선교사들의 불신도 컸다. 동료들조차 적법한 검증과정이나 절차 없이 섣불리 세례를 베풀었다고 비판의 날을 세웠다. 이후에도 언더우드는 자주 동료들과 선교방식을 놓고 갈등을 빚곤 했다. 주어진 틀 안에서 신중하게 활동해야 한다고 믿는 동료들 눈에는 언더우드의 도전이 위태롭기 짝이 없는 독단적인 행동으로 보였다. 그의 선택을 끝까지 지지하고 응원해준 선교사는 8년쯤 후에 의료선교사로 합류한 에비슨O. R. Avision 정도였다. 위험하다는 이유로 어떤 도전도 감행하려 하지 않는 동료들이 답답했던지 언더우드는 일반대중들 곁으로 다가가기 위해 적극적으로 노력하던 감리교로 이적하려는 결심까지 했다. 장로교에 그대로 머물라며 만류한 감리교의 절친한 친구 아펜젤러의 조언이 없었다면, 아마도 그는 자신의 계획대로 움직였을 것이다.

명분보다 실용을 선택하다

언더우드는 대중 속으로 들어가 조선의 언어와 문화를 빨리 습득하는 것이 무엇보다 중요하다고 생각했다. 동료들의 반대를 무릅쓰고 위험을 감수하면서 지방여행을 했던 것도 조선왕실을 존중하지 않거나 조선의 법을 무시해서가 아니었다. 평범하게 살아가는 조선의 대중들을 직접 만나고 싶었기 때문이다. 그는 조선의 낯선 문화가 두렵지 않았다. 가는 곳마다 특유의 친화력을 발휘해 낯선 사람과도 금방 친구가 되었다. 도전을 두려워하지 않는 낙천적이고 진취적인 성격이 큰 도움이 되었다. 가장 가까이에서 그를 지켜본 아내 호턴은 위기대응 능력이 뛰어나고 언제나 유머를 잃지 않는 것을 그의 장점으로 꼽았다. 무엇보다 그는 조선인들과 신뢰관계를 잘 형성했고 조선문화를 이해하는데도 유연하게 사고했다.

그러나 언더우드는 장로교 내부에선 그리 환영받지 못했다. 오히려 '불편한' 존재로 부각될 때가 많았다. 자신의 열정에 따라 독자적으로 행동한 탓도 있었지만, 더 큰 이유는 선교사에 걸맞지 않은 부유한 생활을 한다는 인식 때문이었다. 언더우드 부부는 다른 선교사들이 따를 수 없는 생활비를 쓰면서 높은 수준의 미국식 생활을 유지했다. 미국에서 들여온 자재로 실내수도관과 난방시설을 갖춘 서구식 집을 짓고, 집안일을 돌보는 이들을 여럿 고용했다. 한강을 끼고 도는 경치가 좋은 곳에 도심을 벗어나 휴식할 수 있는 별장도 마련했다.

조선이라는 낯선 문화와 조우하면서 서구 선교사들은 미처 예기치 못한 문화충돌을 수없이 경험했다. 그리고 그 속에서 서툴지만 다양한 방식의 타협안을 만들어 냈다. 언더우드 부부도 예외는 아니었다. 몸이 약하고 여덟 살 연상이던 호턴은 습한 날씨에 민감한 류머티즘을 지병으로 앓고 있었다. 그녀는 자신의 허약한 몸 때문인지 위생관리와 낯선 음식에 유독 예민했다. 서양의학을 공부한 의사의 눈에는 조선의 위생 상태와 음식이 그리 좋아 보이지 않았다. 외국인에겐 치명적인 결과를 낳을 수도 있다고 판단했다. 조선에서 태어난 아들 언더우드H. H. Underwood도 늘 병을 달고 살았다. 죽음의 고비도 여러 차례 넘겼다.

동료 선교사들과 떨어져 황해도 솔내에서 조선인들과 함께 조선 음식을 먹으며 생활했던 윌리엄 매켄지W. J. McKenzie가 갑자기 생을 마감하자, 그의 확신은 더욱 강해졌다.[14] 앞서 호턴은 홀로 지내는 매켄지의 건강이 염려되어 영양실조에 걸리지 않도록 미국 식품을 여러 차례 보내주었다. 하지만 매켄지는 이를 조선인들에게 모두 나누어주고 자신은 조선 음식만 먹었다. 그리고 호턴에게는 "만일에 그걸 먹었다가는 다시는 조선인의 음식을 먹을 수가 없을 것 같아 '감히' 맛볼 엄두가 나지 않더라"는 편지만 보내왔다. 의사인 호턴의 눈엔 2미터에 이르는 거구의 몸을 가진 매켄지가 조선음식만으로 얼마나 버틸 수 있을지 매우 염려스러운 상황이었다. 하지만 그의 뜻을 꺾을 수 없었다.

언더우드는 조선의 문화와 언어를 하루라도 더 빨리 익히기 위해 틈만 나면 조선인들을 찾아다니며 함께 하고자 했지만, 아내의 염려도 외면할 수 없었다. 언더우드 부부가 곤궁困窮한 조선에 와서 마치 미국에 살고 있는 듯 문명적 편리를 누릴 수 있었던 것은 미국 타자기 업계의 거

---

14) 솔내는 송천(松川)의 한글 이름이다. 선교사들은 '솔래'라는 발음이 어려워 '소래'라고 불렀다.

물이었던 형 존 언더우드의 아낌없는 지원 덕분이었다. 언더우드 부부는 이를 거절하지 않았다. 오히려 주변의 시선에 개의치 않고 이를 선교활동에 적극 활용했다. 남장로교가 조선선교에 합류할 수 있었던 것도 그의 형이 적지 않은 선교기금을 기부하여 길을 열어주었기에 가능했다.[15] 별장을 여러 곳에 마련한 것도 자신의 가족은 물론 조선의 낯선 기후와 불결한 환경에 노출되어 급격히 건강을 잃어가던 동료선교사들을 배려한 측면이 컸다. 명분보다는 실용과 실리를 선택하는 언더우드의 성격이 잘 드러나는 대목이다.

글쓰기에 재능이 있었던 호턴은 여러 저작을 통해 적지 않은 비용을 들여 조선에서 미국식 생활을 유지한 것은 자신의 건강 때문이었다고 해명하며 남편의 활동을 적극 변호했다. 하지만 선교사들이란 본래 개인의 안락함을 버리고 고난의 길을 선택한 사람들이라는 자의식을 품고 있던 동료선교사들 눈엔 그리 바람직하게 보이지 않았다. 낯선 기후에 적응하지 못하고 오염된 물이나 전염병 등으로 사망하거나 제때에 치료를 받지 못해 사랑하는 가족을 잃어야 했던 것이 당시 선교사들의 현실이었다. 더욱이 조선 현지인처럼 살겠다며 모든 것을 내려놓고 황해도로 간 매켄지가 1년도 되지 않아 영양실조와 열사병에 걸려 권총으로 자살했다는 소식이 전해지자, 동료선교사들의 시선은 더욱 싸늘해졌다.

---

15) 미국 장로교는 노예제도에 대한 견해 차이로 남북전쟁을 겪으며 남북으로 분열되어 있었다. 이는 감리교도 마찬가지였다. 언더우드는 북장로교 소속이었다.

명성황후와 대학설립을 추진하다

늘 불안한 시선으로 바라보는 동료선교사들과 달리, 조선 왕실은 언더우드 부부를 누구보다 신뢰했다. 일제의 야만적 그림자가 짙어질수록 이들을 찾는 횟수는 점점 늘었다. 호턴은 애니 엘러스에 이어 왕비 주치의를 맡은 마지막 여선교사였다. 엘러스가 육영공원 교사로 내한한 벙커와 결혼하면서, 그의 후임으로 왕비의 건강을 돌보게 되었다. 덕분에 호턴은 지금까지도 정확히 밝혀진 사진 한 장 없는 베일 속의 명성황후를 가장 가까이에서 직접 보고 깊은 우정을 나눈 행운을 누렸다. 호턴이 기억하는 명성황후는 "뛰어난 미적 감각"과 "세심하게 배려하는 자상한 면모를 갖춘 훌륭한 지도자"였으며 "고귀함이 배어 나오는 여성"이었다. 무엇보다 그는 "세계의 여러 강대국들과 그 정부에 대해 잘 알고" 있을 만큼 "지적 수준이 매우 높은" 인물이었다.

> "그녀는 질문을 많이 했고 자기가 들은 것은 모두 기억했다. 그녀는 숨어 있는 유능한 외교관이었고 자기에게 몹시 반대하는 사람들의 허술한 데를 찌르기 일쑤였다. 그리고 그녀는 진보적인 정책을 널리 펴는 실력자였고 애국자였으며 자기 나라에 이익이 되는 것을 위해 몸을 바치고 있었고 백성의 복지를 찾고 있었다. 이것은 모두 우리가 동양의 왕비에게서 기대할 수 있는 수준을 훨씬 넘어서는 것이었다."
>
> _《언더우드 부인의 조선견문록》 중에서

호턴의 기록은 헛말이 아니었다. 명성황후는 앞을 내다보는 통찰력이 있었다. 일제의 검은 그림자가 자신의 숨통을 조여 오던 마지막 순간에도 조선의 미래를 위해 대학설립을 추진했다. 언더우드가 생을 다 바쳤던 대학설립은 명성황후가 먼저 제안한 프로젝트였다. 1895년 봄, 총리대신이던 박영효를 통해 대학의 설계와 계획을 언더우드에게 부탁했다. 선교기금으로 운영되는 배재학당에 학생들을 맡기는 위탁교육은 임시방편일 뿐 한계가 있을 것이라 내다보았던 모양이다. 명성황후는 창덕궁과 경희궁 사이에 학교 부지를 마련하고 미국인 교사들을 위한 주택도 지어주겠다고 제안했다. 건축과 운영경비로 5~6만 달러에 이르는 거금도 준비했다.

명성황후는 대학을 국립으로 운영할 경우 일본인들이 교육을 장악할 것이라고 예상했다. 하지만 만약 왕실이 재정적으로 후원하고 선교사들이 운영하는 사립의 형태로 대학이 세워진다면, 일본의 방해를 받지 않고 조선의 젊은이들에게 세계적 안목을 키워줄 수 있을 것이라고 내다보았다. 명성황후는 일본을 압도하는 미국의 외교력이 위기를 극복하는 데 도움이 되리라 판단했다. 그리고 기독교 선교사들이 다리 역할을 해주리라 기대했다. 예상을 뛰어넘는 황후의 제안에 언더우드는 곧바로 대학설계에 착수했다.

하지만 그해 10월 명성황후가 시해되면서 모든 계획은 수포로 돌아가고 말았다. 호턴은 조선인들을 대신하여 상상을 초월하는 일본의 야만과 극악무도함을 국제사회에 알렸다. 명성황후의 장례식은 2년이 지난 후에야 거행되었다. 한동안 사람들은 그가 어딘가에 분명히 살아 있을 것이라 믿기도 했다. 장례식엔 끝도 없는 애도 행렬이 뒤따랐다. 호턴은 장례식을 기록으로 남기며 그녀의 죽음을 애도했다. 끝내 지켜주지 못한 회한과 누구에게 향하는지 모를 원망이 마음 깊은 곳에서 치밀어 올라 왔다.

"왕비가 잔인한 적들에게 희생당할 때, 이 많은 사람들 중 단 몇 명이라도 그것을 막았더라면!"

사건이 일어나던 날 밤에도 언더우드 부부는 명성황후의 신변을 걱정하여 자기 집에 황후가 머물 임시거처를 마련해두고 있었다.

목숨을 걸고 고종을 지키다

명성황후가 시해된 후, 조선은 바닥을 모르는 수렁으로 빠져들었다. 고종은 언더우드 부부를 더욱 의존했다. 아무도 믿을 수 없게 된 고종은 궁궐에서 준비하는 모든 음식을 의심했다. 어느 누가 일본의 사주를 받고 자신을 해할 지 알 수 없었다. 호턴은 일본을 견제하던 러시아 공사관과 자신의 집에서 번갈아 가며 음식을 제공했다고 기록하고 있다. 언더우드가 엘러스와 호턴이 만든 음식을 주석 금고에 넣고 미국제 자물쇠로 잠근 다음, 열쇠를 직접 고종에게 건넸다. 매일 밤마다 외국인들이 두 명씩 짝을 지어 불침번도 섰다. 고종과 가까이 지내던 선교사들도 기꺼이 왕을 보호하고 나섰다. 언더우드도 자주 번을 섰다.

함께 황제의 처소를 지켰던 게일의 증언에 따르면, 당시 고종은 직접 목격했다며 명성황후를 살해한 자로 오카모토를 지목했다. 전에 고종을 알현한 적이 있었기에 그의 이름과 얼굴을 똑똑히 기억한다고 했다. 고종이 자신의 처소를 지키는 미국의 군사교관 다이Dye에게 전해달라며 게

일에게 보낸 전갈에는 살인자의 이름과 함께 이렇게 적혀 있었다.[16]

"만약 황후의 죽음에 복수를 해 주고 이 일본인들에게서 나를 구해준다
면, 장군들을 위해서 내 머리카락을 잘라 그것으로 짚신을 만들어 신겠다
고 전해주시오"_1896년 2월 18일 보고서

한글로 전해진 전갈 내용은 "너무나 애절한" 것이었다. 게일은 이렇게
썼다.

"황후가 살해되었을 때, 궁궐에서 희망은 사라졌다."

사건 직후 오카모토는 자신이 황후를 살해했다고 자백했고, 오무라가
재판에 회부되어 자신이 황후를 살해할 음모를 꾸몄다고 자백했다. 하지
만 모두 무죄로 풀려났다. 당시 조선의 외국인들은 이것이 일본정부의
치밀한 시나리오에 따른 것으로, 미우라 공사가 황후 살해를 진두지휘했
다고 확신했다. 일본은 고종을 궁궐에 유폐시킨 뒤 친일내각을 세워 일
본식 근대개혁을 단행했다. 이에 저항하는 봉기가 곳곳에서 일어났다.

조선의 혼란은 여기서 그치지 않았다. 그해 가을 끝자락인 11월 28일,
'춘생문 사건'이 일어났다. 전날 밤, 왕의 충신 윤웅렬이 친구와 조용히
대화할 공간이 필요하다며 언더우드를 찾아왔다. 언더우드는 두 사람에
게 기꺼이 공간을 내주었다. 다음 날에는 가까이 지내던 에비슨 선교사
가 왕의 친위세력들이 궁궐에 유폐되다시피 한 왕을 위해 거사를 계획

---

16) 1882년 임오군란으로 근대식 군대양성이 좌절되자, 조선정부는 미국에 군사교관을 요청했다.
1888년 장교 양성과 군대의 근대식 훈련을 위해 수석 교관 다이를 포함해 4명의 교관이 내한했
다. 미국인 교관들은 궁궐수비대의 일반 군인들을 훈련시켰다.

하고 있다는 소식을 알려왔다. 물론 언더우드도 알고 있었다. 에비슨과 언더우드는 고종의 절친한 친구 헐버트에게 이 사실을 알리고, 고종을 지키기 위해 그날 저녁 8시에 함께 궁궐에 들었다. 헐버트는 조금 늦게 도착했다. 언더우드와 에비슨은 만일의 사태를 대비해 권총까지 챙겼다. 그만큼 상황이 급박했다. 세 선교사는 궐내 호위를 맡고 있던 미국인 교관들의 숙소에서 함께 대기했다.

자정이 지나자 총소리가 났다. 곧이어 "외국인들을 부르라"는 고종의 절박한 외침이 들려왔다. 세 선교사는 고종의 침소로 곧장 내달렸다. 이미 군인들이 칼을 꺼내 문을 막아섰다. 언더우드가 권총을 꺼내 들며 그 칼들을 제친 후에야 고종에게 다다를 수 있었다. 왕은 세자와 함께 두려움에 떨고 있었다. 에비슨의 기록에 따르면, 친일내각 각료들이 곧 이어 들이닥쳤고 고종을 다른 곳으로 끌고 가려 했다. 고종과 세자는 끌려가지 않으려 에비슨과 언더우드의 소매를 붙잡았다. 흔들림 없이 버티던 언더우드가 "무슨 총리대신이라는 사람이 자기가 섬기는 임금을 붙잡고 원하시지 않는 일을 강요하느냐"며 강하게 항의했다. 그제야 고종은 자신을 에워싼 신하들에게 물러가라고 명한 후 '선교사 3인방'에게 날이 밝을 때까지 함께 있어줄 것을 부탁했다. 거사는 실패로 끝났다. 친위세력 중 궐문(춘생문)을 열어주기로 한 시위대장이 배신했다는 것을 나중에 들었다. 이 사건에 연루된 이들은 혹독한 고문 끝에 유배를 당하거나 죽임을 당했다.

이 사건으로 언더우드는 의심의 표적이 되었다. 고종의 둘째 아들 의화군(의친왕, 이강)이 그의 집에 한동안 피신해 있었고, 쫓기던 윤웅렬을 변장시켜 러시아를 통해 중국으로 탈출시킨 것도 언더우드였기 때문이다.

윤응렬의 아들 윤치호도 그의 집에서 한동안 머물렀다. 일본의 첩자들은 몇 달씩 그의 집을 감시했다. 조사도 진행되었다. 물론 아무런 증거도 발견되지 않았다. 하지만 언더우드를 가장 힘들게 한 것은 자신을 의심하는 일본이 아니라 내부에서 쏟아지는 동료선교사들의 비난이었다. 조선 왕실과 가까이 지내는 것을 못마땅하게 여기며 선교사역에 위험을 가져오는 행동이나 말을 한다고 비난하는 이들이 적지 않았다. 선교사들이 지켜야 할 '정치 불간섭 원칙'을 위반했다는 공격도 끊이지 않았다.

일본을 두둔한 어느 미국 기자는 미국 신문에 언더우드를 '책략가'로 조롱하며 "선교사가 궁궐 침입을 주도했다"고 독자들의 상상력을 자극하는 기사를 내보냈다. 일본은 이 사건을 언더우드와 그의 동료들이 선동한 '11월 폭동'으로 날조하여 일간지에 선교사들을 비난하는 연설문을 실었다. 고종의 신망이 두터웠던 알렌은 황후와 같이 될 운명에 처한 황제를 구하려다 미국 정부로부터 질타를 받았다. 이를 지켜본 게일은 "워싱턴조차 일본의 영향을 받고 있다"고 분노했다. 그러나 언더우드는 개의치 않았다. 위기에 빠진 조선과 조선의 형제들을 돕는 일이 그리스도의 뜻을 거스르는 것은 아니라고 믿었다.

반대에 부딪힌 대학설립의 꿈

언더우드에겐 경계를 넘어서는 것에 대한 두려움이 없었다. 복음에 대한 열정과 위기에 빠진 조선을 도와야 한다는 책임감이 늘 그를 앞으로 나아가게 했다. 이를 위해서라면 누구와도 대화하고 협력할 준비가 되어 있었다. 재정적인 지원이 필요할 때는 사업수완을 발휘했고, 정치적인 힘이 필요할 때는 정치가적 기질을 유감없이 보여주었다. 동료들의 합의가 필요할 때는 유능한 협상가가 되어 적극적으로 논의를 이끌었다. 억울한 일을 당한 이들이 도움을 청할 때는 피난처가 되어주는 것은 물론이요, 법정대리인의 역할도 마다하지 않았다.

복음에 대한 열정이나 신학적 성향은 여느 장로교 선교사들과 크게 다르지 않았지만, 틀에 갇히지 않는 자유분방함과 하나를 고집하지 않는 유연한 사고가 그를 다른 차원으로 이끌었다. 필요하다면 끝까지 포기하지 않는 근성도 다른 사람이 해낼 수 없는 일을 하게 만들었다.

1918년《언더우드 *Underwood of Korea*》를 세상에 내놓은 그의 전기 작가이자 아내인 호턴은 서문에서 이렇게 회상했다.

> "그의 전 생애 가운데 두드러진 하나의 특징은 교파나 인종, 시간, 장소와 같은 좁은 테두리에 얽매이지 않고, 신과 인간을 무한히 사랑한 것이다."

하지만 아이러니하게도 이러한 태도가 늘 도움이 되었던 것은 아니다. 그가 속한 장로교 내부에서는 틀을 고수하는 대부분의 동료선교사들과 불화하는 갈등의 원인이 되기도 했다. 한마디로 언더우드는 선교개척자로서의 남다른 위상을 가지고 있었지만, 장로교 내부에선 늘 소수자였다. 이러한 모순은 1910년대 대학설립을 위한 논의과정에서 더욱 불거졌다.

서울에 대학을 설립하는 것은 언더우드 부부와 에비슨의 오랜 꿈이었다. 수도 서울은 변화의 중심이기도 했지만 다른 개신교 선교사들도 운영에 함께 참여하며 협력할 수 있는 최적의 공간이었다. 물론 1906년부터 장로교와 감리교는 평양에서 연합으로 대학을 운영하고 있었다. 평양 숭실학교다. 하지만 언더우드는 이와 별도로 기독교인만을 위한 학교가 아니라 누구나 원하면 공부할 수 있는 열린 대학이 필요하다고 보았다. 고등교육에 대한 사회적 요구가 점점 높아지고 있음을 누구보다 잘 알고 있었기 때문이다. 서울에 세워지는 대학은 비기독교인들에게도 개방되어야 하며 종교교육에 제한되어 있는 평양의 커리큘럼보다 더 개방적이고 다양한 학문이 제공되어야 한다고 생각했다.

대다수 장로교 선교사들은 고등교육기관 설립을 반대했다. 고등교육은 물론 일반교육에도 상당히 부정적이었다. 이유는 하나였다. 복음전파에 방해가 된다는 것이다. 선교 초기에는 교육이 복음전파를 위한 하나의 수단으로 나름 효과가 있어 반대하지 않았다. 하지만 시간이 흐르면서 복음전파를 위해 써야 할 시간을 복음과 아무 관련 없는 교육에 투자하는 것은 복음증거에 반하는 일이라고 결론 내리게 되었다. 교육을 담당했던 선교사들도 기독교에는 관심이 없고 영어나 근대학문을 배우는데만 열중하는 조선학생들을 상대하는 것은 시간 낭비라고 불만스러워했다. 학교가 아니라 전도활동에 참여하게 해달라는 요구도 끊이지 않았다.

평양에서 활동했던 마펫S. A. Moffet과 베어드W. M. Baird는 아예 언더우드의 계획을 강력하게 반대하고 나섰다. 선교부가 제공하는 어떤 교육도 기독교인들만을 위해 제공되어야 하며 내용도 성경적이어야 한다는 것이다. 두 사람은 "근대주의자"인 감리교 선교사들과 서울에서 대학을 함께 운영하게 되면 "신학적인 오염"이 일어나게 될 것이라고 우려했다.[17]

다양한 근대학문을 수용하는 언더우드의 보편교육이 힘겹게 쌓아올린 기독교의 영향력을 현저하게 떨어뜨릴 것이라는 논리도 폈다. 마펫은 서북지방 특히 "조선의 예루살렘"인 평양이 기독교신앙의 중심이 되어야 하며 이곳의 신앙이 전국적으로 퍼져나가야 한다고 굳게 믿었다. 1907년 평양대부흥운동 이후 그의 확신은 더욱 굳어졌다.

서울에 지성의 전당 '대학'이 세워지다

언더우드는 포기할 수 없었다. 서울에 대학을 설립하는 일은 비명에 간 명성황후의 이루지 못한 꿈이었을 뿐만 아니라 조선의 미래를 위해서도 꼭 필요한 일이었다. 그리고 무엇보다 복음전파에 반대되는 일이 결코 아니었다. 대학에서 성서를 비롯한 종교교육과 영어를 포함한 근대학문을 함께 가르친다면, 기독교의 영성과 지성을 겸비한 인재들이 배출되고 이들이 더욱 널리 복음을 전할 것이라고 설득했다.

무산될 위기에 처한 대학설립의 꿈을 가까스로 살린 것은 감리교 선교사들의 협력이었다. 감리교 선교부는 평양 숭실대학에서 철수하고 언더우드가 추진하는 서울의 연합기독교대학Union Christian College 설립에 참여하기로 결정했다. 감리교는 처음부터 교육을 매우 중요한 부분으로 생

---

17) 엘리자베스 언더우드, 《한국의 선교역사》, 372. 대부분의 장로교 선교사들은 기독교의 사회적 책임과 참여를 강조하고 근대의 진보사상을 적극 수용했던 감리교의 신앙노선을 탐탁지 않게 여겼다. 성과 속의 경계를 허무는 근대주의가 기독교의 전통교리를 약화시키고 성서의 절대적 가치를 훼손한다고 인식했기 때문이다.

각했다. 단순히 복음전파를 위한 수단으로만 여기지 않고, 윌리엄 스크랜튼이 보고한 대로 "조선인의 자부심을 가진 더 나은 조선인"을 키우고 "온전한 그리스도인"으로 이끌 수 있는 기회로 인식했다.

언더우드는 장로교에 몸담았지만, 교육에 대한 철학만큼은 감리교 선교사들과 뜻을 같이했다. 특히 선교개척자로 같은 배를 타고 함께 입국했던 아펜젤러와는 학교도 같은 시기에 시작했다. 후에 경신학교儆新學校로 이름을 바꾼 언더우드학당과 아펜젤러가 시작한 배재학당이 그것인데, 장로교와 감리교가 세운 첫 남학교들이었다. 두 사람은 지방여행도 함께 할 만큼 깊은 우정을 나누었다.[18] 성서번역위원회를 조직하고 조선에 YMCA 조직을 주선하는 일에서도 환상적인 파트너십을 보여주었다. 이들의 우정은 단순히 사적인 관계에 머물지 않고 기독교 연합활동에도 큰 원동력이 되었다. 역사에 가정은 없지만, 아펜젤러가 사고를 당하지 않았다면 명성황후가 그토록 염원했던 대학설립은 좀 더 쉽게 이루어졌을 것이다.

언더우드가 동료들의 반대에도 불구하고 일반교육을 포기할 수 없었던 것은 경험이 준 교훈이 컸다. 그는 1886년 5월 고아들을 모아 학당을 여는 것으로 자신의 활동을 시작했다. 거리에 버려진 아이들과 갑신정변을 일으켰다가 역적으로 몰려 처형되거나 유배를 떠난 젊은 개혁가들의 어린 자식들이 그의 첫 학생들이었다. 1919년 파리강화회담에 참가해 독립청원서를 제출한 김규식도 그가 입양해 키우고 가르친 인물이었다. 어린 소년이 열병과 영양실조로 죽어간다는 소식을 전해 듣고 분유

---

18) 언더우드학당은 예수교학당, 민노아학당, 구세학당이라는 이름을 거쳐 경신학교로 발전했다.

와 약을 챙겨 강원도까지 찾아갔다. 주변에서는 아이가 사망할 경우 모든 것을 책임져야 한다며 극구 말렸지만, 언더우드는 개의치 않고 그 아이를 데려다 정성껏 치료했다.

어린 김규식은 무엇이든 빠르게 배웠는데, 특히 영어를 잘했다. 그가 파리회담에 참가하게 된 것도 여러 언어에 능통하다는 것이 고려되었을 것이다. 기독교인이 된 그는 전도인으로도 열심히 활동했다. 김규식은 본래 양반가문에서 태어났으나 아버지가 일본과 조선 사이에 이루어진 부당한 거래를 알리는 상소문을 올렸다가 유배를 당하는 바람에 집안 전체가 풍비박산이 났다.

독립운동에 앞장섰던 안창호, 서병호, 정재용, 김원벽 등도 언더우드 학당의 후신인 경신학교에서 수학한 대표적인 인물들이다. 장로교의 첫 여학교였던 정동여학당도 언더우드의 도움에서 시작되었다. 1887년 어느 여름날, 자신을 찾아온 고아소년들을 목욕시키다 남장을 한 소녀가 있음을 발견하고는 애니 엘러스에게 보낸 것이 시작이 되었다. 정동여학당貞洞女學堂은 청일전쟁 직후인 1895년 선교부가 정동 땅을 팔고 연지동으로 옮기면서 정신여학교貞信女學校로 발전했다.

교육의 힘이 얼마나 강력한 것인지 직접 체험한 언더우드는 먼저 YMCA 건물에서 경신학교 대학부를 시작했다. 앞서 1912년 안식년 휴가를 얻어 미국으로 건너가 연합기독교대학 건립을 위한 기금으로 5만 2천 달러를 모금해왔다. 감리교 선교부는 빅터 채핀Victor Chaffin을 파견해 그를 돕도록 했다. 30대 초반의 채핀은 조선에 온 지 얼마 되지 않은 새내기 선교사였다. 건강이 많이 약해진 30년 경력의 노장 언더우드에겐 최상의 파트너였다. 호턴도 "보기 드물게 아름다운 성품을 지닌 젊은 선교사"라고 매우 기뻐했다.

　확실해 보이는 것은 아무것도 없었지만, 채핀은 대학설립의 꿈을 이루기 위해 선교부 직원뿐 아니라 정부요원들까지 두루 만나며 끈질기게 설득했다. 덕분에 1915년 대학부가 정식으로 개교할 수 있었으며, 언더우드는 형으로부터 기부 받은 5만 달러로 신촌에 대학 부지를 마련했다. 하지만 두 사람의 건강은 급속도로 무너졌다. 1916년 4월 언더우드는 치료를 위해 미국으로 급하게 귀국했고, 두 달 후엔 스무 살가량이나 더 젊었던 채핀이 쓰러져 다시 일어나지 못했다. 그의 나이 36세였다. 언더우드도 그해 10월 조선으로 돌아오지 못하고 미국에서 생을 마감했다. 결국 늘 뜻을 같이 해왔던 에비슨이 학교를 맡았고, 1년 후 연희전문학교延禧專門學校로 인가 받아 그의 뜻을 이루었다.

조선총독부에서 발부한 연희전문학교 인허장

1920년대 연희전문학교와 식민시대의 젊은 지성들

사라지는 기독교대학의 위상과 정신

선택의 또 다른 이름은 책임이다. 언더우드는 동료 선교사들의 따뜻한 시선도 진심어린 응원도 받지 못했지만, 조선을 위한 자신의 선택이 결코 틀리지 않았음을 확신했다. 이를 설득하고 자신의 선택에 책임을 지기 위해 그는 사력을 다했다. 건강이 악화되어 조선을 떠나기까지 마지막 1년 동안 각 처로 보낸 편지만 2,300통이다. 매달 평균 200통의 편지를 쓴 셈이다. 여기엔 총독부 관계자들에게 협조를 구하는 편지들도 포함되었다. 미래 예약의 유일한 대안으로 떠오른 대학설립은 조선에 꼭 필요한 일이었다. 하지만 식민지 백성으로 전락한 조선인 혼자 힘으로는 꿈도 꾸기 어려웠다. 조선 편에 서서 일본을 상대로 정치적 수완과 사업가적 기질을 발휘할 사람이 필요했다. 언더우드는 그 역할을 마다하지 않았다.

세계선교사협의회 대표로 일하며 오랫동안 우정을 이어갔던 존 R. 모트 J. R. Mott는 언더우드를 "조선 민족의 뛰어난 옹호자"로 기억했다. 그리고 서울에 연합기독교대학을 설립한 것을 가장 의미 있는 업적으로 평가했다. 그가 본 언더우드는 언제나 "매력적인 땅 조선에 대한 자신의 열정적인 정신이 결국 설득력을 얻을 것이라는 확신과 진지함"에 가득차 있었다.

모트는 그의 죽음을 애도하며 남은 이들에게 그 뜻을 이어가기를 간곡히 부탁했다.

"많은 건설적인 일들로 점철되었던 그의 생애 가운데서 가장 정치가다운 업적 중의 하나는 연합기독교대학 설립을 도운 일이다. 만일 그가 이 일 외에 아무것도 이룩하지 않았다 해도 이 자체만으로도 큰 업적이 되었을 것이다. 그의 친구나 어느 누가 그를 영원히 기념하고 싶다면, 이 기관의 성공을 계속 유지해 나가는 것보다 더 좋은 일은 없을 것이다."

_1916년 언더우드 추모행사 때 보내온 편지

필요가 선택을 낳는다. 언더우드에겐 개인의 필요보다 조선의 필요가 먼저였다. 물론 그가 조선에서 보여준 선택이 모두 옳았다고 볼 수는 없을 것이다. 바라보는 기준과 각도에 따라 같은 것도 다르게 보이기 마련이다. 특히 언더우드는 늘 위험한 선택을 마다하지 않아 가는 곳마다 적지 않은 논란거리를 낳았고, 현실을 가볍게 뛰어넘는 상상력으로 사람들을 당황하게 만들었으며, 상식처럼 받아들여지던 기존 질서에 균열을 내기 일쑤였다. "백만장자 선교사"라는 별명이 붙을 만큼 빈곤한 땅에서 경제적 여유를 누려 동료선교사들에게 좌절감을 안겨주었다. 선교사 신분임에도 불구하고 조선에 필요하다 싶으면 농기계나 기구, 키니네, 석유 등을 싼 값으로 들여왔다. 이로 인해 큰 이익을 탐내던 무역업자들로부터 선교사가 장사를 한다는 불평과 도덕적 비난을 자초했다. 근대과학이 만들어낸 수많은 편리들에 이제 막 눈 뜨기 시작한 조선인들에게 조금이라도 보탬이 되고자 한 선택이었지만 자본주의의 탐욕이 만들어내는 오염성에 대해서는 깊이 통찰하지 못했다.

미국에서 큰 기업을 이룬 가정에서 성장한 탓이었을까. 언더우드는 선교사들에게 흔히 볼 수 없는 사업가적 기질은 물론 협상을 이끌어내는 정치적 수완도 뛰어났다. 어쩌면 이는 선교사의 품격에 어울리지 않는 아니 "적절하지 않은" 재능이었는지도 모른다. 하지만 보이는 것만으로 비난하기는 어렵다.

언더우드는 절망적인 현실에 직면한 조선의 젊은 지성들에게 길을 열어주는 일이라면, 주저함 없이 자신에게 주어진 경제적 환경과 인적 자산을 동원하고 활용했다. 사사로이 이득을 취하거나 자신의 종교적 신념을 일방적으로 밀어붙이는 용도로 쓰지 않았다. 힘을 상실한 조선에 도움이 된다 싶으면 무모하리 만큼 이해관계를 따지지 않고 달려들었다. 고상한 명분을 찾기보다는 비난을 감수하고라도 실용과 실리를 과감하게 선택하는 특유의 돌파력을 보여주었다. 이런 모습이 동료선교사들에게 좋게 보일 리 없었다. 전형적인 선교사들에겐 기대하기 어려운, 아니 '낯섬' 그 자체였다.

　고상한 명분보다 위험한 도전이 필요할 때가 있다. 비정상적인 상황에서 새 길을 내야할 때가 바로 그때다. 출구가 보이지 않을 땐 안전한 명분을 찾기보다 위험한 도전이 더 큰 힘을 발휘한다. 물론 위험한 도전에도 반드시 지켜야 할 원칙이 있다. 목적은 정당해야 하며, 수단이 목적을 오염시켜서는 안 된다. 언더우드는 틀에 갇히지 않는 자유분방함과 다름을 받아들이는데 있어 유연한 사고를 견지했지만 그 목적에 있어서는 한 치의 흔들림도 없는 엄격함을 고수했다. 공공의 가치를 위해 사적인 자산을 활용할지언정 사익을 위해 공공의 가치를 훼손하거나 공적 채널을 오염시키지 않았다. 그는 잘 알고 있었다. 교육은 공공성의 가치가 생명이며, 지성인에겐 사회적 책임이 생명이라는 것을. 오늘날 연희전문학교의 역사를 잇는 연세대학교가 기독교대학의 정체성과 그 상징성을 퇴색시키며 경영권을 사익추구의 오명을 쓴 거대언론사 사주의 손에 넘긴 것은 안타까운 일이다. 제 아무리 화려한 것이라도 정신이 사라지면 껍데기만 남는다.

누가 가난한 농촌으로 갈 것인가

애나 채핀

(Anna Bair Chaffin, 1883~1977)

교육은 사람을 키우는 일이다. 사람을 키우는 일은 혼자 할 수 없으며 사람이 가장 귀한 사회적 자산이라는 믿음이 없으면 이루기 어렵다. 애나 채핀은 종교교육의 목적을 협소한 차원의 교리교육에 제한시키지 않았다. 더 나은 사회를 꿈꾸고 이에 헌신할 수 있는 지도력을 길러내는 것을 목표로 삼았다.

Anna Bair Chaffin

시대마다 젊은 지성들의 영혼을 깨우는 화두가 있다. 민족독립의 꿈이 점점 멀어져가는 듯 보였던 1930년대 젊은이들의 영혼을 사로잡은 화두는 무엇이었을까. 시대를 고민하는 지성들에게 감동과 고뇌를 동시에 안겨준 책이 있다. 실존인물을 모티브로 삼은 심훈沈熏의 농촌계몽소설《상록수》다. 실제 주인공의 이름은 최용신. 그는 빼앗긴 들판의 봄을 되찾기 위해 학업도 그만두고 1931년 수원 샘골(현 안산시 본오동)로 내려가 농촌운동을 시작했다. 그리고 스물일곱 해의 짧은 생을 그곳에서 마쳤다. 그의 아름다운 헌신과 때 이른 죽음은 조국의 암울한 미래에 절망하던 수많은 젊은 지성들을 흔들었고, 다시 일으켜 세웠고, 그의 뒤를 따라 농촌운동에 투신하게 만들었다.

1936년 이화여전梨花女專을 졸업하고 해방된 조국에서 첫 여성법조인이 된 이태영은 그때 분위기를 이렇게 전했다.

"당시 학생들 사이에서는 '인간 상록수'가 되려는 꿈이 꽤 번져 있었는데, 나도 예외는 아니었다."

훗날 이화여대 교수로 봉직한 김갑순도 전문학교 졸업을 앞두고 수많은 고민을 했었다고 전하면서 그 시절은 "상록수 여주인공 최용신의 정신이 많은 여성들의 마음을 움직여주던 때였다"고 회상했다. 당시《상록수》는 이광수의《흙》과 함께 젊은이들의 필독서였다.

하지만 '나 홀로' 영웅은 없다. 최용신과 함께 농촌운동에 뛰어들고, 그가 생을 다한 후에도 농촌을 지켰던 동지가 있었다. 이들을 키워낸 스승이 있었다. 스승과 제자가 만나 한 공간에서 같은 꿈을 꿀 수 있도록 시대를 한발 앞서 내다보고 길을 열어준 안내자가 있었다. 상록수의 요람은 서대문 냉천동 언덕에 자리 잡은 감리교신학교였다. 부교장 애나 채핀Anna Bair Chaffin은 시간이 흐를수록 피폐해져 가는 조선의 농촌을 그냥 두고 볼 수 없었다. 도시로만 몰려드는 젊은 지식인들이 다시 농촌으로 돌아가 삶의 터전을 일으켜 세우기를 기대하며, 교회가 그 중심역할을 할 수 있기를 바랐다.

채핀은 여성에게도 동등한 기회가 주어져야 한다고 믿으며 그의 신념을 교육과정에서 먼저 실현하기 위해 많은 도전을 했다. 남녀유별이라는 차별적 관습이 여전히 맹위를 떨치던 1920년대, 조선인 여성교수를 채용하고 남녀가 한 공간에서 공부할 수 있도록 고등교육기관으로는 처음으로 남녀공학제도를 도입했다.[19] 1931년에는 그 스스로 조선감리교회가 탄생시킨 첫 여성목사 안수의 주인공이 되었다.

---

19) 서대문 충정로와 냉천동에 각각 캠퍼스를 두었던 감리교여자신학교와 감리교신학교는 1929년부터 2년간 같은 캠퍼스에서 공부하는 실험교육을 거쳐 새로운 시스템을 성공적으로 안착시켰다. 두 학교가 통합된 감리교신학교는 첫 남녀공학 전문학교였다

감리교신학교 캠퍼스(1915, 현 서대문 냉천동).
규장각 건물이었던 가운데 기와집에서 학교가 처음 시작되었다.

스스로 서기 위해 도전하라

애나 채핀은 1913년 선교사의 아내로 처음 조선 땅을 밟았다. 남편 빅터 채핀Victor D. Chaffin은 감리교 목사였지만 예외적으로 장로교 개척선교사 언더우드와 함께 일했다. 당시 감리교와 장로교는 협력정신을 가지고 공동으로 대학 설립을 추진했다. 조선에 온 지 30년이 된 언더우드가 장로교의 대표로 그 책임을 맡게 되자, 감리교에서는 빅터 채핀을 임명하여 그를 돕도록 했다. 하지만 누구보다 열정적으로 일했던 빅터 채핀은 3년 만에 쓰러져 다시 일어나지 못했다. 사람들은 "성자 같은 사람"이었다고 입을 모으며 이국땅에서 서른여섯 해의 짧은 생을 마감한 젊은 선교사와의 이별을 슬퍼했다. 미국에서 이 소식을 들은 언더우드도 건강을 회복하지 못하고 6개월 만에 그의 뒤를 따랐다.

예고 없이 찾아든 남편과의 이별은 어린 딸을 둔 애나 채핀을 새로운 길로 이끌었다. 선교사의 길을 걷기로 결단하자, 감리교는 그를 토착여성사역자 양성기관에 합류시켰다. 그가 부임한 감리교부인성서학원은 이화학당을 설립한 메리 스크랜턴이 시작한 학교였다. 청일전쟁 이후 피난처를 찾듯 교회를 찾는 여성들이 급증했고, 이들을 돌볼 토착여성사역자가 시급히 필요했다. 애나 채핀은 미국에서 교사로 활동한 경험이 있고 피아노를 전공한 재원이었다. 신학을 전공한 교장 앨벗슨M. M. Albertson과 호흡을 맞출 수 있는 최상의 파트너였다.

그는 전공을 살려 음악과 역사를 가르쳤고 이듬해 기숙사가 마련되자 학생들의 생활지도까지 맡았다. 악기를 구경하기도 어려웠던 시절에 오르간 수업은 최고의 인기과목이었다. 애나 채핀이 오르간 연주를 가르친 것은 학생 개개인의 재능을 키워주는 목적도 있었지만 무엇보다 교회에서 가장 필요한 악기였기 때문이다.

식민시대를 살고 있었던 조선에서는 교회가 단순히 예배를 드리는 종교적 공간만은 아니었다. 교회는 조선인들이 유일하게 숨 쉴 수 있는 공간이었으며 지역공동체의 센터 역할을 하고 있었다. 각 교회마다 오르간이 보급된다면, 절망 속에 살아가는 지역민들, 특히 민족의 미래가 될 젊은 세대들에게 절망의 한숨 대신 희망의 노래를 되찾아 줄 수 있을 것이었다.

감리교부인성서학원은 애나 채핀에게 가르치는 공간만은 아니었다. 지도자로 훈련받은 배움의 공간이요 시간이었다. 특히 앨벗슨 교장과 함께 일하면서 그는 깊은 동료애와 참된 지도력이 얼마나 중요한 가치인지 깨달을 수 있었다. 곁에서 지켜본 앨벗슨은 "한 번도 자기 유익을 구하지 않고, 남을 먼저 생각하고, 남에게 좋은 일을 하는 타고난 지도자"였다. 비록 앨벗슨이 안식년 휴가 중 갑자기 사망하면서 만남은 2년여로 짧게 끝났지만, 그가 보여준 지도자로서의 책임의식과 협력정신은 훗날 애나 채핀에게 그대로 이어졌다.

채핀은 그와의 이별을 이렇게 애도했다.

"우리는 그를 잃었지만, 그는 우리를 얻었습니다."

미국에서 날아든 앨벗슨의 비보에 따른 충격이 채 가시기도 전에, 3·1운동이 일어났다. 전국으로 번진 독립만세운동에 학생들이 대거 참여하면서 학교는 휴교에 들어갈 수밖에 없었다. 애나 채핀은 학교의 미래를 위해 자신이 무엇을 준비해야 할 지 깊이 고민했다. 그리고는 자신이 먼저 학교를 이끌만한 역량과 자격을 갖추어야 한다는 결론에 이르렀다. 그는 안식년 휴가를 내고 미국으로 건너갔다. 뉴욕성서신학교에 입학하여 정식으로 신학수업을 받았다. 앨벗슨의 공백을 메우는 동시에 학교를 전문적인 여성목회자 양성기관으로 한 차원 더 발전시킬 필요가 있었다. 조선여성들의 의식수준과 교육수준이 빠르게 향상되고 있었기에 학교도 미래를 앞서 준비하지 않으면 안 되었다.

1920년 교장으로 복귀한 애나 채핀은 과감한 변화에 도전했다. 지방에서 영세하게 운영되던 부인성서학원들을 일원화하는 시스템을 실행하여 교육의 효율성과 전문성을 높였다. 이름도 '감리교여자신학교'로 바꾸었다. 교육내용도 성서의 교리나 서구신학의 기초를 일방적으로 주입하는 수준에서 벗어나 삶 속에서 실질적인 지도력을 발휘할 수 있도록 현장중심의 생활밀착형 교육으로 바꾸었다. 이를 위한 하나의 방편으로 여성사회복지기관으로 발돋움한 종로 태화여자관泰和女子館에 학생들을 파견하여 소외계층 여성들과 아동들을 돕는 활동에 참여시켰다.

학생들이 학업을 지속해 나갈 수 있도록 경제적 자립기반을 마련하는 일에도 힘을 쏟았다. 지방에서 올라온 학생들이 많았는데, 그 마저도 가난했기에 중도에 학업을 포기하는 경우가 적지 않았다. 학교재정도 이들을 돕기에는 충분치 않았다. 채핀은 여러 차례 논의를 거쳐 1924년 제빵부를 신설했다. 성공을 장담할 수 없는 모험에 가까웠지만, 덕분에 학생들은 직접 빵을 만들고 이를 판매하는 방식으로 스스로 학비를 마련할 수 있었다. 이러한 실험교육은 외부지원에 대한 의존도를 낮추는 동시에 스스로 자립기반을 마련해갈 수 있다는 자신감과 도전정신을 학생들에게 심어주는 기회가 되었다.

민주적 가치를 일깨우고 자치의 능력을 키우다

애나 채핀의 교육실험은 여기에서 그치지 않았다. 경제적 자립능력뿐만 아니라 자발적으로 참여하고 자신의 선택에 스스로 책임지는 민주적 가치와 자치의 능력도 키워주었다. 전교생이 함께 생활하는 기숙사는 더없이 좋은 자치교육의 공간이었다. 우선 학생들을 믿고 기숙사 사감을 없앴다. 대신에 학생들 스스로 위원회를 구성하여 기숙사를 운영해가도록 했다. 학생들은 각 학년마다 학생 대표를 선출했고, 학생대표들은 여러 차례 논의와 토론을 거쳐 기숙사의 규칙과 규범을 만들었다. 공동생활에 필요한 재정과 물품도 스스로 관리하며 책임지도록 했다. 이러한 과정을 통해 학생들은 민주적 절차를 배우고 토론과 대화를 통해 일을 해결해나가는 방법을 배웠다.

사람은 믿는 만큼 성장한다. 이 모든 실험은 학생들에 대한 신뢰 없이 불가능했다. 애나 채핀의 새로운 시도에 학생들은 기대 이상으로 부응했다.

1925년 애나 채핀의 연례보고서다.

"지금까지는 사감과 내가 규정을 만들었는데, 학생들이 직접 참여하여 만들게 된다면 규정을 더 잘 지킬 것이라는 생각이 들었다. 그들과 만나 토론하는 과정에서 그들은 내가 의도한 것에 모두 찬성할 뿐 아니라 아주 창의적인 제안까지 해서 새로운 규칙을 만들었다. 이런 식으로 자치하는 법을 배운 청년 사역자들이 현장에 나가서 자신이 경험한 바를 잘 적용할 것으로 믿어 의심치 않는다."

학교에서 배운 민주적 절차와 실천적 대안은 교회를 통해 지역공동체에 새로운 의사소통구조를 형성할 터였다.

조선이 근대시대로 접어들었다고는 하나 수백 년간 조선왕조를 지탱해온 유교적 권위주의는 여전히 강고했다. 더욱이 일제의 식민통치로 인한 제국주의적 문화가 지배문화로 뿌리내리던 시점이어서 애나 채핀이 시도한 학생자치와 민주적 교육방식은 조선의 젊은이들이 근대사회의 주체로 성장하는데 매우 소중한 자양분이 되었다. 1920년대 중반은 1917년 러시아혁명의 바람을 타고 사회주의 사상이 급속하게 퍼져나가며 젊은이들 사이에 제국주의적 억압구조에 대한 저항적 에너지가 들끓고 있었다. 그 대상은 일본 제국주의만이 아니라 일본과 때로 경쟁하고

감리교여자신학교(1917)

때로 결탁했던 서구 제국주의까지 포함되었다.

특히 서구 선교사들이 교육의 주도권을 쥐고 학교를 독단적으로 운영
했던 기독교 학교들이 서구 중심의 일방적 교육을 강요한다고 집중적인
비판을 받았다. 1925년 조선공산당이 결성된 이후 이러한 바람은 더욱
거세져 학교마다 동맹휴학이 들불처럼 일어났다. 애나 채핀은 한발 앞서
가는 통찰력으로 일방적 교육에 대한 학생들의 분노를 해소하고, 학생자
치와 민주적 절차를 교육과정으로 정착시켜나갔다.

누가 농촌을 절망에서 구해낼 것인가

교육은 사람을 키우는 일이다. 사람을 키우는 일은 혼자 할 수 없으며

사람이 가장 귀한 사회적 자산이라는 믿음이 없으면 이루기 어렵다. 애나 채핀은 종교교육의 목적을 협소한 차원의 교리교육에 제한시키지 않았다. 더 나은 사회를 꿈꾸고 이에 헌신할 수 있는 지도력을 길러내는 것을 목표로 삼았다. 교육은 교육자 자신이 자기성장에 게으르면 이룰 수 없다. 그는 1926년부터 2년간 두 번째 안식년 휴가를 얻어 뉴욕 컬럼비아대학에서 석사과정으로 교육학을 공부했다.

그곳에서 애나 채핀은 뜻을 함께 할 동료를 만나는 행운을 얻었다. 3·1만세 운동으로 옥고를 치르고 미국으로 건너간 황애덕을 만난 것이다. 그는 농촌운동을 염두에 두고 교육학을 공부하던 중이었다.

애나 채핀은 그에게 간곡히 부탁했다.

"귀국하거든 꼭 우리 학교에 와서 일해주세요. 신학생들이 농촌으로 가기를 꺼리니 이들을 잘 지도해주세요."

황애덕(황에스더)도 당시의 만남을 상세히 기억했다.

"그때 마침 감리교여자신학교 교장이던 미세스 채푼이 나를 보고 자기 학교에 와서 '농촌지도과'를 만들어 줄 수 없느냐고 했다. 나는 농촌사업을 강조하던 터라 쾌히 승낙했다." _《신여원》 1972년 7월호

이 만남은 훗날 《상록수》의 실제 주인공 최용신을 키워내는 인연으로 이어졌다.

황애덕은 일제의 블랙리스트에 오른 요시찰 인물이었다. 이화학당을 졸업한 후 고향인 평양으로 내려가 모교인 숭의여학교에서 학생들을 가르치며 재학생과 졸업생들을 모아 송죽형제회松竹兄弟會를 결성했다. 생일

잔치를 빙자하여 자수와 뜨개질로 독립자금을 마련하고, 졸업생들을 지방 곳곳에 교사로 파견하여 점조직으로 전국조직망을 구축했다. 이는 비밀결사조직으로 3·1운동의 중요한 기반이 되었다.

일본으로 건너간 황애덕은 서울 정신여학교에서 공부한 김마리아와 함께 1919년 2·8 독립선언에 참여하고, 비밀리에 조선으로 돌아와 송죽회의 전국조직을 가동하여 3·1만세 운동으로 연결시켰다. 또한 서울과 평양의 교회여성들을 모아 애국부인회를 비밀리에 조직해 항일투쟁을 계속해나갔다. 이 일로 황애덕은 김마리아와 함께 체포되어 4년간의 수감생활을 했다.

감옥은 그에게 깊은 좌절감과 동시에 새로운 고민을 안겨 주었다. 직접적인 항일투쟁이 거의 불가능해진 상황이 된 데다, 한일강제병합 이후 본격화된 일제의 식민경제 구축으로 민족경제의 기반이었던 농촌이 급속도로 몰락해가고 있었다. 특히 일제가 실시한 대규모 토지조사사업으로 80%를 차지했던 농민들이 대부분 소작농으로 전락했다. 어디 그뿐인가. 일본에 강제로 토지를 빼앗긴 이들은 더 이상 버티지 못하고 정든 고향을 떠나 만주 등 국외로 내쫓겼다. 한마디로 이제는 '민족독립'이 아니라 '민족생존'이 급선무였다.

일제의 식민정책은 매우 계획적이고 체계적으로 진행되었다. 먼저 조선 정부를 손에 넣은 후, 합법적 절차와 법제화라는 근대의 무기로 조선의 영토를 빠르게 흡수했다. 이제 방법은 농촌으로 들어가 농민들에게 일제 식민정책의 실상을 알리고 의식교육을 통해 농민들이 협력하고 연대하여 이를 함께 극복해가는 방법뿐이었다.

고통은 무조건 참아야 하는 것도 아니요, 나만 피한다고 해결되는 것도 아니다. 함께 손잡고 이겨내야 하는 것이다. 하지만 황애덕에게 주어진 현실은 그리 녹록하지 않았다. 일거수일투족을 감시당하는 상황에서 그가 할 수 있는 일은 아무것도 없었다. 미국 유학이 그가 선택할 수 있는 유일한 길이었다.

1928년 늦은 가을 황애덕이 유학을 마치고 돌아오자, 일제의 감시는 다시 시작되었다. 이를 잘 알고 있었던 채핀은 약속대로 그를 곧바로 교수로 초빙하고 농촌사업지도교육과를 만들어 그에게 맡겼다. 채핀이 피난처는 물론이요, 조선의 봄을 되찾으려는 간절한 꿈을 현실로 바꾸어낼 수 있도록 새로운 장을 마련해 준 셈이다. 그 덕분에 황애덕은 똑같은 간절함을 가진 제자들을 만나 상록수로 키울 수 있었다. 농촌운동을 계획하며 일제의 눈이 미치지 않는 가장 궁벽한 곳에 집 한 채를 구해 놓고 여름방학이 오기만을 기다리던 중, 한 여학생이 찾아왔다. 최용신이었다. "선생님, 저는 졸업할 때까지 기다릴 수가 없어요. 아무래도 빨리 농촌으로 가야겠어요." 원산이 고향인 그는 루씨여학교元山樓氏女學校 시절부터 농촌운동에 투신하겠다고 마음먹어온 터였다. 1930년 여름 황애덕은 최용신, 김노득과 함께 황해도 수안 샘골에서 첫걸음을 시작했다.

"민중 속으로"

농촌문제는 더 이상 미룰 수 없는 가장 긴급한 민족적 과제였다. 1920년대 중반부터 기독교 청년운동단체인 YMCA와 YWCA가 앞장서 농촌문제를 사회적 이슈로 부각시키며 젊은 청년들의 관심과 참여를 끌어내기 시작했다. 특히 사회에 대한 관심이 강하고 민족독립운동에 적극적으로 참여해온 감리교 청년들이 주도적인 역할을 했다. YMCA 간사였던 홍병선을 비롯하여 구자옥, 조민형, 박인덕, 이덕봉 등은 종교교회 청년회와 배화학당 학생들에게 농촌문제에 관심을 가질 것을 주문하며 의식개혁운동을 시작했다. 최용신과 함께 농촌운동에 참여했던 김노득도 종교교회와 배화학당에서 공부한 인물이다. 강원도 홍천으로 내려가 무궁화 보급운동을 시작한 남궁억도 배화학당 교사였다.

그러나 채핀이 지적한 대로 도시의 젊은 지식인들은 "농촌으로 돌아가자"고 목소리만 높일 뿐 구체적인 실천의지를 제대로 보여주지 못했다. 구호에 그치는 농촌운동의 한계를 절감한 황애덕은 갈릴리 바닷가에서 예수가 그랬던 것처럼 열 두 명의 학생을 선발하고 훈련시켜 둘씩 짝을 지어 여러 지역으로 파견했다. 그리고는 여름방학 동안 농민들과 함께 지내며 교육의 기회를 전혀 얻지 못한 아동들에게 한글과 노래를 가르치고, 청년회와 부녀회를 조직하여 이들의 의식을 깨우고 생활개혁운동에 나서도록 지도했다.

최용신과 김노득도 그들 중 한 팀이었다. 처음에 농민들은 많이 배운 도시 처자들이 궁벽한 산골 마을에 찾아오자 의심스러운 시선을 거두지 않았다. 하지만 이들의 진정성을 확인한 후에는 신뢰를 거두지 않았다. 여름방학이 끝나갈 무렵 이별의 시간이 다가오자, 이들을 붙잡고 놓아주지 않았다.

"선생님들 못 갑니다. 언제는 배워라 배워라 하시더니 이렇게 배우겠다는 아이들을 버리고 가시다니요."

최용신과 김노득은 이들의 손을 차마 뿌리치지 못했다. 학업을 잠시 미룰 수밖에 없었다. 때마침 동아일보사가 브나로드운동에 불을 붙이며 학생들을 모집했다. 브나로드운동V. Narod 運動은 "민중 속으로"라는 슬로건을 내걸고 러시아의 지식인들이 농민, 노동자들의 삶 속으로 들어가 민중운동을 일으킨 것에서 영향을 받았다. 1931년 최용신과 김노득은 여기에 참여하여 황해도 수안을 다시 찾았다. 이후 김노득은 그곳에서, 몸이 약했던 최용신은 수원 샘골로 지역을 옮겨 농민들과 함께 지역 공동체 살리기 운동에 나섰다.[20]

최용신의 마지막 절규는 수많은 도시 지식인들의 영혼을 깨웠다.

"도시의 여러분이여! 여러분 중에는 하루 저녁 오락비와 한 벌 옷값으로 몇백 원을 쓰신다 하옵거든 우리 농촌의 어린이들은 자라기에 배가 고프고 배움에 목이 마릅니다. 여러분이시여! 곡식을 심으면 1년의 계가 되고 사람을 기르면 백 년의 계가 된다고 하였거든 이 강산을 개척하고 이 겨레를 발전시킬 농촌의 어린이를 길러주소서. 뜻있는 이여, 우리 농촌의 아들과 딸의 눈물을 씻어주소서."_〈여론輿論〉 1934년 10월호

만주에서 들려오는 외침

조선농민에 대한 애나 채핀의 관심은 조선 땅에만 머물지 않았다. 그

---

20) 김노득은 황해도 수안 샘골에서 탁아소까지 운영하며 1940년 일제에 의해 학교와 교회가 모두 폐쇄될 때까지 활동했다.

는 식민지 백성의 설움을 안고 만주로 쫓겨 간 수많은 조선인들을 차마 외면할 수 없었다. 이들을 마음에 품기 시작한 것은 "건너와서 우리를 도와달라는 외침이 20년 넘게 만주로부터 들려왔다"고 고백할 만큼 오래된 것이었다. 1929년 고등교육기관으로는 처음 실험한 남녀공학제가 성공적으로 안착하자, 채핀은 20여 년간 몸담았던 학교를 뒤로하고 1937년 만주로 향했다. 황애덕도 그보다 2년 앞서 만주로 건너가 식민지 수탈로부터 농민들의 삶을 지켜내기 위해 협동농장을 마련하며 새로운 대안을 고민했다.

낯선 만주 땅에서도 교회는 종교공동체 그 이상의 역할을 해내고 있었다. 늘 위험이 도사리고 있는 거친 땅에서 삶을 개척해야 했던 만큼, 조선인들이 서로 협력하고 도우며 살 수 있도록 마을공동체의 구심점 역할을 하는 것이 교회였다. 하지만 이들을 세밀하게 돌보며 함께 희망을 키워 갈 사역자들이 턱없이 부족했다. 그가 본 만주는 "조선보다 6배가 넓은 곳에 조선인들이 흩어져 살고 있어 어느 교파 혼자 감당하기는 벅찬 상황"이었다. 어렵게 사역자가 조선에서 만주로 파견되어 온다 하

《농촌교회독본》(*Reader for Rural Church*, 1940). 감리교신학교에서 농촌사회학을 가르친 정일형 교수가 은사인 미국 드류대학 사회학 교수 펠튼Felton과 공동 저서로 펴냈고, 수업교재로 사용했다. 이 일로 여러 교수들이 체포되고 정일형은 모진 고문을 당했다. 학교도 폐교되었다. 해방 후 정일형은 정치가로 활동했다

더라도 만주는 조선의 상황과는 달라서 그 역할을 충분히 해내기 어려웠다. 채핀은 신학교에 오래 몸담았던 경험과 지혜를 되살려 "만주의 환경과 풍토에 맞는" 사역자를 직접 양성하기로 결심했다. 학교를 시작한지 두 달 만에 입학생이 21명에 이를 만큼 현실은 절박했다. 하지만 대공항의 여파로 미국으로부터 선교비가 제대로 지원되지 않아, 그해 겨울 조선으로 되돌아올 수밖에 없었다. 그에게는 너무나도 뼈아픈 경험이었다.

"세계가 나의 교회다." 감리교 창시자 존 웨슬리 John Wesley의 말이다. 단순히 교회의 세계 확장을 의미하는 구호가 아니다. 교회는 세계에 대하여 무한책임을 가지고 있다는 선언이다. 교회가 사회에 대하여 무한책임을 지겠다는 약속이다. 그리스도인들은 고통이 끊이지 않는 세상에 대하여, 특히 사회적 약자들에 대하여 무한책임의식을 스스로 짊어지고 살아가야 하는 사람들이다.

애나 채핀은 1940년 일제에 의해 강제추방 될 때까지 선교사로 활동하며, 교육가로서 조선사회가 겪는 아픔에 귀 기울였고 성실한 책임감으로 응답했다. 그는 종교가 한 사회 안에서 어떻게 존재해야 하는지 끊임없이 고민했고, 질문했고, 학생들과 함께 직접 답을 찾아 나섰다. 그가 찾은 답은 단순했다. 고통의 소리에 귀를 막고 사사로운 욕망에 사로잡히는 순간, 종교의 가치는 무너지고 만다는 것. 사회변화에 제대로 부응하지 못하고 현실에 안주하는 순간, 교육은 정체되고 만다는 것. 애나 채핀은 새로운 실험정신과 삶의 현장을 먼저 살피는 살아있는 교육으로 이를 극복해나갔다.

미국으로 돌아간 후에도 조선이 겪는 고통에 채핀은 눈을 떼지 못했다. 6·25전쟁으로 한반도 전체가 폐허가 되었다는 소식이 날아들자, 70세의 노구를 이끌고 한달음에 달려와 재건활동에 힘을 보태며 다시 일어설 수 있도록 한국을 응원했다. 94세로 생을 마감한 그녀는 자유로운 영혼이 되어 한국 땅으로 다시 돌아왔고, 남편 곁에서 영원히 잠들었다.

농부는 오늘 심은 씨앗에서 반드시 새싹이 돋고 열매가 맺을 것이라는 믿음으로 산다. 교육가도 종교인도 마찬가지다. 씨앗을 심지도 않고 열매를 바라는 것은 믿음이 아니라 헛된 욕망이다. 땀 흘려 씨앗을 심는 정직한 수고 없이 어찌 믿음으로 산다 말할 수 있는가. 아픈 현실을 외면하고 시대의 고통에 귀 닫은 채 믿음만을 강조하는 종교에게 남겨진 운명은 소멸뿐이다.

제2부

공공의료:
협력과 연대로
사회안전망을
구축하다

시장터에 민중병원을 열다

윌리엄 스크랜턴
(William B. Scranton, 1856~1922)

조선의 위기는 주변국들의 야수와 같은 탐욕에서만 온 것이 아니었다. 하위계층에 속한
이들이나 빈곤에 허덕이는 민중들을 위한 사회안전망이 전무했다. 죽음보다 못한 삶의
벼랑 끝에 내몰려도 국가는 이들을 위해 아무것도 해주지 못했다.

William B. Scranton

처음 길을 내는 이들에겐 늘 고독이 뒤따른다. 윌리엄 스크랜턴William
B. Scranton은 조선에 첫발을 들인 개척선교사들 중 가장 고독한 선택을 한
인물이다. 동료들은 언제나 그의 외로운 선택에 "왜 그렇게까지?"라는
의문부호를 달았다. 갓 아기아빠가 된 29세의 청년의사로 처음 내한하
여 60세 노신사로 정든 땅을 떠나기까지 조선은 그의 모든 것이었지만,
조선은 그를 빠르게 잊었다. 다행히 최근 그에 대한 연구가 시작되어 잊
혀진 역사를 새롭게 만날 수 있게 되었다.

신비를 향한 여행

스크랜턴에게 조선은 "미지의 땅terra incognita"이었고, 조선행은 "목적
이 완전히 밝혀지지 않은 하나님의 신비를 향한 여행"이었다. 조선선교
사로 임명받고 1884년 12월 4일 목사안수를 받던 날 조선에서는 갑신

정변이 일어났다. 조선에서 한 치 앞을 내다볼 수 없는 혼란의 시간들이 이어지는 동안, 태평양 건너편에 있던 스크랜턴에게도 일생일대의 큰 변화가 일어났다. 본래 그의 인생 그림에는 조선이 존재하지 않았다. 영국에서 이주한 귀족가문에서 태어나 명문가 자손들의 엘리트 코스였던 예일대학을 졸업하고 컬럼비아대학에서 의학공부를 했다. 청소년 시기에 남보다 일찍 아버지를 여의였지만 어머니와 부족함 없이 지냈고 결혼도 예일대학 이사 집안의 손녀와 하면서 그의 미래는 장밋빛이었다. 클리블랜드로 옮겨 개원한 병원도 탄탄대로의 미래를 약속했다.

변화는 어느 날 갑자기 찾아왔다. 1884년 일본의 개척선교사 중 한 명이었던 해리스M. C. Harris가 방문했다. 낯선 선교사를 맞이한 것은 그의 아내였다. 시어머니인 메리 스크랜턴이 여성해외선교회를 열심히 돕고 있었던 까닭인지, 해리스는 조선에 선교사로 갈 의향이 있는지 물어왔다. 그의 아내는 한마디로 거절했다. 얼마 후 건강했던 스크랜턴이 갑자기 병으로 앓아 누웠고 겨우 한 살 된 어린 딸까지 심하게 아팠다. 지금까지 경험해보지 못한 위기였다. 시련의 시간은 한 달간 지속되었다.

고통의 시간을 가까스로 벗어난 스크랜턴은 이미 다른 사람이 되어 있었다. "중앙아프리카를 제외한 곳이라면 어느 곳이든 선교사로 나가 헌신하기로 작정했다"고 선언하는 것이 아닌가. 그의 아내에겐 청천벽력이었다. 그녀는 명문가 집안에서 태어나 남편의 뜻을 거스르지 않고 헌신적으로 내조하는 것을 가장 이상적인 여성으로 교육받고 자랐다. 그의 아내는 이내 마음을 다잡았다. "당신이 가는 곳이라면 어디든 저도 가겠습니다. 거기에 제 뼈도 묻겠습니다." 그녀는 결혼하던 날 무슨 일이 있어도 남편을 거역하지 않겠다고 결심했다.

감리교선교부는 윌리엄 스크랜턴을 조선의 의료개척선교사로 임명했다. 그의 어머니 메리 스크랜턴도 여성해외선교회로부터 정식선교사로 임명받았다. 조선에서 온 견미사절단과 조우한 가우처John F. Goucher 목사가 조선선교를 위해 써달라며 적지 않은 선교비를 보내오자, 감리교 선교부는 서둘러 적임자를 찾던 중이었다.

1885년 2월 샌프란시스코 항에서 만나 함께 출발한 "새로운 친구이자 미래의 동역자"인 아펜젤러가 조선선교를 이끌 관리자였다. 그는 갓 결혼한 신부와 동행했다. 여러 번 대양을 건너보았지만 험하게 요동치는 바다 풍랑은 처음이었다. 마치 앞으로 있을 험난한 삶을 미리 보여주는 듯했다. 예상은 빗나가지 않았다. 일본에서 한 달을 기다렸지만, 조선은 갑신정변의 여파가 쉽사리 가라앉지 않았다. 조선을 향해 먼저 출발한 아펜젤러 부부가 되돌아왔다. 그나마 일본으로 망명한 김옥균, 서재필, 서광범 같은 갑신정변의 주인공들을 만나 여러 가지 조언을 듣게 된 것이 위안이라면 위안이었다.

한 달 후 스크랜턴이 남은 가족들을 아펜젤러에게 부탁하고 홀로 조선으로 출발했다. "조선에는 복음선교사보다 의사가 더 필요하다"는 아펜젤러의 조언이 있었다. 다행히 조선의 상황은 조금씩 호전되었고, 조선에서 활동하고 있던 의사 알렌이 제물포까지 마중나와 환영해주었다. 무사히 서울로 입성한 스크랜턴은 알렌이 시작한 제중원에서 진료하며 정동에 거처와 감리교선교부지를 마련하는 데 성공했다. 공식책임자는 아펜젤러였지만, 스크랜턴이 먼저 들어와 선교기반을 마련한 셈이다. 한 달 후, 일본에 머물던 일행들도 합류했다. 장로교 의료선교사 헤론도 함께 도착했다.

"아픈 사람은 모두 빈병 가지고 오시오"

한 달간 제중원에서 진료에 참여했던 스크랜턴은 장로교 의료선교사 헤론이 합류하자 독자적인 활동을 계획했다. 제중원은 갑신정변의 혼란을 겪은 후 왕실이 세운 병원이다. 왕실 외척인 민영익이 갑신정변 중에 입은 치명적인 상처를 미공사관 주치의였던 알렌이 치료해준 것이 계기가 되었다. 한의사 17명을 투입했어도 가망이 없던 것을 서양의사 한 사람이 완벽하게 치료하자 조선왕실은 그가 요청한대로 근대식 병원을 열도록 허락했다. 알렌은 왕립병원인 제중원을 중심으로 정부의 후원과 보호를 받으며 활동하기를 원했다. 하지만 스크랜턴의 생각은 달랐다. 왕실이나 고위 귀족층들이 주로 드나드는 제중원 같은 왕립병원도 필요하지만, 일반서민들이 쉽게 발걸음을 할 수 있는 민간병원을 세우는 것이 급선무라고 생각했다.

스크랜턴은 미 공사관 길 건너편 기와집을 구입하여 이사한 후 그해 9월부터 찾아오는 환자들을 진료하기 시작했다. 그 이듬해에는 기와집 한 채를 더 구입하여 수리한 후, 대문에 "미국인 의사 병원"이라는 간판을 내걸었다. 알림 글도 크게 써 붙였다. "남녀노소 불문하고 어떤 병에 걸렸든지 빈병을 가지고 미국 의사를 만나시오." 빈병은 약을 주는데 필요했다. 환자들이 줄을 이었다. 처음 1년간 진료한 환자가 2,000명, 그 이듬해는 두 배가 넘는 5,000명으로 늘었다. 사람들은 처음 보는 치료 도구에 질겁했지만, 한방에서 해결하지 못한 질병을 말끔하게 고치자, 마치 신기를 본 양 입을 다물지 못했다.

스크랜턴에게 치료받은 어느 양반의 회상이다.

"조선 약은 있는 대로 다 먹어보고 의사란 의사는 다 찾아보았지만 소용이 없었습니다. 할 수 없이 스크랜턴 목사를 찾아가 나를 맡겨보기로 했습니다. 수술 도구를 보니 더욱 죽을 것만 같았습니다. 나는 죽어도 할 수 없다 생각했습니다. 그는 나를 잠들게 하고는 내 모든 고통의 근원을 도려냈습니다."

"조선 인민을 치료하는 미국 의사가 있다"는 소식은 조선왕실까지 전해졌다. 1887년 4월 고종은 고마움을 표하며 '은덕을 널리 베풀라'는 뜻의 '시병원施病院'이라는 이름을 지어 사액현판과 함께 선물했다. 시병원의 '시'자는 스크랜턴의 조선식 이름인 '시란돈施蘭敦'의 첫 글자이기도 했다. 조선왕실은 앞서 아펜젤러의 남학교에 '배재학당', 어머니 메리 스크랜턴이 시작한 여학교에 '이화학당'이라는 이름을 하사했다.

사실상 두 학교도 윌리엄 스크랜턴이 보내준 학생들로 시작되었다. 의사가 되고 싶어 찾아온 두 명의 제중원 직원들을 아펜젤러에게 보내 영어를 먼저 배우게 한 것이 배재학당의 시작이 되었고, 서대문 밖에 병든 어머니와 함께 버려진 어린 소녀를 메리 스크랜턴에게 보낸 것이 이화학당의 시작이 되었다. 선교를 시작한지 2년 만에 남녀학교와 민간 병원을 열고 조선정부의 공인까지 받아낼 수 있었던 것은 타인의 고통을 그냥 지나치지 않는 스크랜턴의 깊은 마음과 적절한 대처가 크게 작용했다.

첫 민간병원으로 세워진 정동 시병원

버려진 환자들을 찾아 빈민진료소를 세우다

월리엄 스크랜턴의 눈에 가장 먼저 들어온 것은 조선민중들의 실상이
었다. 외국인 거주지인 정동은 이방인이었던 선교사들이 생활하기에 가
장 안전한 곳이었다. 하지만 제 민족인 낮은 계층의 사람들이 발을 들여
놓기엔 문턱이 너무 높았다. 이를 잘 알고 있던 월리엄 스크랜턴은 아침
저녁으로 마치 의사가 정해진 회진을 돌듯이 직접 성문 밖으로 버려진
환자들을 찾아 나섰다. 당시 조선의 위기는 주변국들의 야수와 같은 탐
욕에서만 온 것이 아니었다. 하위계층에 속한 이들이나 빈곤에 허덕이던
민중들을 위한 사회안전망이 전무했다. 죽음보다 못한 삶의 벼랑 끝에

내몰려도 국가는 이들을 위해 아무것도 해주지 못했다.

1887년 스크랜턴이 쓴 여름보고서는 이러한 상황을 생생히 전한다.

"조선에서는 하인 같은 사람들이 회생불가능한 병이 들거나 전염병에 걸리면 성 밖으로 추방되어 짚으로 만든 움막 안에서 혼자 살도록 버려진다. 이런 가련한 병자들에겐 집조차 제공되지 않는다. 조선에는 이런 환자들을 돌볼만한 자선기관이 거의 없는 형편이라 환자들이 살아날 가능성은 희박하다. 서울 성문 밖 어느 곳을 가보든 언제나 이처럼 버려진 환자들을 수백 명씩 발견할 수 있다."

윌리엄 스크랜턴은 가족과 이웃들로부터 철저히 고립된 채 하루하루 고통 속에서 죽음을 기다리는 이들을 차마 외면할 수 없었다. 그렇다고 수백 명에 이르는 환자들을 정동 시병원으로 모두 옮겨다 놓을 수도 없는 노릇이었다. 그는 고민 끝에 성문 밖이나 그 근처, 가난하고 버림받은 사람들이 몰려 사는 곳에 진료소를 열고 '전도부인들'의 도움을 받아 이들을 돌보게 할 계획을 세웠다.[21] 병원 이름도 성서에 나오는 이름을 따 '선한 사마리아인 병원Good Samaritan's Hospital'이라고 정했다.

빈민들을 위한 병원설립은 가장 비참하게 버려지는 전염병 환자들에겐 하루도 늦출 수 없는 너무나 절박한 일이었다. 윌리엄 스크랜턴은 외

---

21) 전도부인은 기독교선교 초기에 선교사들을 적극적으로 도우며 평신도 사역자 역할을 했던 여성들을 말한다. 이들은 선교사와 동행하여 가정을 방문하고, 가정에 갇혀 지내던 여성들에게 기독교 메시지를 전하는 일을 주로 했다. 특히 성서 보급에 중요한 역할을 해 영어로는 Bible woman이라는 이름으로 불렸다. 마을마다 다니며 성서를 판매했던 남성들은 '매서인'이라고 불렸다.

로움과 고통으로 "신음하는 영혼들을 돌보는 것이야말로 의료선교사가 해야 할 핵심적인 일"이라고 생각했다. 그에겐 조선정부의 인정이나 "국왕의 환심보다 민중들의 마음"이 더 중요했다. 그가 본 조선은 "완전한 왕조국가이지만 혁명기에 접어들고" 있었다.

여정은 쉽지 않았다. 1888년 봄, 천주교회가 궁궐이 훤히 내려다보이는 명례방(명동) 언덕 위에 종탑이 있는 성당을 짓겠다고 정부와 마찰을 빚기 시작했다. 이 때문에 조선정부는 "외국인들의 모든 종교활동을 금한다"는 칙령을 내렸고, 개신교 선교사들의 활동도 모두 중단되었다.

기독교에 대한 반감은 민중들 사이로 급속하게 퍼져나갔다. "선교사들이 조선 아이들을 잡아먹기도 하고 노예로 외국에 팔아넘기기도 한다"는 뜬소문까지 나돌았다. 변화를 두려워한 수구세력들이 개혁의 요구를 잠재우기 위해 거짓 소문을 고의로 만들어 퍼뜨린 것이었다. 흥분한 군중들은 선교사들이 세운 기관에 몰려와 돌을 던지며 그 분노를 쏟아내기 시작했다. 일명 '영아소동baby riot'이다. 윌리엄 스크랜턴은 집으로 돌들이 날아드는 바람에 한순간도 긴장을 풀지 못했다. 병원도 잠시 폐쇄했다. 어머니 메리 스크랜턴이 시작한 이화학당은 경비원이 사망하는 희생을 치렀다. 기독교 정착의 마지막 시험대였던 "민중시험기"는 인천에 정박하고 있던 외국함대의 병사들이 서울로 입성해 시가행진을 벌이고 조선정부가 적극적으로 개입한 후에야 마무리되었다.

한 차례 거센 폭풍이 지나가자 윌리엄 스크랜턴은 병원 건립을 다시 추진했다. 첫 병원은 서대문 밖에 있는 애오개(현 아현동)에 세우기로 했다. 이름이 말해주듯이 이 지역은 어려서 죽은 아이나 연고 없는 시신을 묻는 공동묘지와 전염병 환자들을 수용하던 서활인서西活人署가 있던 곳이었다. 말 그대로 죽음이 드리워진 땅이었다. 1889년이 끝나갈 무렵 스크랜턴은 애오개 언덕 도로변에 초가집 한 채를 구입하여 진료소를 열었다. 7개월간 찾아온 환자만 700명이 넘었다. 두 번째 병원은 1890년 가을 서울 시내에서 가장 번잡한 남대문 시장에 세웠다. 지방에서 올라온 공물들을 수합하는 선혜청이 있던 곳으로 서울 거주 상인들과 노동자들, 걸인과 부랑민들, 지방에서 올라온 상인들까지 뒤섞여 하루도 조용할 날이 없는 지역이었다. 의료선교사로 합류한 맥길W. McGill이 병원을 맡았는데, 치료한 환자만 1년간 2,000명에 이르렀다. 세 번째 병원은 첫 안식년 휴가를 다녀온 후인 1892년 동대문 성벽 바로 안쪽에 세웠다. 이곳은 갖바치나 백정과 같은 천민계급에 속한 이들이 주로 모여 사는 곳이었다.

남대문 시병원

스크랜턴이 1년에 하나 꼴로 3년간 세운 세 개의 병원은 가족도 사회도 국가도 외면한 그야말로 버림받은 이들을 위한 영혼의 치유공간이었다. 가족과 사회와 국가를 대신하여 기독교 개종자들, 특히 매서인이나 전도부인들 그리고 선교사들이 협력하여 이들을 돌보았다. 이런 돌봄의 공동체는 자연스럽게 교회로 성장해 지방으로 확산되었다. 특히 남대문은 스크랜턴이 종합병원을 세우겠다는 꿈을 안고 이사까지 하며 오래토록 공을 들였다. 교회라는 조직을 세우는 일도 중요했지만, 가난한 이들의 삶을 보듬는 것이 먼저였다.

꺼져가는 조선의 운명과 마주하다

스크랜턴은 의사였지만 의료활동에만 전념하지는 못했다. 7년째를 맞아 안식년 휴가를 다녀온 후로는 조선선교의 총 책임자가 되어 선교 전반에 대한 관리를 맡아야 했다. 변방에서 민중들을 치료하던 의사에서 한 조직을 책임져야 하는 관리자로 중심에 서게 된 것이다. 선교개척자로 함께 조선에 왔던 아펜젤러가 안식년 공백에 이어 1902년 갑자기 사망하면서 그의 어깨는 더욱 무거워졌다. 아펜젤러는 첫 선교관리자로서 스크랜턴이 많이 의지했던 동료였다.

특히 아펜젤러는 상대를 세심히 배려하는 따뜻한 사람이었다. 스크랜턴이 선교부에 빚을 지고 어려움을 겪자, 비밀리에 선교부에 편지를 보내 빚을 탕감받도록 배려해 스크랜턴 부인을 울리기도 했다. 이렇듯 서로 의지하며 낯선 환경을 함께 헤쳐 온 동지를 갑자기 잃게 되자, 스크랜턴의 상실감은 누구보다 컸다. 이제 그의 몫까지 해내야 했다. 하지만 시간이 흐를수록 조선은 점점 더 나락으로 빠져들었고, 아펜젤러의 공백은 더 큰 외로움으로 다가왔다.

스크랜턴이 2차 안식년 후 어머니의 건강문제로 귀국했다가 다시 복귀한 것은 러일전쟁 중이던 1904년 가을이었다. 3년만이었다. 미선교부에 사표까지 냈던 스크랜턴이 조선을 다시 찾은 것은 조선에 뼈를 묻겠다는 어머니의 강력한 의지도 작용했지만, 처음 그에게 조선선교를 타진했던 해리스 선교사의 간곡한 요청도 있었다. 그해 미국 감리교는 놀라운 발전을 보이는 조선교회를 보다 효율적으로 관리하기 위해 조선교회와 일본교회를 하나로 묶고, 일본의 해리스 선교사를 첫 감독으로 임명했다. 조선과 일본을 동시에 관리해야 하는 상황이 되자, 해리스는 조선선교를 총괄해줄 실질적인 책임자로 윌리엄 스크랜턴을 떠올렸다. 두 사람은 선교개척자라는 공통점이 있었다. 해리스가 10여 년 앞서 선교가 시작된 일본에서 30년을 머물며 뼈가 굵은 인물이었다면, 스크랜턴은 조선에서 젊은 시절을 모두 보냈다. 스크랜턴이 해리스의 요청을 받아들인 이유는 단 하나였다. 주변국들의 먹잇감이 된 조선의 암울한 상황과 절망감에 빠져 있을 조선교인들을 돌보아야 한다는 책임감이었다.

조선에 복귀하자, 두 사람은 전혀 예상치 못한 복병을 만났다. 선교지인 아시아에서 인생 대부분을 보냈다는 공감대 못지않게 서로가 가진 경험의 차이와 관점의 차이가 적지않다는 것을 확인하게 되었다. 1905년 을사늑약이 강제 체결되고 조선과 일본이 돌이킬 수 없는 적대관계로 접어들며 차이는 갈등으로 발전했다. 해리스 감독이 지나칠 정도로 일본 편에 서서 편파적으로 일을 처리하는 것이 갈등의 근본적인 원인이었다. 스크랜턴은 두 나라가 갈등관계에 있을 경우, 감독이라면 적어도 '중립적 입장'에 서야한다고 생각했다.

해리스 감독은 1905년 5월 조선을 처음 방문했는데, 서울과 인천, 평양을 순회하면서 조선교회보다는 일본인 거류민들이나 단체들을 주로 찾아다녔다. 가는 곳마다 일본인 관리와 저명인사들, 조선에 거주하는 일본 기독교인들이 그를 열렬히 환영하며 만찬을 베풀었다. 마치 조선 거주 일본인들을 돌보기 위한 여행처럼 보였다.

스크랜턴은 참다못해 미선교부에 해리스의 행적을 그대로 보고하며 이렇게 덧붙였다.

> "우리는 우선적으로 조선에 동정적이며 지역적 관점에서 조선을 보아야 합니다."_1905년 5월 15일 편지

해리스의 방문은 망국의 아픔을 겪고 있는 조선인들에게 큰 실망과 상처를 안겨주었다. 조선은 어디를 가나 절망과 두려움으로 가득 차 있었다. "정치를 잘못한 정부"와 "작심하고 더 강한 힘으로 밀고 들어오는 이웃 나라의 침략" 때문이었다. 울분과 눈물과 절망감을 안은 채 조선인들은 하나둘씩 하와이나 멕시코, 미국 등지로 떠났다. 스크랜턴은 "열 명이 고향을 버리고 떠난 한반도, 조선인들이 절망하여 떠났던 그곳에 1,000명이 넘는 일본인들이 들어와 행운의 기회를 찾고 있는" 모습에 기가 막혔다. 전쟁으로 조선 땅은 더욱 피폐해졌고 두려움과 울분에 가득 찬 사람들은 청일전쟁 때처럼 피난처를 찾아 교회로 몰려들었다. 선교사들이 감당할 수 없을 정도였다.

그는 이 모든 상황을 미국 선교본부에 그대로 보고했다.

"우리는 마치 이번 전쟁 초기 안주를 점령했던 일본군 소대와 같은 처지입니다. 막강한 병력의 러시아 군대가 성을 에워싸자 일본군은 소총을 조선인 병사들 손에 쥐여주고는 마구 쏘면서 소란을 피우라고 지시했습니다. 그러자 적들은 그 시위광경에 겁을 먹고 후퇴했습니다. 우리 입장도 열린 문으로 미처 수용할 수 없을 정도의 사람들이 밀려들어 오는 형국입니다."

_The Korea Methodist, 1905. 8

스크랜턴이 본 조선의 백성들은 "의로운 길과 정의에 굶주려" 있었다. 하지만 전개되는 상황은 암담하기 그지없었다. 그해 여름 시오도어 루스벨트 대통령의 딸 엘리스를 비롯해 50여 명의 미국 고위관료들로 구성된 아시아 순방여행단이 일본과 필리핀을 거쳐 조선을 방문했다. 고종은 "큰 형님" 미국이 도울 것이라고 철석같이 믿고 여행단을 극진히 대접했다. 하지만 약육강식의 법칙이 엄존하는 정글 속에서 '의리'나 '신의'를 기대하는 것 자체가 어리석은 일이었다. 강대국들의 패권 구조에서는 힘의 논리만 작동할 뿐이다. 이미 미국정부는 일본과 '가츠라 태프트 밀약'을 체결하여 거래를 끝낸 후였다. 조선을 일본 손에 넘겨주는 조건으로 미국은 필리핀을 약속받았다. 두 나라 간의 밀약을 뒤에서 성사시킨 일본의 고위관료 타지리와 미국의 태프트는 예일대학에서 공부한 동창생들이었다.

선교사 신분이었던 스크랜턴은 옛 동창들이 깊이 개입된 두 나라 간의 밀실거래를 전혀 알지 못한 채, 조선정부를 도울 겸 어머니와 함께 가든파티를 열어 환영했다. 미국과 일본의 밀실거래는 그가 사망한 이후인 1924년에 가서야 20년 만에 세상에 알려졌다. 가츠라 태프트 밀약은 결국 그해 11월 을사늑약 체결로 이어졌고, 조선은 그 뒷거래를 알지 못한 채 일본의 보호국으로 전락하고 말았다. 일본의 조선통치가 시작된 것이다.

'중립지대'에 갇힌 외로운 선택

을사늑약이 체결되자 조선민중들은 통곡했다. 〈황성신문皇城新聞〉에는 장지연이 쓴 "시일야방성대곡是日也放聲大哭"이 실렸다. 항거의 의미로 민영환은 자결을 선택했다. 조선인들의 분노와 저항은 들불처럼 번져나갔다. 스크랜턴이 목회하던 상동교회 청년회도 가만히 있지 않았다. 연일 수천 명이 모여 구국기도회를 열었다. 청년들은 도끼를 메고 광화문 앞에 집결하여 을사늑약 무효상소 시위를 벌였다. 이들은 울분에 차 일본에 나라를 팔아먹은 '을사오적'을 무력으로 응징할 계획도 세웠다.

스크랜턴은 조선인들의 분노를 잘 알고 있었다. 하지만 청년회가 무력을 사용하는 극단적인 정치단체로 변질될까 두려웠다. 주변의 압력도 견디기 어려웠다. 행정책임자로서 중립을 지켜야 한다는 평소의 소신과 일본과의 관계도 고려해야 했던 현실적인 선택으로 그는 결국 상동청년회를 해산시키는 결정을 내렸다. 이미 일본의 하늘이 된 상황에서 유일하게 민족의 울분을 나눌 수 있는 공간으로 부상했던 교회마저 '중립지대'를 선언하며 '정교분리'의 허울 좋은 논리를 내세우자, 청년들은 크게 실망했다. 교회를 떠나는 이도 적지 않았다.

청년회가 해산되었다고 청년들이 활동을 멈춘 것은 아니다. 본래 상동청년회는 감리교 내 선교조직으로 탄생되었다. 하지만 스크랜턴의 귀국으로 전덕기가 교회담임자가 되면서 1903년 새로운 성격의 조직으로 재탄생되었다. 일찍이 고아가 되어 숯장사로 연명하던 전덕기는 스크랜턴 가정에 요리사로 들어갔다가 그의 인품에 감동하여 기독교로 개종한 인물이었다. 스크랜턴은 그를 가족처럼 아꼈다. 갑작스럽게 귀국하게 되었을 때도 망설임 없이 교회를 그에게 맡길 만큼 신뢰가 깊었다.

전덕기는 스크랜턴을 얼마나 존경했던지 가까이 지내던 노블[W. A. Noble] 선교사에게 눈물을 흘리며 이런 고백을 했다.

"저는 스크랜턴 박사님이 시키는 일이면 무엇이든 할 것입니다. 나도 그분처럼 되고 싶습니다."

독립협회운동에 적극적으로 가담했던 전덕기가 교회담임자가 되자, 민족의 미래를 깊이 고민하던 젊은이들이 전국 각지에서 남대문으로 몰려들었다. 특히 독립협회가 해산된 후 갈 바를 찾지 못했던 젊은 개혁세력들이 그의 지도력 아래 다시 뭉치기 시작했다. 청년회는 순식간에 수백 명으로 늘었다. 스크랜턴이 조직을 해산한 이후에도 소위 '상동파' 청년들은 자신들이 상동교회 내에 세웠던 상동청년학원을 중심으로 활동을 계속 해나갔다. 순 한글 잡지인 〈가정잡지〉와 〈수리학잡지〉를 발간하여 한글보급운동은 물론 민중계몽에 힘쓰고 비밀군사교육까지 진행했다.[22]

---

22) 1905년 12월에 창간된 〈수리학잡지〉는 근대수학과 과학을 소개한 월간 계몽지로 독학교재로도 활용할 수 있도록 편집되었다. 〈가정잡지〉는 이보다 6개월 뒤인 1906년 6월 창간된 월간지로 가정부인들을 위한 계몽과 교육이 목적이었다. 특히 〈가정잡지〉는 최근까지 한국 최초의 순 한글 교양잡지로 꼽혀온 〈소년〉(1908)보다 2년 앞선 것이었다.

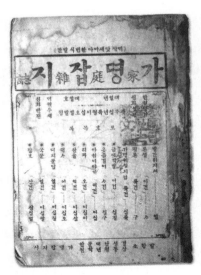
상동청년학원에서 발행한 〈가정잡지〉(1906)

　남대문 일대는 전국 각지의 상인들이 모였다 흩어지는 곳이었기에 정보공유를 위한 최적의 공간이었다. 이동휘, 이준, 이동녕, 주시경, 이회영 등 상동파는 일일이 손으로 다 꼽을 수 없었다. 이들은 고종과 비밀리에 연락을 취하며 1907년 헤이그 특사를 파견하고, 3·1운동 이후에는 상해 임시정부를 중심으로 해외에서 항일운동을 펼친 주역이 되었다.

　스크랜턴이 상동청년회를 해산시키는 강수를 두었다고 해서 일본에 굴복한 것은 아니다. 친일감독임을 노골적으로 드러낸 해리스에게 협력한 것도 아니다. 오히려 자신의 임명권자인 해리스 감독에게 맞서다 설 자리를 잃고 선교사직과 목사직을 모두 내려놓게 되었다. 해리스 감독은 일본정부의 강력한 지지를 받으며 다양한 성격의 교회들을 하나로 통일시키는 이른바 단일교단 창설을 적극 추진했는데, 이를 조선에도 요구했다. 일본정부로서는 보다 효율적인 통치를 위해 다양한 목소리를 내는 교회들을 하나의 조직으로 묶어 통제할 필요가 있었다. 때마침 조선에서는 1903년 원산부흥운동을 계기로 감리교와 장로교가 협력하여 연합 사업을 해야 한다는 분위기가 무르익고 있었다. 이미 동료선교사들 내에서는 '연합'과 '일치'가 시대정신으로 부각되었다.

하지만 감리교의 총 책임자로서 전체적인 판을 짜야하는 스크랜턴의 입장에서는 그리 단순한 일이 아니었다. 장로교에 비해 물적 토대가 취약했던 감리교는 연합이라는 미명 하에 흡수통합으로 내몰릴 가능성이 컸다. 실제로 각각 운영해오던 교계신문과 학교가 통합되는 과정에서 이름을 잃거나 장로교에 이름을 내주고 재정만 부담하는 상황이 발생하기도 했다.[23] 아펜젤러가 첫 근대식 학교로 세운 배재학당이 대표적이었다. 언더우드가 세운 경신학교와 통합 운영되면서 학교 이름이 합성중학교로 바뀌었다. 이로 인해 고종으로부터 하사받은 '배재학당'이라는 이름도 잃게 되었다. 불 보듯 뻔히 내다보이는 상황에 스크랜턴은 애가 탔다.

결국 해리스 감독의 정책에 반기를 드는 보고서를 제출했다.

"장로교 선교부 인사들 중에는 우리를 경쟁상대로 보는 비관용적인 인사들이 있어 그들은 과거에도 우리에게 우호적인 자세를 취하지 않았습니다. 여기서 우리가 우리 독자성을 포기하고 그들 속으로 들어가 버린다면 조선에서 감리교는 사라질 것입니다."

---

23) 교계신문의 경우, 감리교가 발행한 〈죠션크리스도인회보〉와 장로교의 〈그리스도신문〉이 연합신문으로 발행되면서 장로교의 제호인 〈그리스도신문〉이 그대로 채택되었다.

'연합'과 '일치'라는 명분 아래 흡수통합의 위기에 처한 감리교의 운명은 신흥강국으로 떠오른 일본 앞에서 소멸의 운명을 맞은 조선의 처지와 크게 달라 보이지 않았다. 하지만 교회의 부흥 속에 연합활동에 큰 기대를 건 동료들은 스크랜턴의 우려를 귀담아듣지 않았다. 미국 감리교 본부도 일방적으로 감독인 해리스의 손을 들어주었다. 1907년 연회에서 회원자격을 얻은 최병헌과 전덕기를 비롯한 조선인 지도자들이 적극 나서지 않았다면, 역사성을 가진 '배재학당'이라는 이름도 영영 되찾지 못할 뻔했다.[24] 아펜젤러의 공백이 가장 크게 느껴진 순간이었다.

작별의 시간

일본의 조선 통치전략은 교묘하고 치밀하게 전방위로 진행되었다. 하지만 웬일인지 일본 정부는 교회에서 이루어지는 교파연합 대규모 집회는 막지 않았다. 그 흐름에 편승하여 조선교회는 전례 없는 부흥의 달콤함을 맛보았다.

그러나 조선교회 전체가 부흥운동에 흠뻑 취했던 1907년은 조선에도 스크랜턴에게도 너무나 가혹한 시간이었다. 조선은 헤이그 특사 사건을 빌미로 고종이 강제 퇴위된 데 이어, 정미7조약丁未七條約이 강제 체결되

---

24) 감리교는 매년 연회(Annual Conference)를 열어 다양한 문제들을 논의하고 의결했다. 1906년까지 회원자격을 가진 조선인은 겨우 2명에 불과했다. 하지만 1907년 회원 자격을 갖춘 조선인 사역자들이 최병헌, 전덕기 등을 포함하여 12명으로 크게 늘어났다. 덕분에 조선인들이 강하게 요구해온 배재학당 복원이 받아들여져 우여곡절 끝에 배재학당의 역사만은 지킬 수 있었다.

면서 군대까지 해산되는 굴욕을 맛보아야 했다. 군대가 강제해산 되자, 의병운동이 전국적으로 일어났다. 스크랜턴에겐 평생 몸담았던 감리교와 작별한 시간이었다. 그해 해리스 감독은 조선에서 열린 연회에서 조선통감 이토 히로부미의 심복이자 조선경제를 일본에 예속시키는 일을 추진했던 일본 관료의 논문을 배부하는 야만을 저질렀다. 심지어 조선에 거주하는 일본인교회를 조선교회가 지원하도록 요청하기까지 했다.

결국 그해 연회를 마지막으로 스크랜턴은 모든 것을 내려놓고 동료들에게 의미심장한 메시지를 남긴 채 감리교를 떠났다.

"우리에게 중요한 것은 얼마나 했느냐가 아니라 어떤 정신으로 했느냐 입니다. 그것이 마지막 평가의 기준이 될 것입니다."

감리교를 떠난 후에도 스크랜턴은 한동안 조선에 머물렀다. 1916년까지 10여 년을 한 사람의 의사로 돌아가 조선을 도왔다. 1909년 가을, 어머니가 조선 품에 영원히 안길 때까지는 대한제국이 세운 대한의원 자문의사로, 한일강제병합으로 대한의원이 총독부로 흡수된 후에는 운산 금광 부속병원 의사로 옮겨 조선인 탄광노동자들을 치료했다. '데라우치 암살음모 조작사건'으로 체포되어 고문당하고 그 후유증으로 결핵을 앓던 전덕기 목사를 운산으로 데려가 치료한 것은 잊지 못할 아픔이었다.[25]

1912년에는 못다 이룬 꿈을 위해 남대문에 시란돈병원을 다시 개원했

---

25) 1911년 신민회와 비밀리에 활동한 기독교 항일인사들을 색출하기 위해 일제당국이 조작한 사건으로 1심 재판에서 유죄판결을 받은 사람이 105명에 이르렀다. 이에 "105인 사건"이라고도 부른다. 전덕기 목사는 고문후유증에 시달리다 1914년 결국 생을 마감했다.

다. 하지만 남대문에는 이미 에비슨이 미국 굴지의 사업가로부터 전폭적인 지원을 받아 대규모 현대식 건물로 세운 세브란스 병원이 있었다. 스크랜턴은 교회조직이나 특정단체의 지원 없이 한 개인이 할 수 있는 일이 그리 많지 않다는 것을 아프게 인정할 수밖에 없었다. 결국 조선의 운명과도 같이 마음 둘 곳을 찾지 못했던 스크랜턴은 중국 대련을 거쳐 일본 도쿄로 건너갔고, 그곳에서 쓸쓸히 눈을 감았다. 조선에서는 그를 기억하는 사람이 오래도록 없었다.

　자신의 젊음을 모두 바친 조선 땅. 스크랜턴의 마지막 그림에는 그의 어머니처럼 마지막 길을 배웅해준 긴 조문객도, 그의 수고를 오래도록 기억해줄 동료들도 남아 있지 않았다. 그러나 기억에서 사라진 삶이라고 그 의미까지 버려지는 것은 아닐 것이다. 혼란에 혼란을 거듭했던 작은 나라 조선에서 중심을 잃지 않으려 애쓰고, 국가도 사회도 놓치고 있었던 이들의 마지막 생명을 지켜주고자 몸부림쳤던 삶의 흔적은 성과가 아닌 존재 자체로 충분한 의미를 갖지 않겠는가.

백정마을로 왕진 다닌 어의御醫

올리버 에비슨
(Oliver R. Avison, 1860~1956)

제중원은 서양의학이 맨 처음 소개된 곳이기도 했지만, 몇 백 년을 이어온 반상의 법도
가 가장 먼저 깨진 새로운 역사의 공간이기도 했다. 질병은 신분을 가리지 않고 찾아오
며, 가족을 잃는 아픔은 곤룡포를 입은 임금이나 흰옷 입은 백성들이나 다르지 않았다.

Oliver R. Avison

에비슨Oliver R. Avison은 42년간 조선에 머물며 격랑의 시간을 함께 보
낸 의사다. 조선행은 갑작스럽게 이루어졌다. 장로교 개척선교사 언더
우드가 안식년 휴가 중 캐나다 토론토대학을 방문했는데, 그가 전해준
조선이야기를 듣고 인생항로를 바꾸었다. 에비슨은 본 대학 의과대 교
수였다.

그는 청일전쟁 직전인 1893년 여름에 선교사 자격으로 조선에 왔다.
서른 세 살의 젊은 의사는 만삭의 아내와 어린 세 자녀와 함께였다. 해
외선교에 대한 관심은 오래전부터 있었다. 언더우드를 토론토로 초청한
것도 에비슨이었다. 영국에서 공장노동자의 아들로 태어난 그는 노동운
동에 적극적이었던 아버지의 영향으로 일찍이 사회를 보는 예리한 눈을
갖게 되었고 사회적 약자들에 대한 관심도 컸다. 더욱이 인간의 자유의
지와 복음의 사회적 역할을 강조해온 신앙전통에서 자란 영향으로 사회
개혁운동에 적극적이었다. 대학시절엔 미국대학가에서 시작된 학생들
의 해외선교 열풍이 캐나다로까지 이어졌다. 에비슨은 도시빈민을 돕는

도시선교회와 금주운동에 힘을 보태며, 제자인 게일, 하디R. A. Hardie와 함께 의대생들을 모아 토론토대학 YMCA를 조직했다. 언더우드가 토론토대학을 방문했을 때, 게일과 하디는 이미 조선에서 활동하고 있었다.

에비슨은 "이름도 생소한 아시아의 작은 나라" 조선으로 가기 위해 토론토시장 주치의도 그만두었다. 소속도 감리교에서 장로교로 바꾸었다. 캐나다 감리교는 아직 조선에 선교사를 파견할 준비가 되지 않았고, 게일을 조선에 파송한 토론토대학 YMCA는 재정이 미약했다.

토론토 의과대학 교수, 고종의 주치의가 되다

에비슨은 조선왕실과 인연을 맺는 것으로 첫걸음을 시작했다. 왕의 주치의가 된 것이다. 전혀 예상에도 없던 일이었지만, 이런 인연은 15년간이나 이어졌다. 알렌이 주선한 일이었다. 알렌은 형식과 내용이 일치하지 않는 정체성이 모호한 직함을 가진 인물이었다. 에비슨은 그를 "이상한 경력"의 소유자로 표현했다. 미국장로교가 언더우드보다 앞서 선교사로 조선에 파견했지만, 공식직함은 미공사관 소속의사였다. 기독교 선교를 통상조약에 명문화했던 중국이나 일본과 달리, 조선은 별도의 규정을 두지 않아 미 공사관이 그의 신변을 염려해 임시직원으로 채용했다. 알렌은 조선에 머무는 외국공사들의 주치의 역할을 하며 각국 공사들과 친밀한 관계를 유지했다.

알렌에 대한 조선왕실의 신망은 두터웠다. 1884년 12월 갑신정변이 일어났고, 왕비의 총애를 받던 민영익이 동맥이 절단되는 깊은 내상을 입었다. 조선명의들의 치료가 실패로 돌아간 상황에서 알렌이 서둘러 동맥을 봉합해 치료에 성공했다. 조선에서는 처음 보는 기적 같은 일이었다. 그 후 고종은 알렌을 전의로 삼았고 무한신뢰 속에서 정부의 외교고문 역할까지 맡겼다.

조선정부는 국가 간의 이익이 첨예하게 충돌하고 이를 다투는 국제사회에 적절하게 대응할 외교적 채널도 인물도 갖추고 있지 못했다. 아니 외교에 대한 개념조차 보이지 않았다. 조선의 이익은커녕 조선의 실정도 제대로 알지 못하는 외국인 의사를 왕실에 도움을 주었다는 이유 하나로 외교고문에 세울 만큼 순진했다. 알렌이 조선왕실로부터 두터운 신망을 얻자, 미국정부는 그를 외교부의 정식서기관으로 임명했다. 두 나라의 이해관계가 상충될 수밖에 없는 시점이었지만, 고종은 충신을 대하듯 끝까지 그에 대한 신뢰를 거두지 않았다. 한마디로 조선정부는 처음부터 미국과의 통상관계에 있어 독자적 판단을 하거나 주도권을 확보하려는 노력 없이 매우 의존적인 관계로 첫 단추를 끼웠다. 이 흐름은 지금까지도 이어지고 있다. 참으로 뼈아픈 대목이다.

알렌이 에비슨을 후임 의사로 서둘러 고종에게 소개한 것도 국왕의 절대 신임을 받는 어의의 입장으로는 자국인 미국의 국익을 맘껏 대변하기 어렵다는 판단 때문이었다. 알렌은 에비슨에게 왕의 주치의 자리를 넘기고 선교사직도 그만두었다. 그가 미국공사로 자리를 옮긴 후, 미국은 조선정부로부터 금광채굴권을 어렵지 않게 얻어낼 수 있었다. 알렌은 공사관이 대사관으로 승격되면서 초대 주한미국대사가 되었다. 하지만 이상하게도 알렌의 "이상한 경력"은 조선에서 전혀 의심받지 않았다. 오히려 알렌 덕분에 민간인 신분이었던 선교사들까지 덩달아 조선왕실로부터 외국정부의 공식관리만큼이나 높은 대우를 받았다. 선교사들이라면 서양오랑캐나 스파이로 의심부터 하고 철저히 경계했던 중국이나 일본과는 완전히 달랐다.

에비슨도 고종을 처음 알현한 순간부터 두터운 신망을 얻었다. 알렌 손에 이끌려 궁궐로 갔을 때, 고종은 옻 중독에 걸려 있었다. 얼굴이 붉게 부어올라 눈도 뜨지 못했다. 한눈에 옻 중독임을 알아챈 에비슨은 곧장 왕의 의관을 제거하게 하고 약품을 가져다 치료를 시작했다. 옻 중독은 중국에서도 흔했던 것으로 새 의관을 만들어 쓸 때 종종 일어나는 현상이었다. 새 의관에 광택을 내기 위해 옻나무 액즙을 쓰는데 독성이 강해 성분이 증발되기 전에 쓰면 체질이 예민한 사람은 종종 옻 중독에 시달린다는 것을 에비슨은 일찍이 들어 알고 있었다. 심각한 질병이 아니었음에도 불구하고, 첫눈에 병을 알아보고 치료한 새 양의의 능력에 고종과 조선의 대신들은 놀라움을 금치 못했다. 이 사건으로 에비슨의 명성도 덩달아 높아졌다.

오랑캐보다 더 무서운 전염병

고종의 주치의가 된 에비슨은 자연스럽게 제중원도 맡게 되었다. 제중원은 "백성을 편안하게 하는 곳"이라는 이름대로 왕실이 백성들을 위해 세운 첫 근대식 병원이었다. 처음 하사한 이름은 광혜원이었다. "은혜를 널리 베푸는 곳"이라는 뜻이다. 제중원은 서양의학이 맨 처음 소개된 곳이기도 했지만, 몇 백 년을 이어온 반상의 법도가 가장 먼저 깨진 새로운 역사의 공간이기도 했다. 질병은 신분을 가리지 않고 찾아오며, 가족을 잃는 아픔은 곤룡포를 입은 임금이나 흰옷 입은 백성들이나 다르지 않았다.

근대의학을 가르치던 의대 교수의 눈에 비친 조선은 말 그대로 의료와 위생의 사각지대였다. 한의에 뛰어난 명의가 없었던 것은 아니지만 그 수가 너무 적어 가난한 백성들에까지 손이 미치지 못했다. 도성 안 조차 배수시설이 제대로 되어 있지 않아 여름철 장마가 한 번 훑고 지나가면 거리는 온통 오물로 넘쳐났다. 인구 20만 명이 모여 사는 도시에서 오염된 물은 곧 전염병으로 이어졌고, 허약한 어린아이들이 가장 먼저 희생되었다.

당시 에비슨의 회상이다.

"그 당시 우리의 가장 큰 관심사는 우선 어떻게 하면 조선의 백성들을 질병에서 구하고, 또 급격한 인구 감소의 원인이 되는 엄청난 사망률을 줄일 수 있을까 하는 것이었다."_《구한말 40여 년의 풍경》 30쪽

도성 안에서 부쩍 전염병이 자주 창궐한 원인은 급작스럽게 불어 닥친 서구식 개화바람 때문이기도 했다. 특히 청일전쟁 이후 일본이 일방적으로 밀어붙인 근대개혁이 가장 큰 원인이었다. 이를 확실하게 알게 된 것은 1905년 을사늑약이 맺어진 후였다. 열병이 또다시 창궐했는데, 여의사였던 언더우드의 아내 호턴과 원인을 추적해보니 도성 내 하수구가 막힌 것이 문제였다. 전엔 도시의 오물이 개천을 통해 성벽 밑의 텅 빈 커다란 배수관으로 흘러들었다. 작은 개천들은 거름을 모으는 사람들

이 정기적으로 깨끗이 치우기도 하고 햇볕과 바람에 의해 자연 정화되거나 비에 씻기기도 해 보기에도 그리 나쁘지 않았다.

하지만 외관상 청결을 중시했던 일본 근대주의자들이 이를 개혁의 일환으로 여겨 개천들을 복개하고 뚜껑을 씌우고 잔디를 입히게 했다. 겉으로는 거리가 깨끗해진 듯했으나 그 안은 꽉 막혀 온갖 세균의 온상이 되고 말았다. 서울의 의료선교사들이 강하게 항의했지만 소용없었다. 그 결과 발진티푸스, 장티푸스 등의 전염병이 급격히 번지게 되었다. 매년 돌아오는 여름 장마는 거의 치명적이었다. 조선인들이 오랫동안 자연적인 방법으로 정화시켜온 것이 오히려 위생적이었다.

개원 당시 광혜원(제중원, 현 연세대 캠퍼스 내)

조선민중들을 가장 두려움에 떨게 했던 전염병은 콜레라였다. 1859년에 발생한 콜레라로 40만 명이 사망했다는 기록이 있다. 1895년 청일전쟁 직후에도 콜레라가 조선을 덮쳤다. 이때도 30만 명 가량이 사망했다. 일본이 승전의 기세를 올리며 만주까지 치고 올라가자, 그다음엔 거꾸로 만주에서 발생한 콜레라가 서울을 향해 남하한다는 소식이 들려왔다.

조선정부의 내무대신 유길준이 에비슨에게 도움을 청했다. 예방책을 묻고 치료에 관한 모든 권한을 위임했다. 도성치안대를 지휘할 전권도 자금운용권도 넘겨주었다. 고종은 고종대로 대궐에 남아 자신의 곁을 지켜주길 원했다. 전제사회였던 조선에서 국왕의 부탁은 곧 명령이나 다름없었지만, 에비슨은 고민 끝에 "민주주의 원칙"을 따르기로 했다. 민주주의 원칙은 그가 선택의 기로에 설 때마다 가장 중요하게 지켜온 가치였다.

> "군주정치가 또 한 번 흔들렸다. 소수의 작은 가치에 대하여 다수의 큰 가치를 의미하는 '전하, 도움을 요하는 다른 사람들도 있습니다'라는 나의 말이 실현되었다." _《구한말 40여년의 풍경》, 329쪽

에비슨은 잘 훈련된 젊은이에게 궁을 맡기고 전염병 예방과 퇴치에 나섰다. 콜레라는 오염된 물이 근본 원인이기에 예방이 무엇보다 중요했다. 서울지역 선교단체들을 모집해 방역대를 조직하고, 일반직원들에게는 전염병 예방법을 교육시켜 전파하게 했다. 물과 음식은 반드시 끓여 먹으라는 안내문도 곳곳에 붙이게 했다. 하지만 전염병을 귀신의 해코지로 믿는 대중들은 세균에 의한 감염을 이해하지 못했다. 주문을 써 대문에 붙여두거나 대문 앞에 제물을 놓고 빌고 또 빌었다. 콜레라는 '쥐 귀

신' 때문이라며 고양이 그림을 대문에 붙여두는 경우도 많았다. 한의든 양의든 의학을 접해보지 못한 민간인들은 새로운 지식을 받아들여 병에서 벗어나려는 노력보다 소문에 떠도는 민간요법이나 미신적 행위에 의존해 질병이 주는 두려움에서 벗어나려는 욕구가 더 컸다. 에비슨은 협력이 얼마나 중요한지, 위생에 대한 대중교육과 실용지식의 보급이 얼마나 시급한지 절실히 깨달았다.

다음으로 무서운 전염병은 천연두였다. 천연두는 조선에서 유아사망률을 높이는 주범이었다. 소아질병으로 대개 두 살 전의 아기들이 주로 걸리며 사망률도 높았다. 살아남아도 평생 천연두 흔적을 지니고 살아야 했다. 조선인들은 천연두를 중국귀신이 조선에 찾아온 것이라 하여 "손님"이라고 부르며 두려워했다. 예방접종이 필요한 질병이라고 아무리 가르쳐도 사람들은 받아들이려 하지 않았다. 아이들이 차례로 죽어 나가도 무당을 불러 굿을 하거나 악귀를 달래 돌려보내는 것이 최선이라 여겼다. 천연두를 앓다 죽어도 시신을 땅에 묻지 않았다. 나무 위에 걸어 두거나 나무 아래 방치해 두었다. 아이를 매장하면 악령이 노하여 다른 아이들까지 잡아간다고 믿었던 탓이다. 이는 상황을 더욱 악화시켰다. 다행히 기독교로 개종한 이들에게 집중적으로 예방접종을 권유했더니 그 효과가 소문이 나 사람들이 하나둘씩 병원에 찾아오기 시작했다. 변화는 시간이 필요한 일이었다.

"갓을 쓰게 해주시오"

시민사회로 가는 길목에서 가장 중요한 원리로 작동되어야 하는 것이 기회의 평등이다. 하지만 신분이 모든 것을 좌우한 조선에서는 낯선 개념일 뿐이었다. 특히 조선에는 출생신분 때문에 나면서부터 치료받을 기회조차 얻지 못하고 질병에 그대로 노출된 채 살아가는 취약계층이 있었다. 바로 천민계급에 속한 이들이었다.

전염병과의 전쟁을 진두지휘한 에비슨은 조선정부에 한 가지 요청을 했다. 내무대신 유길준에게 보낸 제안서다.

"백정들이 비록 사회에서 천하게 여기는 일을 하고는 있으나, 지력이 결코 다른 사람들에 비해 뒤떨어지는 것은 아닙니다. 그럼에도 이들에게는 조선남자의 상징인 상투를 틀고 갓을 쓰는 영예로운 관습이 허용되어 있지 않습니다. 오랫동안 고난을 받아온 백정들에게 정의로운 조처가 취해진다면 조선에 있는 우리 모든 외국인들이 크게 기뻐할 것입니다."

유길준은 그의 제안을 흔쾌히 받아들여 곧바로 전국에 새로운 법을 선포하고 포고문을 붙였다.

"지금부터 백정들을 사람으로 간주한다. 이에 따라 백정들은 조선남자들의 일반적인 관습에 따라 상투를 틀고 갓을 쓸 수 있다."

그야말로 "세상이 뒤집어지는" 혁명적인 변화였다. 서구에서는 수십 년 혹은 수백 년에 걸쳐 수많은 사람들이 피의 희생을 치른 후에야 겨우 얻을 수 있었던 "인간선언"이 한순간에 선포된 것이다. 에비슨이 무혈혁명을 이룬 셈이다. 하지만 변화는 하루아침에 이룰 수 있는 것도 아니요, 혼자 이룰 수 있는 것도 아니다.

이 제안을 먼저 한 것은 동료선교사 무어Samuel F. Moore였다. 에비슨이 서울에 도착한 직후인 1893년 가을, 무어가 박 씨라는 환자를 왕진해 달라고 부탁했다. 환자가 사는 곳은 백정마을이었다. 며칠 왕진 다닌 끝에 장티푸스에 걸린 환자는 완쾌되었다. 박 씨는 임금을 치료하는 '귀하신' 어의御醫가 일반사람들도 발걸음을 꺼리는 백정마을에 찾아와 직접 돌봐준 것에 크게 감동해 기독교인이 되기로 결심했다. 백정 해방운동의 깃발을 든 박성춘의 이야기다. 그는 동료백정들까지 개종시켜 교회로 인도했다.

이때부터 무어 선교사의 고민이 시작되었다. 그가 목회하던 곤당골교회(현재 연동교회)는 '높으신' 양반들이 여럿 있었다. 갓도 허락되지 않는 천민계급의 백정들이 교회에 드나들자, 반상의 도를 여전히 버리지 못한 양반교인들은 불쾌감을 감추지 못했다. 결국 한자리에 앉을 수 없다며 한쪽을 택하라고 요구하기에 이르렀다. 무어는 백정이라는 이유로 교회가 이들을 거부한다면 이는 "모든 사람은 똑같이 하나님의 아들이며 따라서 서로 형제"라는 성서의 위대한 원칙에 위배되는 것임을 분명히 했다.[26] 이 문제는 땅에 묻힌 지뢰처럼 언제든 폭발할 수 있는 난제 중의 난제였다. 근본적으로 해소할 필요가 있었다. 에비슨은 콜레라 퇴치의 공으로 조선정부의 치하를 받게 되자, 이를 기회로 백정들의 신분문제를 해결해달라고 요청했다.

---

26) 무어는 조선의 신분제에 맞서 만인평등사상을 설파했지만, 다른 한편으론 매우 강한 종교적 편견이 있었다. 미국공사였던 알렌의 기록에 따르면, 무어는 한 불교사찰에 초대되어 갔다가 자제력을 잃고 지팡이로 작은 석고불상을 부셔 문제가 된 적이 있었다. 이 사건으로 선교사들은 재발 방지를 약속하는 연명서약을 두 번이나 해야 했다. 그의 무모한 행동에 동료선교사들은 집중적인 비판을 가했다. 중국에서 의화단사건이 일어났던 1900년 이 사건이 다시 수면 위로 떠올라 알렌이 적극 개입해 마무리했다.

만민공동회

박성춘도 가만히 있지 않았다. 비록 문맹이었지만 선교사들의 도움으로 상소문을 올려 직접 호소했다. 새로운 법령으로 갓은 허용되었으되, 민권이 주어진 것은 아니었다. 사회적 차별과 폭력도 여전했다. 박성춘은 물러서지 않았다. 끈질기게 상소문을 올렸다. 1898년 민중대회로 열린 만민공동회에서는 개회연설을 할 만큼 백정들의 민권운동에 앞장섰다. 결국 그는 법적 차원의 동등권까지 얻어냈다.

사람이 된다는 것은

갓을 쓰고 시민권을 얻는다고 저절로 사람이 되는 것은 아니다. 사람은 누구나 사람다움을 배우고 그렇게 성장해가는 시간이 필요하다. 그래서 사람에게 가장 좋은 선물은 성장할 수 있는 기회를 주는 것이다. 사회적 차별에 맞선 박성춘의 용기와 집념은 에비슨에게 큰 감동을 안겨 준 동시에 또 다른 도전을 던져주었다. 그 시작은 사람답게 살고자 하는 박성춘의 내적인 열망과 자녀에 대한 교육철학에서 비롯되었다. 아들 봉출이가 '서양瑞陽'이라는 새 이름을 얻고 갓을 쓰고 혼인을 하자, 박성춘은 에비슨에게 한 가지 부탁을 해왔다.

"이제 제 아들을 병원으로 데려가 사람 좀 만들어 주십시오."

에비슨은 당황했다. 사람을 만들다니! 방금 사람 만드는 데 필요한 모든 단계를 다 끝내지 않았던가. 그가 사람을 만들어 달라는 것은 무슨 의미일까. 에비슨은 오랜 자문 끝에 답을 얻었다.

"인간은 무엇 때문에 존재하는가. 인간은 동물이 갖고 있지 않은 타인에 대한 책임감을 갖고 있지 않은가."

박서양을 병원으로 데려온 에비슨은 "진정한 사람의 길"이 무엇인지 가르쳐보기로 했다. 바로 조선인 손으로 조선인의 아픔을 치료할 수 있도록 의사로 키우는 것이었다. 에비슨은 병원 바닥 청소와 침대 정리를 시키며 그에게 참된 인간이 될 수 있는 자질이 있는지 확신을 얻기 위해 모든 일들을 다하게 했다. 조선사람으로서는 하기 힘든 일들도 시켰다.

이렇게 시작된 첫걸음은 1895년 가을 의학교육의 출발이 되었고, 13년 만인 1908년 첫 열매를 맺어 조선 땅에서 서양의학을 공부한 7명의 젊은 의사들이 처음으로 탄생했다. 1900년 미국에서 유학한 박에스더가 조선에 돌아와 첫 의사가 된지 거의 10년 만의 일이다. 그 해엔 첫 근대식 여학교로 설립된 이화학당이 22년 만에 첫 졸업식을 갖기도 했다. 에비슨이 사회자로 초청받았는데 졸업식 장소였던 정동교회(현 정동제일교회)

에 1,200명이 앉을 수 있는 좌석이 부족할 만큼 사람들이 많이 모였다. 평소 남녀좌석을 갈라놓았던 칸막이도 사라졌다. 졸업생 5명을 대표해 한 여학생이 연단에 올라 처음으로 연설을 했다. 1,000명이 넘는 대중 앞에서 그것도 젊은 여성이 연설을 하다니 조선인들에겐 어디에서도 볼 수 없는 구경거리였다. 그 주인공은 박성춘의 딸이었다. 에비슨은 그 감동의 순간을 평생 잊지 못했다.

세브란스병원 의학교 첫 졸업식 기념사진. 뒷줄 시계방향으로
김필순, 홍석후, 신창희, 박서양, 홍종은, 김희영, 주현칙. 가운데는 외과교수였던 허스트

의학수업을 마친 첫 졸업생들의 미래를 열어주는 것도 에비슨의 몫이었다. 졸업식은 조선의사의 탄생을 대중들에게 널리 알릴 수 있는 절호의 기회였다. 하지만 학위수여식을 거행할 장소가 마땅치 않았다. 고민하던 차에 조선총독부 통감 이토 히로부미를 활용하기로 했다. 그의 협

력 없이는 조선인 청년들이 의학공부를 마쳐도 병원을 열 수 없는 것이 엄연한 현실이었다. 에비슨은 이토를 찾아가 야외 학위수여식에 쓸 대형 군용 텐트를 빌리고 내친김에 축사를 부탁했다. 시내의 모든 내외국인들이 참석한 자리에서 학위증을 수여받고 이토의 축사까지 받는다면, 조선 양반들도 일본인 관리들도 이제 막 첫발을 내딛는 조선의 젊은 의사들을 함부로 대하지 못할 것이었다. 에비슨의 예상은 적중했다. 졸업식 다음 날 이토 통감은 직접 보건청에 지시해 졸업한 조선청년 의사들에게 조선 땅 어디에서나 의료행위를 해도 좋다는 의사면허증인 '의술개업 인허장'을 발급하게 했다.

조선에서 첫 의사면허증을 취득한 7명의 젊은 의사들은 '사람다움의 길'을 강조했던 에비슨의 가르침을 한시도 잊지 않았다. 전국으로 흩어져 질병에 신음하는 동족들을 치료한 것은 물론이요, 가장 큰 고통 속에 있었던 조국의 독립을 위해서도 목숨을 아끼지 않았다. 박서양은 만주에서 병원을 운영하며 독립군 의료 총 책임자로 활동했고, 어머니가 관기였던 주현칙은 평안북도에서 병원을 운영하며 흥사단으로 활동하다 두 번이나 옥고를 치렀다. 김필순은 중국으로 건너가 병원을 열었고, 병원 수입금 전부를 독립군 자금으로 보내다가 안창호가 있는 독립군 기지로 합류했다. 김희영은 금광이 있던 직산에서 병원을 열고 광부들을 치료했다. 1919년 3·1운동이 일어나자 일본군 총칼에 맞은 만세시위자들을 몰래 돌보다가 옥고를 치렀다. 그 후유증으로 폐결핵을 얻어 그 이듬해 41세로 사망했다. 작곡가 홍난파의 형 홍석후는 미국유학을 마치고 돌아와 1931년까지 세브란스병원에서 후학들을 가르쳤다. 교육을 맡았던 홍석후와 졸업 2년 만에 폐결핵으로 일찍 사망한 홍종은을 제외한 5명 모두가 직접 독립운동에 투신한 셈이다.

첫 제자들에 대한 애착이 누구보다 강했던 에비슨은 훗날 박서양에게서 받은 감동을 회고록에 그대로 옮겨 놓았다. 1935년 모든 사역에서 은퇴하고 캐나다로 귀국하기 전, 박서양을 마지막으로 보기 위해 만주 국경 근처로 찾아갔을 때 일이다. 먼 길을 어렵게 찾아갔건만, 코앞에서 거센 폭우가 막아섰다. 마지막 만남이 될지도 모른다는 생각에 박서양의 부인이 홀로 쏟아지는 비를 뚫고 이들을 맞으러 왔다. 그리고는 남편도 함께 오려 했으나 긴급환자가 생겨 할 수 없이 발길을 돌렸다며 큰 아쉬움을 전했다. 그리운 제자의 얼굴은 끝내 보지 못했지만, 의사로서 그의 진정성이 진하게 전해져왔다. 그것이면 충분했다.

"의사에게 환자를 돌보는 일보다 더 중요한 일이 어디 있겠는가!"

구리개 시절 제중원(1887, 현 을지로)

왕립병원 제중원의 시대를 마감하다

에비슨은 조선사회를 멍들게 하는 뿌리 깊은 병폐도 보았다. 바로 관료들의 부정과 부패였다. 그의 눈엔 개인의 도덕성 문제를 넘어 국가 시스템의 근본적 한계로 보였다. 조선에는 급료제도가 제대로 갖추어져 있지 않았다. 국가공무원에 해당하는 관료들도 일정한 급료 없이 일하는 경우가 허다했다. 대신에 중앙정부로 세금만 착오 없이 거두어 보내면 자신들이 필요한 경비는 알아서 마련해 쓰도록 여러 가지 특권을 허용했다. 이로 인해 관료들은 점점 부패하게 되고 이중 삼중으로 착취당하는 민중들의 삶은 벼랑 끝으로 내몰렸다. 민란이 일어나지 않기를 바라는 것이 이상할 정도였다.

왕립병원인 제중원도 별반 다르지 않았다. 부임한 지 6개월쯤 지난 1894년 5월경이었다. 며칠간 지방 진료를 다녀오니 제중원이 엉망이었다. 정부가 파견한 주사들이 마음대로 돈을 받고 일본인 의사들에게 수술방을 세놓았다. 국왕이 병원운영비로 하사한 3,000원 중 반년 치인 절반이 이미 병원에 들어왔어야 했는데 실제 수령된 금액은 절반의 반밖에 되지 않았다. 환자에게 돌아갈 몫이 관료들의 개인주머니로 들어갔다. 정부에서 급료를 주지 않으니 병원운영비를 착복하고 약을 빼돌려 이익을 챙겼다. 병원종사자들은 35명에 이르렀으나, 의료에 대한 개념도 관심도 없는 그저 자리만 차지한 직원들이 대부분이었다.

근본적인 수술이 필요했다. 하지만 재정권도 인사권도 모두 조선정부에 있어 아무것도 할 수 없었다. 에비슨은 제중원을 선교부 소속으로 옮기는 절차를 진행했다. 먼저 조선정부와 미공사관, 장로교 미선교위원회에 자신의 요구가 받아들여지지 않을 경우, 사임할 수밖에 없다고 논의를 공식화했다. 그리고 그해 가을 결실을 얻었다. 청일전쟁 후 덮친 콜레라에 효율적으로 신속하게 대처할 수 있었던 것도 구조적 변화가 있어 가능했다.

세브란스병원을 세우다

에비슨은 현대식 종합병원 건립을 계획했다. 구리개(현 을지로)의 제중원은 재래식 조선가옥으로 되어 있어 환자들을 효과적으로 치료하기 어려웠다. 1899년 안식년 휴가는 좋은 기회였다. 캐나다로 돌아가 가는 곳마다 조선의 절박함을 호소했다. 한 번도 가본 적 없는 나라였지만 많은 이들이 협력했다. 건축가 고든N. S. Gorden이 설계도를 제작해 첫 기부자가 되었다. 한 여성노동자는 5달러를 기부했다. 기관차 제작회사 부사장도 힘을 보탰다. 사업가답게 설계도를 살펴보고는 건축비로 500달러를 내놓았다. 미국 오하이오의 부호 세브란스L. H. Severance가 통 큰 기부를 했다. 여러 교파 교회들이 협력할 수 있는 종합병원이 시급하다는 말에 10,000달러를 쾌척했다. 꼭 필요한 곳에 병원을 세우려고 물색 중이었다며 계획을 자세히 물었다. 고종은 병원 부지를 희사하겠다고 알려왔다.

하지만 세상은 선한 의지만으로 일이 이루어지는 곳이 아니었다. 고종이 부지 마련을 돕도록 보낸 이용익은 왕실 재정을 맡아보던 인물이었는데, 정직한 사람이 아니었다. 교묘한 방법으로 사사건건 방해를 놓았다. 보다 못한 세브란스가 "신하들 말만 믿는 왕에게 더 이상 기대 말라"

며 부지구입비로 5,000달러를 따로 보내왔다. 덕분에 답사한 지역 중 가장 좋은 곳으로 꼽히던 남대문에 넓은 부지를 확보할 수 있었다.

복음전도를 최우선 가치로 내세운 상당수 장로교 선교사들도 강하게 반대했다. 조선신자들이 기독교를 영혼 구원사업이 아닌 자선사업 단체로 오해할 수 있다는 것이 이유였다.[27] 마펫 Samuel Austin Moffet을 비롯한 평양선교사들은 교육과 의료활동을 사랑의 실천이 아닌 복음전도의 수단으로만 여겼다. 이들은 뉴욕의 미 장로교 선교위원회에 세브란스기금을 절반만 병원에 투입하고 나머지는 자신들이 하는 복음전도 사업에 집중적으로 투자해달라고 요구했다. 분노한 세브란스가 병원건립에 필요한 5,000달러만 기부하겠다고 선언하자, 미선교위원회 간사가 조선을 직접 방문했다.

그는 조선의 상황을 직접 둘러본 후에야 에비슨의 손을 들어주며 이렇게 고백했다.

"올바른 예수의 가르침은 오로지 실천을 통해서만 나타낼 수 있다는 것을 목격했습니다."_《구한말 40여 년의 풍경》, 448쪽

1904년 가을, 생소한 이름의 세브란스병원이 남대문에 세워졌다. 제중원이라는 이름은 역사 속으로 사라졌다. 러일전쟁으로 자재 값이 폭등

---

27) 당시 에비슨이 속한 장로교는 1890년대부터 의료사역을 최소화하고 복음전파에 인력을 대거 투입하기 시작했다. 1900년까지 17명의 목사가 파송되었던 반면, 의사는 5명뿐이었다. 이후부터 1910년까지는 목사 30명, 의사 6명이었다. 1900년부터 30년 동안 여성의료인은 단 2명이었다. 그나마도 선교사 아내로 파송되었다. 엘리자베스 언더우드,《한국의 선교역사 1884-1934》, 75.

하여 공사가 중단될 위기에 처하기도 했지만, 세브란스가 병원건립의 완성을 도왔다. 그는 공사비 일체와 건축을 맡은 고든의 월급까지 지원했다.[28] 이름으로라도 남아 있었던 조선왕실과의 인연은 끝이 났다. 에비슨은 새 병원의 운영방식도 바꾸었다. 계획대로 4개 장로교 선교부와 2개 감리교선교부가 공동 운영하는 연합시스템을 갖추었다. 이런 협력체제의 첫 수혜자는 1907년 남산에서 마지막까지 항일투쟁을 벌였던 부상당한 의병들이었다. 남녀유별이 여전히 강고했던 시기였지만 이들을 구하기 위해 세브란스병원 직원들은 남녀 할 것 없이 소매에 적십자 표지를 달고 일본군을 헤치고 달려가 신속하게 이들을 병원으로 옮겨 치료했다. 덕분에 내외를 가려 여성간호사들이 남성 환자들을 돌보기 어려웠던 오랜 벽도 한순간에 무너뜨릴 수 있었다.

첫 졸업식 날 남대문 세브란스병원(현 서울역 맞은 편 연세빌딩 자리)

조선에 더 나은 미래를 열어주고자 한 에비슨의 노력은 여기서 멈추지 않았다. 1913년 새 건물을 마련해 제중원에서 시작한 의학교를 세브란스연합의학교로 독립시켰다. 3년 후엔 언더우드가 건강을 잃고 사망하자, 그 뒤를 이어 경신학교 대학부 교장까지 맡았다. 병을 치료하는 의사를 넘어 "조선의 젊은이들을 유능한 일꾼으로 길러내는 일"을 자신의 사명으로 알았던 에비슨은 연희동에 교사를 마련해 이듬해 연희전문학교로 발전시켰다. 보다 효율적인 교육을 위해 끊임없이 고민한 에비슨은 두 학교의 통합을 여러 차례 논의하기에 이르렀다. 비록 생전에 뜻을 이루진 못했지만 앞을 내다본 식견이었다.[29]

회한, 조선의 운명을 가른 어긋난 선택

인생의 절반을 함께 하여 제2의 조국이나 다름없었던 조선, 그 역사에 대한 회한도 적지 않았다. 1940년 에비슨은 캐나다에서 80세 생일을 맞으며 《조선회상록》을 쓰기 시작했다. 조선 동료들의 마지막 부탁을 거절할 수 없어 뒤늦게 펜을 들었다. 비록 완성된 원고로 세상에 내놓지는 못했지만, 그가 혼신을 다한 작품이었다.[30]

---

28) 에비슨이 〈코리아 리뷰Korea Review〉 1904년 11월호에 기고한 글에 따르면, 세브란스는 최초의 기금 10,000달러와 땅 구입비 5,000달러 외에 건립 과정에서 소요된 2만 달러를 추가로 기부했다.

29) 연희전문학교와 세브란스의전의 통합은 1957년에야 이루어져 연세대학교라는 이름으로 새 출발했다.

에비슨의 기억 속에 가장 큰 아쉬움으로 남은 것은 조선 왕실과 변화를 바라는 젊은 개혁가들의 어긋난 선택이었다. 이것이 조선의 운명을 갈랐다. 에비슨이 본 고종은 선하고 유한 성품의 소유자였다. 거침없이 칼을 휘두르고 잔인무도한 행위를 일삼았던 서구의 전제군주들과는 거리가 멀었다. 하지만 조선국왕이 상대해야 할 국제사회는 '성은'이 아닌 '생존'이 최상의 가치인 약육강식의 정글이었다. 고종의 유한 성품은 단호한 결단력과 추진력이 필요한 순간에 발목을 잡았다. 자신을 위험에 빠뜨리는 측근들을 눈앞에 두고도 물리치지 못했다. "아첨꾼들에게 둘러싸여 있었지만, 그들을 제거할 방법을 알지 못했다." 대외적으로도 고종은 한쪽으로 일본, 다른 쪽으로 러시아, 그리고 상반된 이해관계를 가진 서양 열강들의 요구를 만족시키느라 정신이 없었다.

에비슨은 그 안타까움을 이렇게 토로했다.

"국왕은 외국정부의 압력에 저항하는 수단과 방법을 몰랐다. 만약 외국에 대한 많은 지식과 견문을 겸비하고 충간하는 사람들을 신임했더라면, 국왕 자신은 물론 나라를 구할 수도 있었을지 모른다." _《구한말 40여 년의 풍경》, 580쪽

---

30) 에비슨의 회고록은 675매의 타이핑된 원고로 그의 손녀 버논 크로우포드(Vernon Crawford)가 간직하고 있었다. 원제는 "Memoires of Life in Korea"였다. 대구대학교가 이 원고를 입수해 1984년 《구한말 비록》으로 처음 발행했다. 그 후 2006년 번역과 체제가 전면 개정되어 《구한말 40여 년의 풍경》으로 재출간되었다. 연세대학교 의과대학에서도 2010년 에비슨의 회고록을 새롭게 편역하여 《올리버 R. 에비슨이 지켜본 근대한국 42년 1893-1935》를 출간했다.

왕비는 달랐다. 자신감과 결단력이 있었고 지략 또한 뛰어났다. 직접 알현한 적은 없지만, 왕비의 지략은 정평이 나 있었다. 쇄국정책을 고수한 대원군이 개방정책을 지지하는 그녀를 여러 차례 제거하려 시도했으나, 왕비는 번번이 뛰어난 지략으로 위험에서 벗어났고 대원군을 코너로 몰아넣었다. 에비슨이 조선에 도착하기 직전에도 왕비를 시해하려는 시도가 있었다. 대원군이 왕비에게 화친을 청하며 선물을 보냈는데, 왕비의 예측대로 비밀폭파장치가 들어 있었다. 왕비는 일본의 간교에도 쉽게 넘어가지 않았다.

왕비에 대한 에비슨의 증언이다.

"소심하고 평화를 사랑하는 왕은 일본에 순종하는 손쉬운 방법을 따르려고 했지만, 왕비는 타고난 지략과 강인함을 이용하여 일본인들이 하는 일을 사사건건 저지하려 들었다."

그러나 조선의 젊은 개혁가들은 공중 줄타기를 하듯 내외적 압박 속에서 힘겹게 한 걸음씩 내딛는 국왕과 왕비를 기다려주지 못했다. 오히려 변화에 대한 조급함으로 국왕과 왕비의 발목을 잡는 모순적인 상황을 발생시켰다. 1884년 3일천하로 끝난 갑신정변이 그것이다. 젊은 개혁가들의 성급한 정치혁명은 불행의 씨앗이 되었다. 조선에 오기 전 일이었지만, 에비슨은 갑신정변에 직접 참여했던 서재필을 통해 사건의 내막을 자세히 알 수 있었다.

젊은 개혁가들은 입헌군주제를 염두에 두고 있었다. 이들은 짧은 시간에 눈부신 변화를 이룬 일본의 근대개혁에 도전과 영감을 동시에 받았다. 고종과 왕비도 왕실의 권한을 크게 제한하는 몇 개 조항을 제외하고는 젊은 개혁가들의 개혁안을 지지했다. 하지만 기존의 나이 든 조정관료들이 왕실의 권력이 크게 위축될 것이라며 강하게 반발하자, 고종과 왕비는 젊은 개혁가들과 거리를 두기 시작했다. 속도 조절에 들어간 셈이다.

변화에는 시간이 필요한 법이다. 그러나 마음이 다급해진 젊은 개혁가들은 평화적으로 차분히 설득하는 방법이 아닌 무력을 이용하여 짧은 시간 내에 뜻을 이루고자 했다. 급할수록 돌아가라는 말은 아예 귀에 들어오지 않았다. 왕과 왕비를 납치하다시피 감금하고 강제로 자신들의 개혁안을 재가하도록 요구했다. 특히 이들은 왕실 파견으로 일본유학을 마친 사관학교 출신들을 동원했다. 기지가 뛰어난 왕비는 수라간 궁녀를 통해 조선에 와 있던 중국군에 도움을 청해 위기를 벗어났고, 이에 맞서기 위해 젊은 개혁가들은 일본공사관에 지원병을 요청했다.

개혁의 실패는 보수반동의 흐름을 불러오게 마련이다. 에비슨은 젊은 개혁가들의 이상과 열정은 높이 평가할만하나, 때를 기다리지 못한 성급함이 어렵게 만들어낸 변화의 기회를 통째로 날려버렸다고 훗날까지 안타까워했다.

"역사가 오래된 전제군주국가를 입헌군주국가로 바꾸어 보려는 의욕적인 시도는 시의를 타지 못해 실패로 끝나고 말았다. 이 제도는 무엇보다 점진적인 교육을 통해 의식이 높아진 국민이 있어야 한다. 국민들 스스로 국정을 운영할 수 있는 능력을 갖춘 후에야 기존의 전제집권층으로 하여금 국민들의 국정운영 요구를 받아들이게 할 수 있기 때문이다." _《구한말 40여 년의 풍경》, 161쪽 조선의 근대개혁에 가장 필요했던 것은 중국군이나 일본군의 도움이 아니라 스스로 변화의 동력을 만들어낼 수 있는 깨어 있는 시민과 시간이었다.

시민 참여 없는 개혁은 반드시 실패한다

개혁은 깨어있는 시민들의 참여 없이 불가능하다. 평생을 노동운동에 투신했던 아버지의 삶을 통해 에비슨은 근대시민사회의 실현이 정치권력의 지형적 변화나 제도의 근대화로만 이루어지지 않는다는 것을 잘 알고 있었다. 그가 젊은 개혁가들의 어긋난 선택을 두고두고 아쉬워했던 이유다.

"백성들을 점진적으로 교육시켜 충분한 힘을 갖추게 한 후, 다중의 힘으로 정부가 그들의 요구에 굴복할 때까지 왜 인내심을 갖고 기다리지 못했던가."

의사임에도 불구하고, 에비슨이 조선의 젊은이들을 유능한 인재로 키워내는 것을 자신의 사명으로 삼았던 이유는 시민사회의 등장만이 조선의 운명을 바꿀 수 있는 희망이라고 믿었기 때문이다. 당시 조선의 백성들은 "자유국가에 대한 개념을 알지 못했고 오직 생존을 위한 몸부림이 삶의 전부"였다. 이상을 실현하려는 열정으로 가득했던 젊은 개혁가들은 적지 않은 시간이 걸리는 대중들의 의식교육과 시민참여를 통한 개혁이 불가능하다고 여겼다.

섣부른 열정으로 일본을 성급하게 국내정치에 끌어들인 젊은 개혁가들의 패착은 갑신정변을 청일전쟁의 전초전으로 만드는 결과를 초래했다. 한반도에 대한 주도권을 두고 힘겨루기를 했던 일본과 중국은 자신들의 국제적 위상을 높일 수 있는 지렛대로 조선이 필요했다. 때만 엿보고 있던 두 나라에 조선이 스스로 발판을 마련해준 꼴이었다. 에비슨은 조선백성이 처한 현실을 "마치 두 짝의 맷돌 사이에 끼어 있는" 형국에 비유했다. 위 맷돌은 "막강하면서도 비도덕적인 인접국들"이요, 아래 맷돌은 조선정부의 "정치적 무능과 미성숙함"이었다. 그 대가는 컸다.

"새 질서를 확립하려는 시도가 실패로 끝나면서 강대국들은 이러한 정황을 악용하게 되었고, 세계 속에서 조선의 발전은 안타깝게도 좌절되었다."

갑신정변을 일으킨 주역들(왼쪽부터 박영효, 서광범, 서재필, 김옥균)

첫 단추를 잘못 끼운 조선은 점점 나락으로 빠져들었다. 조선 왕실은 반외세 자주개혁을 요구하는 민중들의 외침을 무력으로 진압하며 외세를 또 한 번 끌어들이는 패착을 두었다. 일본은 조선을 지배하려는 온갖 계획이 왕비로 인해 수포로 돌아가자, 청일전쟁을 빌미로 고종을 통해 그녀에게서 모든 권한을 박탈했다. 하지만 그녀의 지략만은 막지 못했다.

청일전쟁에서 승리한 일본은 조선에서 중국의 영향력을 완전히 제거하기 위해 자주독립을 명분 삼아 조선을 대한제국으로 승격시키고 고종을 황제로 등극시켰다. 이를 기회로 고종은 왕비를 황후로 복권시키고, 갑신정변의 실패로 해외망명 중이던 젊은 개혁가들을 다시 불러들였다. 황후는 이전의 위치를 되찾았고, 그녀의 정치적 영향력은 더욱 강고해졌다. 명성황후는 박영효와 손잡고 근대개혁을 추진해나갔다. 두 번이나 타이밍을 놓친 조선에 근대개혁의 기회가 다시 찾아온 것이다.

그러나 순순히 물러날 일본이 아니었다. 한 번 문 먹잇감을 놓지 않았다. 독립이라는 명분을 내세워 조선을 손아귀에 넣으려던 계획이 황후로 인해 다시 좌초하게 되자, 일본은 대원군을 끌어들였고 1895년 10월 8일 그녀를 제거하는데 성공했다. 작전명은 "여우사냥"이었다. 조선 군졸들을 거느린 대원군이 궁문을 열어, 미우라 공사가 거느린 일본낭인들이 궐로 진입하도록 도왔다. 명성황후와 손잡고 근대개혁을 추진하던 박영효도 일본으로 망명한 상태였다.[31] 이것이 에비슨이 알고 있는 명성황후

---

31) 에비슨은 서재필의 기록을 인용하여 박영효의 망명이 일본의 이간질과 계략에 의한 것이었다고 서술했다. 하지만 헐버트는 고종과 명성황후가 박영효를 극진히 아꼈고, 지략이 뛰어난 명성왕후가 개혁을 추진하는 박영효를 대역죄로 제거하려는 대원군의 모략으로부터 보호하기 위해 미리 취한 조처였다고 기록하고 있다.

시해사건의 전말이다. 조선에겐 씻을 수 없는 상처요, 불행의 씨앗이었다. 하지만 일본으로서는 명성황후를 제거한 것이 조선 지배의 교두보를 마련한 1단계 미션의 완료였다.

가장 큰 거침돌이 제거되자, 일본은 자신들의 계획을 일사천리로 진행시켰다. 내각을 해산시키고 자신들에게 협조할 새로운 내각을 구성했다. 명성황후 시해에 아연실색한 각국 공사들은 고종마저 잃을까 걱정되어 조선에 거주하는 자국의 남성들을 동원해 조를 편성하고 매일 밤마다 교대로 불침번을 섰다. 에비슨도 언더우드, 게일, 헐버트 등과 함께 고종 곁을 지켰다. 모든 외국공사들은 새 내각을 인정하지 않기로 했다. 국왕과의 서신왕래는 언더우드가 직접 맡았다.

명성황후를 잃은 고종은 동력을 완전히 상실했다. 홀로 고립된 두려움은 극에 달했다. 가까운 선교사들 외에 누구도 믿지 못했다. 궁궐에서 마련한 수라도 입에 대지 않았다. 언더우드 집에서 준비한 음식만 먹었다.

"언더우드 목사가 음식을 금고에 넣어 자물쇠를 채우고 목사 자신이 궁궐로 운반하여 국왕께 직접 진상했다. 음식에 관한 한 전의인 나도 접근이 허락되지 않았다."

그해 11월 왕의 친위세력들이 궁에 유폐된 왕을 지키기 위해 거사를 일으켰으나, 시위대장의 배신으로 실패하고 말았다. 일명 '춘생문 사건'이다. 고종과 세자는 시시각각 자신의 목을 죄여오는 친일대신들로 둘러싸였고, 목숨 걸고 달려간 선교사들의 옷자락을 붙잡으며 함께 있기를 조용히 청할 뿐이었다. 한 나라의 국왕이 자국민이 아닌 외국 국적의 선교사들에게 목숨을 의존할 수밖에 없는 상황은 그 자체로 불행이었다.

청일전쟁 직후, 젊은 개혁가들 중 일부는 정부 입각을 거절하고 대중계몽운동에 뛰어들었다. 10년 전 갑신정변을 통해 개혁은 소수의 이상과 열정만으로 이룰 수 없는 것임을 아프게 배웠기 때문이다. 이들은 미국으로 망명하거나 미국유학을 통해 서구문화를 새롭게 공부한 이들이었다. 1896년 귀국한 서재필을 중심으로 4월부터 첫 대중언론지 〈독립신문獨立新聞〉을 발간하기 시작했다. 내부적으로는 조선대중들의 의식계몽을 위해 외부적으로는 국제사회의 여론형성을 위해 한글판과 영어판으로 동시에 발행했다. 이는 독립협회운동으로 이어졌다.

하지만 젊은 개혁가들의 기대와 달리, 조선왕실과 대중들의 변화속도는 더디기만 했다. 일본의 손에 넘어간 조선정부가 독립협회를 강제해산하면서 대중계몽을 통한 근대개혁운동도 제대로 이루지 못했다. 근대개혁의 주도권이 조선왕실에 있었던 10년 전이 더욱 아쉬워지는 대목이다.

에비슨은 그 아쉬움을 이렇게 토로했다.

"갑신개혁 때에도 점진적으로 개선책을 도입하고 백성들을 이해시키면서, 그들이 바랄 때 일을 추진했더라면 상당한 성과를 거두었을 것이다."

죽음의 위협 속에서 고종의 호위무사도 마다치 않았던 '선교사 3인방' 중 가장 오랜 시간을 조선에 머물렀던 올리버 에비슨. 그의 회상록은 단순히 개인적 소회만 담겨 있지 않다. 조선왕실부터 독립운동 인사들까지 두루 만나고, 일본뿐 아니라 서양열강들의 정부요원들과 널리 교류하며 누구보다 많은 사건들과 정보를 직접 접한 역사의 산증인이 쓴 증언록이다. 그는 왕의 주치의로 매일 궁을 드나들며 고종과 직접 소통했던 덕분에 궁중에서 은밀히 진행되던 혼란스러운 상황들과 조선이 일본의 식민지로 전락해가는 모든 과정들을 가장 가까이서 조용히 지켜볼 수 있었다. 그야말로 위기감이 최고조에 달했던 격랑의 시대를 조선에 애정을 가진 제3자의 시각에서 냉철하게 지켜본 역사의 증인이었다.

　그가 마지막 필력을 다해 남긴 증언록은 말과 글을 빼앗기고 기록조차 제대로 남길 수 없었던 조선역사에 분명 의미 있는 선물이다. 병을 세밀하게 관찰하고 정확하게 진단해야 하는 의사 특유의 몸에 밴 신중하고도 차분한 관찰력과 신이 선물한 남다른 기억력이 큰 힘이었다. 물론 선 자리가 달랐던 만큼 혼란한 시대를 바라보는 눈도 조선인들과 조금 다를 수밖에 없다. 그러나 그의 '다른 시선'도 40여 년을 조선과 함께 한 역사의 한 조각이다.

　무엇보다 주변국들의 이해관계가 집중적으로 충돌했던 엄중한 시점에 변화의 중대한 갈림길에 섰던 당시 한반도에 대한 그의 관찰은 지금의 한국사회가 놓인 상황과 한 세기를 되돌려 놓은 듯 닮은꼴이다. 악몽의 재연이 될까. 끝나지 않은 숙제에 드디어 마침표를 찍고 새 출발 할 수 있는 역사의 선물이 될까. 우리는 또 다른 선택 앞에 서 있다.

숭고한 인류애로 조선여성을 치료한
'평양의 오마니'

로제타 홀
(Rosetta Sherwood Hall, 1865~1951)

아픔에 대한 공감은 때로 그 어떤 끈보다 강한 결속과 연대를 만들어낸다. 이 여성들이 겪었던 이해할 수 없는 아픔은 일상의 억압과 폭력에 그대로 노출되었던 동시대 여성들의 고통을 그대로 대변해주는 것이기도 했다. 이들에게 로제타는 진심으로 다가갔고 그의 치료는 스스로 아픔을 딛고 새롭게 설 수 있는 좋은 약이 되었다.

Rosetta Sherwood Hall

　사방이 벽으로 가로막힌 듯 길이 보이지 않을 때가 있다. 그러나 막다른 길 끝엔 언제나 새로운 길로 들어서는 작은 샛길이 숨겨져 있다. 조선에서 여성의료라는 새로운 분야를 개척한 닥터 로제타 홀_{Dr. Rosetta Hall}은 조선이 막다른 길목에서 만난 숨겨진 샛길 중 하나였다. 두려움 없는 그의 용기가 조선여성들에겐 새로운 역사의 시작이 되었다.

　반갑게도 최근 내한 125주년을 기념해 로제타 홀의 전기와 일기가 연이어 출간되었다. 해주에서 여섯 살까지 살았던 손녀가 오랫동안 간직해온 자료들을 제공했다. 알츠하이머로 기억이 급속도로 무너져가는 상황에서도 그는 할머니가 남긴 소중한 기록들을 꼼꼼히 챙겨 한국으로 보내주었다. 네 권의 일기와 두 아이의 육아일기는 로제타의 숨 가빴던 시간들을 고스란히 전해주는 듯하다. 샌프란시스코를 떠나 조선에 도착하기까지 바다에서 보낸 40일간의 여행기가 담긴 두루마리 편지는 길이가 31미터나 된다. 깨알 같은 글씨로 가득 채워진 작은 기도수첩은 24권에 이른다. 여백에 빼곡히 적힌 메모와 스크랩 자료들이 심심찮게 등장하는 낡은 성경책은 혼란스러운 순간에도 자기성찰의 끈을 놓지 않았음을 그려보게 한다. 무엇보다 그의 손때가 묻어 있는 꼼꼼한 기록들은 한 신앙인의 정직한 고뇌가 담겨있다. 조선여성들의 절망과 고통을 끝까지 끌어안으려 몸부림친 진심 어린 용기도 보인다.

"아무도 가지 않는 길을 가라"

40일 여행기가 담긴 두루마리 편지(1890, 양화진 문화원 제공)

로제타는 1890년 가을 스물다섯의 젊은 여의사로 조선 땅을 찾아왔다. 그는 펜실베이니아 여자의과대학을 졸업한 엘리트였다.[32] 뉴욕 빈민가 무료진료소에서 인턴과정을 밟던 어느 날, 우연히 미감리회 여성해외선교회에서 발행한 책자를 읽게 되었다. 짧은 연설문 하나가 그의 시선을 붙잡았다. 미국에서 첫 여자대학을 세운 메리 라이언Mary Lyon의 글이

---

32) 펜실베이니아 여자의과대학은 1850년 퀘이커교도들이 세운 학교로 첫 여성의사 양성기관이었다. 미국에서 의과대학이 처음 세워진 것은 백여 년 전으로 거슬러 올라가지만, 미국 내 모든 의과대학이 여성에게 입학을 허용하지 않았다.

었다.[33]

"진정 인류를 위해 봉사하려거든, 아무도 가려 하지 않는 곳에서 아무도 하려 하지 않는 일을 하라."

로제타에겐 거부할 수 없는 하늘의 명령으로 들렸다. 가슴 한쪽에 묻어두었던 꿈이 갑자기 꿈틀대기 시작했다. 무언가에 이끌리듯 해외선교를 자원했고, 원래 희망하던 중국이 아니라 조선이라는 미지의 나라에 배정받았다. 그 순간부터 조선은 그의 사랑이 되었다. 고통에 신음하는 여성들을 돕겠다는 마음 하나로 청진기를 들고 무작정 태평양을 건넜다. 두려움이 전혀 없었던 것은 아니다. 오랜 시간 준비해온 선택이 아니었기에 낯선 땅에 대한 불안감은 더욱 컸다. 여행 첫날 그는 일기에 이렇게 썼다.

"지금 나는 내가 전혀 모르는 언어를 쓰는 낯선 사람들에게로 간다. 하지만 '사랑은 보편 언어'라 했고, 무엇보다 나는 내 일을 사랑한다."

막막하고 두려운 마음이 일 때마다 성경의 시편을 읽으며 마음을 다잡았다. 조선인들을 더 잘 이해하기 위해 불교 서적도 틈틈이 읽었다. 일기에는 이렇게 적었다.

"나는 부처님이 훌륭한 사람이라 생각한다. 그의 말들은 솔로몬의 잠언을 생각나게 한다."

동양종교라면 무조건 미신이나 우상숭배로 폄하하던 대부분의 선교사들과는 분명히 다른 시각이었다.

---

33) 메리 라이언은 1837년 마운트 홀리오크 여자신학교(Mount Holyoke Female Seminary)를 세워 여성교육의 선구자가 되었다.

큰 사랑을 배우다

로제타에게 제 울타리에 갇히지 않는 그리스도의 사랑을 처음 가르쳐 준 것은 그의 부모였다. 로제타는 남북전쟁이 막을 내린 1865년 가을 뉴욕 리버티에서 태어났다. 그의 가정은 영국에서 건너온 청교도 집안이었지만 2차 대각성운동이 한창이던 1840년대 감리교인이 되었다. 덕분에 로제타는 청교도전통으로부터 근면과 정직의 경건생활을, 감리교전통으로부터 사회적 약자에 대한 배려와 관심을 조화롭게 배웠다. 큰 농장을 운영한 아버지는 남북전쟁 이전부터 평화주의자였던 퀘이커교 친구들과 손잡고 비밀리에 흑인노예들을 탈출시키며 노예해방운동에 적극적으로 참여했다.[34] 로제타가 기억하는 아버지는 법 없이도 살 수 있는 정직한 농부였고, "말보다 행동이 나은 사람의 참다운 본보기"였다.

로제타가 태어나기 전부터 가족이 된 조Joe도 아버지가 구해준 탈출노예였다. 가족이 되는데 피부색은 아무런 문제가 되지 않았다. 로제타는 흑인노예로 태어나 굴곡진 삶을 살아온 조를 늘 안쓰럽게 여겼다. 조도 로제타를 특별히 아꼈다. 이들은 영락없는 삼촌과 조카였다. 이들의 친밀한 관계는 로제타가 조선에 온 이후에도 이어졌다. 글을 쓸 줄 모르는 조는 고향에서 발행되는 지역신문을 빼놓지 않고 보내 로제타의 외로움을 덜어주었다. 로제타도 자신의 방에 조의 사진을 걸어두고 그리워하며 조선의 소녀들에게 그의 이야기를 들려주곤 했다.

---

34) 로제타의 아버지는 언더그라운드 레일로드(The Underground Railroad)에 적극 참여했다. 이는 노예들을 탈출시키기 위한 비밀조직으로 노예제도를 반대한 퀘이커교도들이 주도했다.

아버지보다 25살 젊었던 어머니는 어릴 때부터 해외선교에 관심이 많았다. 외가 쪽은 미국이 처음 해외에 파견한 독신 여선교사를 집으로 초청하여 환송회를 열어줄 정도였다. 덕분에 로제타는 일찍부터 여성들이 국경을 초월하여 국제적 네트워크를 형성하고 문명이 닿지 않은 곳곳에서 활동하는 이야기들에 자연스럽게 노출되었다. 의료선교사의 꿈을 처음 심어준 것도 인도에서 남편과 함께 선교사로 활동하던 한 여성이었다. 그녀는 "인도여성들은 몸이 아파도 남성 의사에게 몸을 내보일 수 없어 진찰을 받지 못한다"고 전해주었다. 로제타가 공부했던 펜실베이니아 여자의과대학도 해외에 관심이 많았다.[35] 이 학교는 미국에 세워진 첫 여자의과대학으로 퀘이커교도들이 세운 학교답게 평화주의가 깃든 인류애를 강조했다.

"사랑은 누구와도 소통할 수 있는 보편언어"

로제타가 조선에 온 '1호' 여의사는 아니다. 1885년 가을 윌리엄 스크랜턴이 정동에 첫 민간병원을 열었을 때, 여성 환자는 겨우 20%에 불과했다. 조선에는 '여자는 외간 남자에게 몸을 보여서는 안 된다'는 오랜 관습이 있었다. 2년 후 첫 여의사 메타 하워드M. Howard가 내한해 1년 만에 건물을 따로 마련하자, 조선여성들은 그제야 마음 놓고 병원을 찾

---

35) 해외에서 의료선교사로 활동했던 졸업생들은 선교지 여성들을 모교로 보내 여성의료인 양성을 도왔다. 인도의 첫 여의사 조쉬, 일본의 첫 여의사 오카미, 시리아의 첫 여의사 이살람불리가 이 학교에서 공부했다.

왔다. 진료건수가 15배로 늘었다. 후에 명성황후가 된 왕비도 기뻐하며 "보구여관"이라는 의미 있는 이름을 선물했다. "보호하고 구하는 여성들의 집"이라는 뜻이다. 병원의 안전을 위해 문지기와 기수도 보내주었다. 너무 과로한 탓에 하워드는 건강을 잃고 2년 만에 귀국해 다시 돌아오지 못했다. 로제타는 그의 후임이었다. 장로교도 1886년부터 애니 엘러스에 이어 릴리어스 호턴을 제중원 부인과에 투입하여 진료를 시작했다. 하지만 이들은 왕비의 주치의였고, 그나마도 연이어 결혼해 선교사 부인으로 지냈기에 제대로 활동할 수 없었다.[36] 제중원 자체도 왕실과 귀족들이 많이 드나들어 민간여성들이 접근하기 어려웠다.

로제타 일기에 나오는 보구여관

---

36) 엘러스는 의과대학 졸업을 한 학기 앞두고 1886년 내한했으나 육영공원 교사로 내한한 벙커와 1년 만에 결혼했고, 엘러스의 후임으로 1888년 내한한 호턴도 이듬해 언더우드와 결혼하여 선교사부인으로 활동했다.

로제타는 짐을 푼 다음 날부터 보구여관에서 진료를 시작했다. 그가 마주한 현실은 간단치 않았다. 알아들을 수 없는 언어로 환자와의 소통은 거의 불가능했다. 도와줄 간호사가 없어 진료순서를 정하고 약을 나누어주는 일까지 혼자 해야 했다. 하지만 이러한 시간들이 어려움만 준 것은 아니다. 사랑이야말로 누구와도 소통할 수 있는 유일한 보편언어라는 것을 확인할 수 있는 기회가 되었다. 한 달쯤 되었을 때다. 열다섯 살 소녀가 병원을 찾아왔다. 어릴 때 입은 화상으로 손가락과 손바닥이 붙어 있었다. 혼기가 찼지만 손 때문에 결혼하지 못했고, 가족들은 이를 가문의 수치로 여겼다. 그 고통을 헤아린 로제타는 손가락을 분리시키고, 환자의 팔에서 피부조직을 떼어 피부가 없는 부분을 메우는 자가이식수술을 시도했다.

조선에서 피부이식은 상상할 수 없는 일이었다. 통역을 통해 아무리 설명해도 환자는 이해하지 못했고 피부조직을 떼어낸다는 말에 무척 두려워했다. 로제타는 자기 피부조직을 직접 소녀에게 이식했다. 이화학당의 말썽꾸러기 소녀가 감동해 자신의 피부조직을 기증했다. 다른 여선교사들도 동참했다. 그제야 환자도 그의 오빠도 두려움을 떨치고 자신의 피부를 내놓았다. 이 일로 로제타는 소녀의 어머니로부터 혈서로 쓴 감사편지를 받았다. 의사로서 응당 해야 할 일을 했을 뿐인데, 전혀 예상하지 못한 보답은 큰 감동이었다. 사랑이야말로 누구와도 소통할 수 있는 보편언어라는 것을 처음 확인한 순간이었다. 조선에는 '정'이라는 마음 깊은 사랑이 있었다. 로제타는 그 정에 늘 감동했다.

"조선인들은 매우 예의가 바른 사람들이어서 어떤 도움을 받으면 어떤 식으로든 꼭 은혜를 갚으려고 애쓴다."_1890-91년 연례보고서

만남은 서로 배워 더 큰 세계로 나아가게 만든다. 대학교육을 받은 서양의사가 처음 보는 조선소녀에게 피부를 이식한 일은 서열과 반상의 차별이 당연했던 조선에선 일대 '사건'이었다. 가끔 자신의 살을 떼어 병든 부모를 봉양했다는 효녀의 이야기를 들어보긴 했지만, 일면식도 없는 타인에게 어찌 자신의 피부를 떼어줄 수 있단 말인가. 눈으로 보고도 믿기 어려운 일이었다. 곁에서 수술을 지켜본 봉순오마니는 "나는 도저히 그런 일은 못 하겠어요. 성경을 더 읽어야 할 것 같아요"라며 혀를 내둘렀다.

통역을 도운 소녀 김점동도 입을 다물지 못했다.

"저는 제 친자매이거나 선생님이라면 피부를 떼어줄 수 있을 것 같아요. 하지만 남이라면 도저히 못해요."

사람들은 '정'을 넘어서는 기독교의 '이타심'에 크게 감동했다. 그제야 마음을 열고 로제타가 믿는 기독교에 관심을 가졌다. 피부를 이식받은 소녀는 〈누가복음〉을 읽기 시작했다. 로제타에겐 최고의 답례였다. 고통 속에 있는 사람들에겐 말이 필요없다. 상처를 싸매주는 것만으로도 신에게 마음을 연다. 이 사건은 40년 후 조선여성들이 마련한 로제타의 환갑잔치에서까지 회자되었다.

고통이 있는 곳에 하나님이 계시다

로제타는 보구여관保救女館을 치료는 물론이고 의료교육까지 할 수 있는 여성의료센터로 키울 구상을 했다. 1870년 인도에 세워진 동양 최초의 여성병원을 롤 모델로 삼았다. 이 병원을 세운 여성의료개척자는 클라라 스웨인이다. 로제타가 공부한 펜실베이니아 여자의과대학의 졸업 선배였다. 로제타는 재학 중에 그의 강연을 듣고 처음 동양을 마음에 품었다. 나중에는 조선에서의 마지막 꿈이던 여자의과대학을 계획하면서 인도까지 찾아가 이 병원을 견학했다.

하지만 새로운 역사는 한 사람의 비전만으로 이루어지지 않는다. 함께하는 이가 없다면 꿈은 현실이 되기 어렵다. 로제타에게 처음 길을 열어준 이는 5년 앞서 조선에 온 메리 스크랜턴이었다. 로제타는 그를 어머니처럼 의지했다. 보구여관에서 진료를 시작한 지 열흘쯤 지난 1890년 10월, 메리 스크랜턴이 두 천사를 보내주었다. 이화학당에서 영어를 제일 잘한다는 김점동과 그의 단짝 친구인 일본인 소녀 오와가였다. 두 소녀는 왕진까지 따라다니며 충실히 도왔다. 어릴 때의 로제타처럼 당차고 호기심도 많았다. 로제타는 어린 소녀들의 반짝이는 눈망울을 보면서 이들의 미래와 조선의 장래를 생각하지 않을 수 없었다. 그해 겨울방학, 5명의 소녀들을 데리고 '의료강습반'을 시작했다. 두 소녀와 노수잔, 봉순이, 애니가 첫 학생이었다. 생리학부터 시작한 이 수업은 조선에서 이루어진 첫 여성의료교육이었다. 이들은 조선여성이 조선여성을 치료하는 새로운 역사의 첫 씨앗이 되었다.

김점동은 영특하고 학습 속도도 빨랐다. 처음에는 두려워서 뼈를 만지지도 못하더니 곧 뼈를 배우고 싶어 안달했다. 조선인이 혐오스럽게 생각하던 해부실습에 대해서도 먼저 질문을 할 정도로 깊은 관심을 보였다. 세례를 받고 '에스더'라는 새 이름까지 얻게 되자, 서양의학에 대한 그녀의 관심은 더욱 커졌다. 그 용기를 일찍부터 알아본 로제타는 그가 훌륭한 의사가 될 것을 직감했다. 에스더는 훗날 미국유학을 마치고 조선의 첫 여의사가 되었다. 로제타에겐 말 그대로 나이, 인종. 피부색을 초월한 동지요 '소울 메이트'였다.

물론 조선에서 시작한 새로운 여정에 고뇌가 없었던 것은 아니다. 조선 여성들의 고통스러운 현실을 마주하면 할수록 여성으로서의 분노와 인간에 대한 슬픔이 밀려들었다. 언어도 넘을 수 없는 벽이었다. 고린도서를 묵상하며 '인간의 여러 언어를 말하는 것보다 사랑이 우선'이라고 스스로 되뇌었지만, 가슴을 죄어오는 현실은 피할 수 없었다. 특히 조선말이 서툴러 죽어가는 환자에게 아무 말도 해줄 수 없을 때의 절망감은 말로 표현할 수 없는 고통이었다. 1년쯤 지났을 때, 서대문 밖의 한 움막으로 왕진을 갔다. 힘없이 누워있는 한 여인에게 죽음의 그림자가 짙게 드리워져 있었다. 결핵이었다. 심한 기침과 복통이 그의 마지막 생명을 갉아먹고 있었다. 남편과 함께 아이 하나를 데리고 서울로 올라와 종살이를 하던 중 병이 나 쫓겨났다고 했다. 그녀는 3주를 버티지 못했다.

그녀의 죽음은 로제타에게 깊은 상처를 남겼다. '왜 하나님은 열심히 산 그녀에게 이런 고통스러운 삶을 지속하게 하셨을까.' 로제타는 피해갈 수 없는 질문 하나와 마주하게 되었다. 복음을 접하고도 실천하지 않는 이들과 복음을 접하지 못했어도 진실한 삶을 사는 이들이 있다. 이들은 어떻게 되는 것일까. 스치듯 만난 짧은 인연이었지만 그 여인은 로제타에게 근본적인 물음 하나를 던져주고 떠난 셈이다.

기독교적 세계관 안에서 성장해온 이들이 다종교 문화를 가진 동양에서 처음 맞닥뜨린 정직한 질문이었다. 로제타는 성서에서 답을 구했다. 복음을 접하고 실천했던 이들과 복음을 접하지 못했어도 신이 주신 양심에 따라 진실하게 산 사람들은 영원한 생명에 이르게 된다는 것, 이것이 성서가 그녀에게 준 답이었다.

로제타를 분노하게 한 사건도 있었다. 1891년 11월 조선에서 맞은 두 번째 추수감사절, 조선여성들을 식사에 초대했다. 의료강습반 소녀들과 이화학당 교사 이경숙, 사라로 불리던 봉순 오마니, 그리고 입원환자였던 과부 김 씨. 하지만 김 씨는 초대된 식탁에 끝내 오지 못하고 병원에서 사망했다. 그는 종살이하던 조카에게 탈출해 결혼하라고 부추긴 죄목으로 한성감옥에서 옥살이하던 여성이었다. 20여 명의 남자 죄수들 틈에 끼어 있었던 유일한 여성으로 집단성폭행을 당해 말 그대로 "거의 죽은 상태의 영혼"으로 병원에 왔다. 당시 남편이 없는 여성은 어떤 사회적 보호도 받지 못했다.

로제타는 수차례 감옥을 오가며 치료하다가 그녀를 간신히 병원으로 빼내왔지만 결국 학대후유증을 이겨내지 못했다. 로제타는 그 잔인함에 치를 떨며 "짐승만도 못한 그 인간들을 생각하면 내 모든 영혼이 거꾸로 일어서는 듯하다"고 기록해 놓았다. 모두가 기뻐해야 할 추수감사절이었지만, 그의 일기에는 여성인권의 불모지였던 조선의 현실에 가장 분노했던 슬픈 날로 기록되었다.

로제타는 여성들이 처한 말도 안 되는 현실에 때로는 분노하고 때로는 깊은 연민을 느끼며 조선여성들과 하나가 되어갔다. 특히 고통이 있는 곳에 하나님이 계시다는 큰 깨달음은 로제타가 조선에서 평생 여성 의료인의 길을 걸어갈 수 있게 한 가장 큰 동기와 동력이 되었다.

고난은 우리가 선택한 생의 일부

로제타에게 1891년은 영원히 잊을 수 없는 해였다. 연인이었던 윌리엄 홀William J. Hall이 의료선교사로 조선에 왔다. 미국에서 안식년 휴가를 보내던 메리 스크랜턴이 적극적으로 도와주었다. 당시 독신 여선교사들은 여성해외선교회에 5년간 결혼을 하지 않겠다는 약속을 하고 왔다. 윌리엄 홀은 빨리 결혼하기를 원했지만, 일방적으로 계약을 파기할 수는 없었다. 로제타의 상황을 알게 된 메리 스크랜턴은 여성해외선교회를 설득하여 윌리엄 홀을 조선으로 보내도록 주선했다. 그는 언제나 주변 사람의 의견이 아닌 본인의 의사를 먼저 물었다.

"닥터 윌리엄 홀이 급여를 받지 않아도 좋으니 조선으로 보내달라고 합니다. 당신은 그가 가까이 오기를 원하나요? 당신이 원한다면 기꺼이 도와주고 싶어요."

이듬해 여름 두 사람은 조선에서 결혼식을 올렸다.

윌리엄 홀은 1892년 봄 평양을 처음 방문한 후 줄곧 평양개척에 매진했다. 신혼여행에서 돌아온 이후부터는 몇 주일씩 평양에 머물곤 했다. 그때까지도 평양은 선교금지구역으로 외국인들의 장기거주가 허용되지 않았다. 1894년 5월, 로제타는 서울생활을 정리하고 윌리엄 홀과 함께 평양으로 갔다. 상황이 나아진 것은 아니지만, 로제타는 고군분투하는 남편의 평양개척에 힘을 보태기로 했다. 1년 전 두 사람이 주선해 부부가 된 박에스더와 박유산도 동행했다.

　로제타가 6개월 된 아들 셔우드 홀을 품에 안고 나타나자, 평양사람들은 서양부인과 아기를 구경하겠다고 구름같이 몰려들었다. 로제타와 셔우드 홀은 평양에 발을 들여놓은 첫 서양 여인이요 서양 아기였다. 담이 무너질 만큼 사람들이 몰려들자, 윌리엄 홀은 급기야 아내와 아기의 안전을 위해 10명씩 차례로 구경하도록 줄까지 세웠다.

청일전쟁 직후 평양으로 달려가 치료한 윌리엄 홀

　두 모자를 보고 사람들은 마냥 신기해했다.

　"아기 눈이 꼭 강아지 눈같이 생겼네. 그래도 우는 소리는 조선아기들이랑 똑같아."

평양사람들은 다소 말이 거친 듯 보였지만 더 개방적이었다. 이내 로제타는 평양여성들을 좋아하게 될 것이라는 확신이 들었다. 하지만 로제타와 윌리엄 홀에게 허락된 시간은 그리 길지 않았다. 평양에서 청일전쟁이 일어났고, 로제타는 한 달 만에 가족들과 함께 서울로 철수했다. 평양전투가 마무리된 그해 가을, 윌리엄 홀은 혼자 평양으로 다시 돌아갔다. 전쟁으로 폐허가 된 평양에 콜레라가 들이닥친 것이다. 밤낮없이 환자를 치료하던 윌리엄 홀은 결국 1894년 11월 쓰러졌고, 다시 일어나지 못했다. 서울로 옮겨진 그는 로제타에게 마지막 말을 남기고 숨을 거두었다.

"내가 평양에 간 것을 후회하지 마오."

그의 나이 서른넷, 로제타의 나이 겨우 스물아홉 살이었다. 그녀의 품에는 이제 갓 돌을 넘긴 아기와 또 하나의 생명이 태중에서 자라고 있었다.

로제타가 윌리엄 홀을 처음 만난 것은 1889년 뉴욕 빈민가 무료진료소에서 인턴으로 일할 때였다. 윌리엄 홀은 아이들을 무척 사랑했다. 주말에는 좋은 공기를 마시게 하려고 빈민가 아이들을 데리고 가까운 강가로 늘 소풍을 갔다. 타인의 고통을 외면하지 못하는 윌리엄 홀의 성품은 조선에서도 그대로 이어졌다. 제물포에 처음 도착하여 한양으로 들어올 때는 작은 조랑말이 애처로워 걸어왔다. 1892년 겨울에는 평양에서 서울로 돌아오다 길에서 신음하는 부상자를 만나 치료해주고, 주막으로 되돌아가 그를 부탁하며 주인에게 제 돈을 다 털어주고 온 적도 있었다. 성서에 등장하는 선한 사마리아인 그 자체였다. 길에서 우연히 만난 일본인 의사가 자비를 베풀지 않았다면 그는 로제타에게 돌아오지 못했을 것이다.

'다른 길'을 가는 사람들에겐 늘 고난이 따른다. 윌리엄 홀의 죽음으로 로제타는 신경쇠약에 시달리다 그해 겨울 귀국을 선택했다. 하지만 현실에 쉽게 굴복하지 않았다. 고향으로 돌아간 로제타는 딸 이디스를 낳고 몸을 회복한 후, 윌리엄 홀과 그가 사랑했던 평양을 위해 가장 아름다운 선물을 준비했다. 가족들과 친구들도 적극적으로 도왔다. 1897년 2월 평양에 조선식 기와집으로 세워진 '홀기념병원(기홀병원)'이 그 열매다. 로제타는 남편이 자신의 묘비보다 죽어가는 생명을 살리는 병원이 하나 더 세워지기를 바란다는 것을 잘 알고 있었다.

평양에 첫 여성병원과 어린이병동을 세우다

로제타는 4년만인 1898년 봄, 평양으로 다시 돌아왔다. 조선에서 낳은 아들 셔우드 홀은 네 살, 미국 고향에서 낳은 딸 이디스는 세 살이 되었다. 하지만 이번엔 도착한 지 5일 만에 딸 이디스가 이질에 걸리고 말았다. 평양에는 우물이 없었다. 사람들은 물장수가 길어온 대동강물을 사먹었는데, 물이 오염되어 처음 발을 들인 사람들은 이질에 걸려 고생하기 일쑤였다. 조선이 처음인 어린 이디스는 그 장벽을 넘지 못했다. 하얀 민들레꽃을 유난히 좋아했던 이디스는 고열에 시달리다 20여 일 만에 아빠 곁으로 갔다. 견디기 힘든 아픔의 연속이었다. 하지만 로제타는 남편과 어린 딸을 잃고 조선여성들과 아이들이 처한 고통에 한 발짝 더 다가설 수 있었다. 남편을 일찍 떠나보낸 젊은 아낙의 외로움과 자식을 가슴에 묻은 어미의 마음은 동서양이 크게 다르지 않았다. 그 고통에 대한 공감이 로제타를 새로운 길로 이끌었다.

딸을 잃고 한 달이 안 된 1898년 6월, 로제타는 '광혜여원(廣惠女院, 평양부인병원)'을 개원했다. 평양에 세워진 첫 여성병원이었다. "널리 은혜를 베풀라"는 의미가 담긴 병원 이름은 아내를 치료해줘 고맙다며 평양감사가 지어주었다. 4년 전만 해도 평양은 선교금지구역이었기에 기독교인들이 많은 고초를 겪었다. 2년 후에는 딸의 이름으로 처음 어린이 병동을 세웠다. 이디스 어린이병동은 평양에 세워진 첫 서양식 건물이었다. 이디스가 오염된 물로 목숨을 잃은 만큼, 시멘트를 사용하여 처음으로 물탱크를 만들었다. 이 과정도 쉽지 않았다. 사람들은 분지였던 평양이 배와 같다고 믿었다. 그래서 땅을 깊이 파게 되면 평양이 바닷물 속으로 가라앉을 것이라고 두려워했다. 이 때문에 관청에서도 허가를 내주지 않았다. 여러 차례 찾아가 땅에 구멍이 나지 않도록 시멘트와 벽돌로 물 샐틈 없이 막겠다고 약속한 후에야 간신히 허가를 받아낼 수 있었다. 영원히 기억해야 할 사랑은 딱딱한 비석이 아니라 살아있는 사람들의 마음 깊은 곳에 새기는 것임을 로제타는 누구보다 잘 알고 있었다.

하나님은 왜 고통을 주시는가

로제타는 사랑하는 남편과 어린 딸을 연이어 떠나보내는 아픔을 겪으며 마음 깊은 곳에서 올라오는 거부할 수 없는 질문에 봉착했다. '하나님

은 왜 이해할 수 없는 고통을 주시는가.'

　죽음은 누구에게나 두려운 것이지만 의로운 자의 죽음은 그 두려움조차 넘어설 수 있는 참된 용기를 가져다준다. 로제타는 광혜여원을 서둘러 개원한데 이어, 조랑말에 의약품을 싣고 내륙지방을 순회하는 방문치료를 시작했다. 평양에 여성병원이 세워진 것만으로도 여성들에겐 더할 수 없는 기쁜 소식이었지만 의료혜택을 받을 수 있는 여성들은 여전히 제한적일 수밖에 없었다. 이에 로제타는 신변의 위험을 걱정하는 주변의 우려를 물리치고 지방여행을 강행했다. 진료 한 번 받지 못하고 질병으로 죽어가는 이들을 그냥 두고 볼 수만은 없었기 때문이다. 질병은 자신에게서도 사랑하는 가족들을 앗아가며 큰 슬픔을 안겨주지 않았던가.

　시골마을을 방문하면서 로제타는 질병 그 자체보다 질병에 대한 무지와 잘못된 미신적 행위가 얼마나 잔인한 결과를 가져오는지 큰 충격에 빠지기도 했다. 가장 가슴 아팠던 기억은 3년 전 남편을 잃은 34살의 어여쁜 여인에게 귀신을 몰아낸답시고 20일 동안 굿을 하고 마을 전체가 나서서 폭력을 행사한 일이었다. 마을사람들은 아이 둘을 둔 가엾은 여인을 미쳤다는 이유로 짐승처럼 취급하며 돼지우리보다 더한 곳에 가두어 두고 밤마다 구타하고 머리와 등, 음부를 인두로 지져댔다. 로제타가 도착했을 때 그 여인은 정글에 던져진 가녀린 짐승처럼 정신이 반쯤 나간 상태로 잔뜩 겁에 질려 있었다. 그리고 온몸이 성한 곳이 없었다. 멀쩡한 사람도 미치지 않을 수 없는 환경이었다. 안쓰러움에 말문이 막힌 로제타는 이 여인을 하루 빨리 병원으로 데려가 치료하고 싶었다. 좋은 음식을 먹이고 적절한 치료를 해주면 금방 회복될 것 같았다.

　하지만 안타깝게도 광혜여원에는 정신병을 앓는 여성을 입원시킬 병실이 아직 없었다. 준비가 되지 않은 상태에서 정신병을 앓는 여성을 병원에 입원시켰다가 자살 시도를 하는 바람에 애를 먹은 적이 있었기에 섣불리 데려갈 수가 없었다. 로제타는 기어코 미국에서 모금을 해와 1903년 어린이병동 옆에 2층 양옥건물을 올렸다. 그러나 그 기쁨도 잠시 1906년 화재가 나면서 그의 모든 노력은 하루아침에 잿더미가 되고 말았다.

로제타는 절망도 포기도 하지 않았다. 그녀의 곁에는 언제든 협력할 준비가 되어 있는 여성동료들이 있었다. 이들도 로제타 못지않은 아픔 하나씩 가슴에 품고 사는 여인들이었다. 1900년 가을 귀국한 박에스더는 조선인 최초로 미국유학을 마치고 의사가 된 입지전적인 여성으로 새로운 역사를 썼지만, 그 대가로 미국에서 햇빛도 보지 못한 두 아기와 남편을 모두 잃었다. 6년간 헌신적으로 뒷바라지한 남편 박유산은 졸업을 코앞에 두고 폐결핵으로 생을 마감해 볼티모어에 묻혔다.

이그레이스와 김마르다도 로제타와 교류하며 평생 의료인의 길을 걸었다. 로제타는 1897년 말 서울로 돌아와 보구여관에서 잠시 일할 때, 이 소녀들을 처음 만났다. 그레이스의 본명은 복업이었다. 남의 집 종살이를 하던 15세 소녀였는데, 어릴 때부터 다리가 괴사하기 시작하여 걷지 못하게 되자 주인에게 버림받았다. 로제타는 닥터 커틀러M. Cutler와 함께 여러 차례에 걸쳐 괴사한 뼈를 제거하는 수술을 했다. 다행히 수술에 성공하여 그녀는 상처를 회복하고 다시 걸을 수 있게 되었다. 로제타는 그녀에게 새로운 인생을 선물해준 스승이었다.

김마르다는 의처증이 심한 남편에게 상상하기 어려운 야만적 학대를 받고 버림받은 여성이었다. 보구여관에 들어왔을 때 그녀는 오른손 엄지 손가락과 코의 일부를 절단당한 상태였다. 다행히 커틀러가 외과치료로 그녀를 회복시켰고 이를 계기로 마르다는 보구여관에서 간호보조사와 전도부인으로 활동하게 되었다. 이그레이스, 김마르다와 함께 간호학을 배웠던 여메례는 이화학당 시절부터 로제타가 가르쳤던 학생이었다. 선교사들의 주선으로 기독교인이 된 한 남성과 결혼했지만, 결혼 직후 미국유학을 떠난 신랑이 갑자기 사망하면서 혼자가 되고 말았다.

아픔에 대한 공감은 때로 그 어떤 끈보다 강한 결속과 연대를 만들어 낸다. 이 여성들이 겪었던 이해할 수 없는 아픔은 일상의 억압과 폭력에 그대로 노출되었던 동시대 여성들의 고통을 그대로 대변해주는 것이기도 했다. 이들에게 로제타는 진심으로 다가갔고 그의 치료는 스스로 아픔을 딛고 새롭게 설 수 있는 좋은 약이 되었다. 훗날 여메례는 서울과 평양에 왕실이 후원하는 진명여학교를 세워 후진양성에 힘을 보탰다. 이그레이스와 김마르다는 1903년 마거릿 에드먼즈M. J. Edmunds가 보구여관 부설로 세운 간호원양성학교에서 공부한 후 첫 정식간호사가 되어 조선 여성들을 치료하는 일에 평생을 헌신했다.

맹인소녀와의 약속, 특수교육의 문을 열다

장애아들을 위한 특수교육도 로제타의 손끝에서 시작되었다. 조선은 장애가 있는 이들에겐 너무나도 가혹한 사회였다. 어디를 가나 조롱과 멸시가 이들을 따라다녔다. 특히 시각장애가 있는 아이들은 가족에게 버려지거나 잘해야 점쟁이나 무당이 되었다. 로제타는 맹인소녀들의 운명을 가만히 두고 볼 수 없었다. 1894년 봄 평양에 처음 왔을 때 만났던 오석형의 딸 봉래도 시각장애인이었다. 로제타는 봉래와 한 약속을 잊지 않고 미국에 머무는 동안 한글에 적합한 점자방식을 찾아냈다. 조선으로 돌아온 그는 기름을 바른 한지에 바늘로 점을 찍어 한글입문서와 십계명을 점자책으로 만들었다.

1900년 1월 맹인소녀 네 명을 데리고 어린이병동에서 시작한 점자교육은 조선에서 이루어진 첫 특수교육이었다. 로제타는 맹아들을 고립된 공간에 가두어두지 않았다. 오히려 일반학생들과 어울려 서로 도우며 함께 공부하고 함께 뛰놀도록 이끌었다. 함께 더불어 살면 어떤 부족함도 문제가 되지 않음을 가르치는데 이보다 더 좋은 방법은 없었다. 그에겐 모든 과정이 교육이었다.

박에스더를 조선의 여의사로 키우겠다는 생각으로 가르쳤듯이, 로제타는 오봉래를 특수교육의 첫 교사로 계획하고 가르쳤다. 봉래는 일본으로 건너가 공부를 하고 돌아왔고, 1918년 열병으로 사망하기까지 조선의 첫 특수교사로 맹아들을 가르치는 일에 헌신했다. 로제타는 농아들을 위한 교육으로 영역을 넓혔다. 먼저 이익민과 그의 부인을 중국 치푸芝罘에 있는 농아학교로 보내 공부하게 했다. 이 학교는 예전에 로제타가 남편 윌리엄 홀과 함께 신혼여행을 갔다가 둘러본 곳이었다. 1910년 정식으로 개교한 농아학교는 여학생을 대상으로 했던 맹아학교와 달리 남녀공학으로 출발시켰다. 이익민 부부가 공부를 끝내고 돌아와 첫 교사가 되었다.

특수교육에 대한 로제타의 열정은 국제적 연대로 확대되었다. 1914년 8월, 동아시아의 특수교육 전문가들을 평양 모란봉으로 초대하여 국제회의를 조직하고 첫 모임을 열었다. 일본, 만주, 중국에서 온 특수교육 전문가들이 한자리에 모여 처음으로 국제적 연대를 다지며 서로의 선한 의지를 확인하고 협력하기로 논의했다. 로제타는 일본의 식민지로 전락하여 절망만이 가득 차 있던 조선에서 동아시아 어느 나라에서도 하지 못한 일을 주도하며 조선의 새로운 역사를 써내려갔다. 당시 미국에서 의학공부를 하던 아들 셔우드 홀은 어머니의 일을 돕기 위해 소책자까지 펴냈다.

로제타가 특수교육을 국제적 연대로 확장시킨 것은 불행에 빠진 사람들에 대한 사사로운 동정심에서 시작된 것이 아니다. 아들 셔우드 홀이 발행한 책자 *Mother and Her Work*에서 그녀는 특수교육에 대한 자신의 신념을 이렇게 밝혔다.

"맹아들과 농아들을 가르치려면 각 나라의 풍습과 조건들의 차이를 연구하고 조사해야 한다. 대표자들이 이런 문제들을 놓고 토론하는 것은 직접적인 교육뿐만 아니라 관련된 사회적, 경제적 활동까지 포괄하는 것으로 인류의 공익을 위해 큰 가치가 있다."

경계를 넘어서는 인류애로 국제적 연대를 이끌어내며 로제타는 '지극히 작은 자들'과 함께 절망의 땅에서 희망의 기적을 만들어냈다.

평양의 오마니, 조선의 별이 되다

아무도 희생하려 하지 않는 사회에 새로운 미래는 없다. 로제타의 헌신은 '평양의 오마니'라고 불릴 만큼 고통 속에 살아가던 수많은 여성들과 어린이들에게 넉넉한 품과 따뜻한 영혼의 안식처가 되었다. 무엇 하나 쉽지 않은 땅이었지만 로제타는 조선의 여성들과 더불어 울고 웃으며 마지막 꿈이었던 여자의학전문학교를 세우는 일까지 해냈다.

특히 여성의료인 양성은 조선 땅을 밟은 그 순간부터 그가 붙잡고 씨름하며 일제의 식민통치 아래서도 포기하지 않았던 오랜 과제였다. 1928년 9월 4일 개소한 경성여자의학강습소는 경성여자의학전문학교, 서울여자의과대학, 수도의과대학, 우석대학이라는 이름을 거쳐 오늘날 고려대학교 의과대학으로 발전했다. 어린 딸을 잃고 슬픔 속에 세웠던 평양 광혜여원은 1922년 남편 홀의 희생을 기념하여 세운 기홀병원과 통합되었고, 이후 장로교와 연합하여 평양연합기독병원으로 새롭게 태어났다. 그가 처음 청진기를 들었던 보구여관은 동대문 부인병원을 거쳐 오늘날 이대목동병원으로 발전했다.

로제타를 소개한 소책자(1934)

미국으로 돌아간 후에도 로제타의 조선사랑은 멈출 줄 몰랐다. 조선의 온돌방이 얼마나 위생적인 것인지 가는 곳마다 이야기했고, 조선여인들이 곱게 바느질한 하얀 한복을 늘 그리워했다. 로제타가 귀국한지 1년만인 1934년 미국에서 *The Mother of Pyong Yang*이라는 짧은 전기가 나왔다. 저자인 메리 윌턴Mary Wilton은 수십만 조선여성들과 어린이들을 질병으로부터 해방시켰다 해서 로제타를 노예해방의 아이콘이 된 링컨에 비유하기도 했다.

25살에 첫발을 들여놓은 후 68세까지 반세기에 가까운 43년의 생애를 조선을 위해 살았던 로제타 홀. 그에게 조선은 생의 전부였다. 그는 이방인으로 찾아와 조선의 역사를 새로 썼다. 아니 조선의 역사가 되었다. 기독교 선교사로 살았지만, 종교의 차별을 두지 않고 수십만의 조선인들을 치료했다. 의사였지만 환자의 몸만 치료하지 않았다. 함께 살아가는 사회에서는 약한 자를 먼저 돌보는 긍정적 의무감과 성숙한 책임의식이 반드시 필요하다는 것을 몸으로 보여주었다.

고통의 깊이만큼 인간의 삶을 이해하는 깊이도 더해진다. 피해갈 수도 있었던 고통의 길을 꿋꿋이 걸으며 로제타가 조선에 전해준 것은 인종과 민족을 뛰어넘는 따뜻한 인류애였다. 그는 교회와 학교에서 배운 기독교 정신, "모든 인간은 신의 형상을 품고 있으며 남녀노소 누구나 평등하다"는 것을 단 한 번도 잊은 적이 없다. 성서가 가르치는 휴머니즘은 시공간의 벽을 뛰어넘어 누구와도 소통할 수 있는 살아있는 보편언어다. 이 고귀한 가르침이 로제타를 영혼이 있는 의사로 만들었다.

버려진 이들의 어머니가 된
남도의 성녀

엘리자베스 쉐핑

[서서평, Elizabeth Johanna Shepping, 1880~1934]

쉐핑에게 예수를 새롭게 만나게 해준 동양의 청빈사상은 무엇이었을까. 한양 선비들이
시끄러운 세상을 멀리하고 조용히 책을 읽으며 독야청청 지켜온 '고결한' 청빈과는 분명
달랐다. 남도에서 만난 동양의 청빈사상은 시끄러운 세상을 끌어안고, 양반들이 천하게
여기는 노동을 마다치 않으며, 정직하게 땅을 일구고, 그 어떤 생명도 가벼이 여기지 않
는 것이었다.

Elizabeth Johanna Shepping

　자유를 빼앗긴 자에게 평화는 없다. 일제강점기 조선은 어느 한 곳 평화를 누린 곳이 없다. 조선의 곡창지대 남도도 예외는 아니다. 오히려 너른 들판 때문에 집중적 착취를 당했다. '풍요 속의 빈곤'이 얼마나 잔인한 것인지 날마다 확인했다. 하지만 빈곤이 늘 불행으로만 연결되는 것은 아니다. 때로는 새로운 공동체를 꿈꾸게 하는 사회적 동력이 되기도 한다.

　빛고을 광주는 빈민계층을 돌보는 공동체들이 등장하여 일찍부터 근대 시민운동의 토대를 가꾼 지역이다. 그 중심에는 '청빈'과 '나눔'의 영성을 몸으로 실천하며 '사회복지'의 근대적 개념을 처음 선보인 기독교 선교가 있었다. 한일강제병합 직후 조선을 찾은 엘리자베스 쉐핑은 동료 선교사들과 조선인들 모두에게 "도전과 영감"을 동시에 안겨준 인물이다.[39] 때로 역사는 기록이 아니라 함께 했던 사람들의 아름다운 기억으

---

39) 쉐핑을 마지막 순간까지 간호했던 선교사 마가렛 프릿차드(Margaret Pritchard)의 고백이다.

로 전해지기도 한다. 쉐핑이 보여준 삶의 가치가 그렇다.

고통의 땅, 광주를 품다

광주에서 기독교 선교가 시작된 것은 1904년 말이다. 목포에서 활동하던 남장로교 개척선교사 유진 벨Eugene Bell과 오웬Clement C. Owen이 행정구역 조정에 따라 광주가 전남의 중심이 될 것이라 판단해 양림동 산기슭에 터전을 마련했다.

쉐핑은 간호사로 1912년 봄 조선에 왔다. 처음 본 광주는 아름다웠다. '비길 데 없다'는 이름대로 무등산은 말이 필요 없었다. 6개월 늦게 조선에 온 메리 도슨Mary L. Dodson, 도마리아도 "동양의 스위스"로 불리는데 동의한다며 입을 다물지 못했다. 가을의 너른 들판은 온통 황금물결로 너울거렸다. 지붕 위에 널린 빨간 고추들이 햇빛에 반짝이는 모습은 얼마나 평화로운가. 선교사들의 거주지인 양림동 선교동산은 아름다운 나무들로 둘러싸인 '푸른 언덕Green Hill'이었다. 조선인들은 서양식 집들이 들어선 이곳을 '서양촌'이라 불렀다.

하지만 눈에 보이는 것이 다가 아니었다. 광주의 들판은 풍요로웠지만, 조선인들은 빈곤에 허덕였다. 너른 들판의 황금빛 곡식들은 이미 조선의 것이 아니었다. 땅 주인도 바뀌었다. 추수한 곡식은 일본으로 실려 갔고, 가장 좋은 거주공간은 이미 일본인들의 차지가 되었다. 입지 조건이 좋은 서문 밖 일대에는 소나무 정원이 있는 일본식 기와집들이 들어섰다. 조선인에게 남겨진 것은 끝도 없는 노동과 헐벗은 가난, 대책 없는 질병뿐이었다. 생활터전을 잃은 배고픈 사람들과 가족에게 버림받은 병자들이 무리지어 거리를 헤매고 다리 밑에 움막을 짓고 눈비를 피해 잠을 청했다.

광주 선교사들은 선교개척자들의 헌신적인 노력에 영향을 받은 탓인지 다른 어느 지역보다 빈민계층을 돌보는데 안간힘을 쏟았다. 지역민들과 거리를 좁히려는 의지와 열정도 남달랐다. 남녀 무론하고 조선식 이름을 쓰고, 지역사회를 위해 자신의 사택을 기꺼이 개방했다. 쉐핑이 활동을 시작한 광주 제중원도 1905년 유진 벨의 집에서 시작되었다.[40] 의사 오웬은 병자들을 돌보다 과로와 급성폐렴에 걸려 1909년 갑작스럽게 세상을 떠났다. 그의 정신을 계승한 의사 윌슨Robert M. Wilson은 진료소에 불과했던 제중원을 현대식 병원으로 발전시켜, 조선에서 격리 외에 달리 방법을 찾지 못했던 고질적인 전염병 환자나 결핵환자들을 치료했다. 쉐핑이 조선에 오게 된 것도 환자들의 증가에 따른 조처였다.

선교사들의 거주지도 처음부터 그리 좋은 곳에 있었던 것은 아니다. 양림동은 본래 아이들의 시신을 처리하는 풍장風葬터였다. 마을과 떨어져 있는 데다 산에는 귀신이나 산신령이 산다고 믿어 아무도 그 땅을 거들떠보지 않았다. 하지만 '언덕 위의 집'을 동경하는 서구인들에겐 더없이 좋은 공간이었다. 지대가 높아 산세가 좋고, 햇빛이 잘 드는 양지이고, 땅값도 저렴해 선교부지로 안성맞춤이었다. 서양식 벽돌집을 짓고 갖가지 나무들을 심으니 묘비 없는 무덤이나 다름없던 민둥산이 푸른

---

40) 서울 제중원은 이미 세브란스병원으로 이름을 바꾸었지만, 장로교 의료선교사들은 지방에 병원을 세우며 "백성을 편안하게 하는 곳"이라는 뜻의 제중원 이름을 그대로 사용했다.

동산으로 바뀌었다. 광주의 첫 여학교였던 수피아여학교도 1908년 이곳에서 시작되었다.

쉐핑도 '서서평(徐舒平)'이라는 조선이름을 사랑했다. 두 아들을 홀로 키우던 박해라라는 조선여인과는 평생을 가족으로 함께 지냈다. 쉐핑은 독일계 미국인이었지만, 조선 민중들과 똑같이 옥양목 저고리에 검은 통치마를 입고, 된장국을 먹고, 고무신을 신고, 조선의 버려진 아이들을 등에 업어 키웠다. 딸로 입양해 키운 고아들만 13명이었다. 마지막으로 입양한 아들 요셉은 출산 중 사망한 한센환자의 아기였다. 조선식 이름이 더 익숙한 도마리아와 유화례(Florence E. Root) 선교사도 쉐핑이 주선해 한센환자 자녀들을 입양했다.

하지만 '다른 길'을 걸으려는 이들에겐 얄궂게도 언제나 꽃길이 아닌 사막길이 먼저 열린다. 쉐핑은 조선에 온 지 3년 만에 풍토병인 스프루에 걸려 평생을 앓았다. 그럼에도 불구하고 입양한 아이들을 키우고 가난한 이들을 돕느라 늘 강냉이죽과 된장국으로 연명했다. 당시 서울 선교사들은 선교부에서 지급되는 생활비로 가사도우미와 유모를 고용하고 자녀양육비, 심지어는 애완견 사육비까지 댈 수 있었다. 하루 평균 식비로 3원 정도를 썼는데, 쉐핑은 30분의 1인 10전으로 버텼다. 하루 식비로 한 달을 산 셈이다. 그의 마지막 목숨을 앗아간 것도 영양실조였다. 삶의 모델은 예수였다.

쉐핑과 가까이 지냈던 선교사부인 로이스 스와인하트(Lois H. Swinehart)의 증언이다.

"그는 마지막 병고로 쓰러질 때까지 한 번도 흔들림 없이 시간과 마음과 그의 소유 전체를 조선인들을 위해 쓰며, 그 가운데서 그리스도를 위

쉐핑의 생애를 소개한 동아일보(1934. 6. 28)

한 오직 한 길만을 걸었다."

나환자들의 당당한 행진, 소록도를 재활공간으로

남도에는 가난과 착취보다 더 위협적인 적이 있었다. 나병이었다. 하지만 피부가 문드러져 형체를 알아볼 수 없게 만드는 나병은 천형으로 여겨 누구도 돌보려 들지 않았다.[41] 나병에 걸리는 순간 가정은 물론 마을까지 떠나야 했다.

한센환자들을 대하는 대중들의 태도는 잔인했다. 돌봄이 필요한 이들에게 자비가 아닌 돌을 던졌다. 아이 어른 할 것 없이 괴물을 대하듯 '문둥이'라고 부르며 혐오했다. 한센환자를 위한 피난처는 아무 곳에도 없

---

41) 나병은 오늘날 한센병이라고 불린다. 1873년 노르웨이 세균학자 한센이 처음 병원균을 발견하여 치료약이 나왔지만, 조선에서는 20세기에 들어서서도 오랫동안 치료가 필요한 질병으로 인식되지 못했다.

었다. 눈에 띄지 않는 곳에 숨어서 짐승처럼 신음하다 외로이 죽어갔다. 무너져가는 육체도 고통이지만, 가족에게 버림받고 이웃에게 돌팔매질을 당하는 수모는 죽음보다 더한 형벌이었다.

쉐핑의 보고다.

"나환자는 나환자대로, 결핵환자는 결핵환자대로 무리지어 먹고 살거리를 찾아 나서는 처참한 형국은 참담함 그 자체다."

쉐핑은 한센환자들을 돌보는 일에 적극적으로 뛰어들었다. 나병도 나병이려니와 나병에 대한 무지와 편견은 그야말로 불치였다. 그 무지와 편견이 정 많던 조선인들을 잔인한 사람으로 만들었다. 이를 빠르게 극복할 수 있는 길은 환자들을 정성껏 돌봄으로써 나병도 치료와 돌봄을 통해 완치에 이를 수 있는 질병임을 직접 확인시켜주는 것 뿐이었다.

선교사들이 광주에서 처음 한센병 치료에 나선 것은 1909년 4월이다. 제 몸 사리지 않고 온갖 병자들을 돌본 오웬의 죽음이 계기가 되었다. 그를 치료하겠다고 목포에서 달려온 의사 포사이드W. H. Forsythe가 길에 버려진 한센병 환자를 말에 싣고 왔다.[42] 지팡이에 고름이 흐를 정도로 심각한 상태였다. 의사 윌슨이 광주제중원에 입원시켜 치료하려 하자, 입원해 있던 환자들이 강하게 막아섰다. 나병환자와 같은 공간에서 치료받을 수 없다는 것이 이유였다. 결국 윌슨은 벽돌 굽던 가마터에 공간을 따로 마련했다. 얼마 안 있어 환자는 죽었지만, 윌슨은 그 공간을 나환자진료소로 개방해 본격적인 치료에 나섰다. 정부의 인가도 받았다. 당시

---

42) 포사이드는 1904년 내한한 남장로교 의료선교사다. 1년 6개월쯤 지났을 때, 강도 든 집에 왕진 갔다가 다시 들이닥친 강도떼에 폭행당해 귀와 머리가 심하게 찢어지는 중상을 입기도 했다. 여러 차례 수술에도 불구하고 차도가 없자, 귀국하여 2년간 치료받고 재차 내한했다.

봉선리 광주나병원

조선에는 나환자가 20,000명이 넘었다.

　나환자들이 몰려들자, 이번에는 인근 마을사람들이 반발했다. 그러나 일반상식을 뛰어넘는 인류애가 실현되는 곳이면, 반드시 돕는 손길이 나타나게 마련이다. 제 동족도 돌아보지 않는 전염병 환자를 외국인이 정성껏 치료하는 모습에 삶을 바꾼 이가 있었다. 훗날 쉐핑과 오누이처럼 지내며 한센환자들을 돌본 최흥종이다. 이름난 불량배였으나 고름이 흐르는 나환자를 품에 안아 말에서 내리는 포사이드의 모습을 보고 감동받아 기독교로 개종한 인물이었다. 포사이드는 "진료가 그리스도로 인도하는 수단에 그치는 것이 아니고 진료 자체에 그리스도께서 함께하는 것"이라고 말하곤 했다.

　최흥종은 마을에서 멀리 떨어진 봉선리 땅을 나환자들을 위한 병원 부지로 기증했다. 그의 협력에 힘입어 1912년 광주나병원이 탄생했다.

여수애양원(1928)

환자들은 계속 늘어났지만, 이들을 돌볼 이들은 턱없이 부족했다. 쉐핑은 숙련된 간호사답게 교회여성들을 모아 간호사 훈련을 시키고 이들을 돌보게 했다. 물론 한센환자들에 대한 사회적 편견과 혐오감은 여전히 숙제였다. 광주나병원의 규모가 커지자 근대의학의 힘을 알지 못했던 광주시민 전체가 반발했고, 결국 1926년 여수로 옮겨 갔다. 이것이 애양원으로 발전했다.

　나병은 치료로 모든 것이 끝나지 않았다. 완치되더라도 일상으로 되돌아가기 어려운 질병이었다. 뭉텅해진 손과 발, 일그러진 얼굴로 인권의 개념이 서 있지 않던 일반사회에서 살아간다는 것은 죽음보다 더한 고통을 각오하지 않으면 안 되었다. 더욱이 불완전한 신체로 할 수 있는 일도 그리 많지 않았다. 이들에겐 서로 돕고 협력하며 살 수 있는 재활터전과 공동체가 필요했다. 하지만 이들을 위한 사회적 보호장치는 전무했다. 일본정부는 무관심으로 일관했고 이들을 위한 어떤 지원이나 대책도 내놓지 못했다. 오히려 국가의 위상을 손상시키는 유전병이라 여겨 이들을 외면하고 방치했다.

쉐핑과 최흥종이 이리저리 뛰어다녔지만, 달라지는 것은 없었다. 결국 두 사람은 1933년 한센환자 150여 명을 모아 광주에서 서울 조선총독부까지 가두행진을 시작했다. 쉐핑은 몸을 가누기 힘들 만큼 병세가 깊고 죽음의 패색이 짙었지만, 여러 간호사들과 함께 환자들을 돌보며 마지막 남은 사력을 다해 한센인들과 걷고 또 걸었다. 11일이나 걸린 오랜 행진에 많은 환자들이 쓰러지고 사망했다. 하지만 전국에서 숨어 지내던 한센환자들이 행진 소식을 듣고 당당히 대열에 합류했다.

조선총독부에 도착했을 때는 그 수가 500명을 넘어섰다. 조선역사에 처음 있는 일이었다. 이들은 총독부 경내에서 총독 면담을 요청하며 연좌시위를 벌였다. 총독은 7시간 만에 최흥종과의 면담에 응했고, 이들의 요구를 받아들여 소록도 전체를 한센환자들의 재활공간으로 허가했다. 그리고 이들이 무사히 돌아갈 수 있도록 기차 편까지 마련해주었다.

기독교 선교사들이 나병치료와 한센환자들의 인권문제에 적극적으로 나설 수 있었던 것은 이들의 고통을 가까이서 지켜볼 수 있었기에 가능했다. 마을에서 떨어진 양림동 기슭에는 두 종류의 '이방인들'이 이웃해 살았다. 언덕 위에는 가족을 떠나온 피부색이 다른 선교사들이, 광주천 다리 아래에는 집을 잃은 가난한 이들과 한센병 환자들이 무리지어 생활했다. 다리 아래 사람들은 허기진 배를 채우기 위해 서양촌 선교사 집을 자주 드나들었고, 선교사들은 자연스럽게 이들을 돌보며 빈자들의 아버지, 어머니로 불리게 되었다. 선교사들은 한센병에 대한 무지와 편견이 가난보다 더 잔인하다는 것을 매일 확인했다. 고통에 대한 공감이 이들을 '작은 예수'로 다시 태어나게 만들었다.

쉐핑도 광주천을 자주 둘러보았다. 특히 겨울철이면 다리 밑에서 사람들이 얼어 죽지 않을까 걱정되어 한밤중에 나가 자신이 덮고 자던 이불을 건네주곤 했다. 쉐핑에게 영어를 배웠던 이봉림은 함께 외출하자는 말에 예쁜 옷을 차려입고 나섰다가, 그 모습을 보고 스스로 부끄러워 얼굴을 들지 못했다.

쉐핑의 보고다.

"조선에서 사회봉사는 불모지나 다름없으며 무한한 가능성이 있는 분야다. 나는 병자와 궁핍한 자를 돕고자 하는 마음, 그리고 신께서 나의 수고에 축복하시리라는 신뢰만으로 사회구제를 시도했다."

여성들이여, 연대가 희망이다

쉐핑은 평신도선교사로 22년간 활동했다. 17년 만에 안식년 휴가를 받아 미국을 잠시 다녀온 것 외에 조선을 떠난 적이 없다. 그는 '식민지의 덫'에 걸린 조선에서 조선인들과 20여 년을 동고동락한 선교사답게 남도의 고통을 정확하게 꿰뚫고 있었다.

"제가 사는 전라도는 조선의 곡창이고 흔히들 보고寶庫라고들 하지만 이것은 어디까지나 대지주들을 위한 화려한 미사여구에 지나지 않습니다. 일본인들의 소작떼기로 전락한 조선인, 전라남도 46만 가구, 220만 명 가운데 굶는 사람이 무려 88만 명입니다. 그리고 광주 인근 대도시에 걸인으로 전락한 사람의 수효가 자그마치 11만 명에 이릅니다. 그런 탓에 자신의 딸을 양민에게 씨받이나 첩으로 내어주거나 중국으로까지 팔아먹는 비정한 아버지도 생겨납니다."_1930년 8월 7일 편지

쉐핑은 눈에 보이는 고통의 크기는 물론이려니와 눈에 보이지 않는 고통의 본질도 예리하게 읽어냈다. 조선인들이 맞서 싸워야 할 대상은 비단 삶의 터전을 앗아간 일본의 간악함만이 아니었다. 생존본능만이 질기게 살아남아 사람의 길을 포기하게 만드는 인간성의 상실도 악귀처럼 따라붙어 마지막 목숨을 위협했다. 일제의 식민지 수탈은 물질적 결핍으로 생존에 허덕이게 만들고, 비열함이 꿈틀대는 야수본능을 밑바닥까지 드러내는 잔인함 그 자체였다. 사회적 안전망이 전무한 상황에서 벼랑 끝에 내몰린 민중들에게 생존은 그 자체로 전쟁이었다. 나부터 살고 보자는 생존논리가 이들의 삶을 지배해갔다. 이런 세계에서 가장 큰 희생자는 사회적 약자들, 특히 여성들이 될 수밖에 없었다.

방법은 여성 스스로 길을 찾고, 함께 할 수 있는 힘을 기르는 것 뿐이었다. 쉐핑은 뜨거운 열정의 소유자였지만, 매우 이성적이고 냉철한 판단을 하며 무엇보다 조직력에 뛰어난 인물이었다. 통찰력과 추진력도 남달랐다. 쉐핑은 교회를 여성 연대의 거점으로 삼고 "조선여성들 가운데 미래 지도자들을 키우는 일"에 자신의 역량을 집중했다. 조선여성 대부분이 교육의 기회가 주어지지 않아 문맹인데다 경제권이 없어 의존적이

---

43) 1917년부터 2년간 서울 세브란스병원에 파견되어 간호교사로 일했다.

고 여성의식조차 매우 낮았다.

3·1운동이 여성들의 연대를 만들어내는데 중요한 계기가 되었다. 당시 쉐핑은 서울 세브란스병원에서 일했다.[43] 최흥종을 비롯해 서대문감옥에 갇힌 조선인 동료들을 적극적으로 돕고 나서자, 일제는 쉐핑을 광주제중원으로 강제 전출시켰다. 쉐핑은 이를 기회 삼아 본격적으로 여성교육에 나섰다. 만세운동을 통해 교회여성들의 사회적 역할이 얼마나 중요한지 확인한 터였다. 먼저 여성리더십을 키우고 전도부인들을 양성할 요량으로 1922년 광주 양림동에 학교를 열었다. 부모의 반대나 가난에 막혀 보통학교에 갈 수 없는 여성들, 아들을 낳지 못해 소박을 맞았거나 남편의 사망으로 혼자 된 여성들이 학교를 찾았다. 이들은 성경뿐 아니라 사회를 계몽하고 여성들의 사회적 역할과 지위를 높일 수 있는 실용적인 기초지식들을 배웠다. 질병에 적극 대처할 수 있도록 위생교육이나 전염병예방, 간호법에 대한 기초 등 의학상식도 포함되었다. 무엇보다 쉐핑은 여성들에게 경제적 자립을 강조했다. 그 능력을 키워주기 위해 베 짜는 장비를 도입하고 양잠도 가르쳤다. 수예품을 미국 후원자들에게 수출하는 활로도 열었다. 이 학교는 1926년부터 이일학교로 이름을 바꾸어 수피아여학교와 함께 광주에서 여성지도력을 키우는 중요한 센터 역할을 했다.[44]

---

44) 이일학교는 미국인 후원자 로이스 니일(Lois Neel)의 이름을 딴 것이다. 후에 전주의 한예정성서신학원과 통합되어 한일장신대학교로 발전했다.

이일학교

 쉐핑이 지도자만 키운 것은 아니다. 이일학교 졸업생들을 골짜기 곳곳에, 크고 작은 섬에 파송하여 교회를 세우고 여성들을 모아 가르치도록 했다. 물론 학생들만 보내지 않았다. 그가 직접 나서서 조랑말을 타고 다니며 진흙탕이든 호랑이가 출몰하는 깊은 산이든 두려워하지 않고 여성들을 만났다. 가는 곳마다 여성조직도 만들었다. 조랑말에게 '스파르타'라는 이름을 붙여줄 정도로 그의 여행길은 험난했다. 조랑말이 고개를 넘다 지쳐 도망가기도 하고 짐승소리를 듣고 줄행랑을 치기도 했다. 그래도 쉐핑은 길을 멈추지 않았다.
 단순히 교세확장을 목적으로 한 조직은 아니었다. 교회 안의 남성들을 보조하기 위한 조직은 더더욱 아니었다. 예수의 제자들로서 여성 스스로 힘을 길러 어려운 이웃을 돕고 사회를 돌보기 위한 연대조직이었다. 1922년 쉐핑이 조직한 광주의 부인조력회는 전국 네트워크를 갖춘 장로교의 여전도회로 발전했다. 김필례와 그의 제자 조아라가 곁에서 힘써 도왔기에 가능했다. 김필례는 처음 교회가 세워졌던 황해도 솔래 출신으로 애니 엘러스가 세운 서울 정신여학교를 졸업하고 일본유학까지 마친 재원이었다. 최흥종의 동생 최영욱과 결혼한 이후 광주에서 YWCA를 창립하는 등 여성운동을 적극 벌여나갔다. 골짜기마다 세워진 교회의 주일학교는 남녀노소 할 것 없이 글을 배우고 생각을 깨치는 풀뿌리학교였다. 많은 이들이 성경을 읽으며 글을 깨쳤고 근대의식에 눈을 떴다.

남단의 추자도와 제주도는 쉐핑이 가장 애정을 가졌던 곳이다. 병이 악화되어 제대로 몸을 가누지 못하는 상황에서도 50시간이 넘게 작은 배를 타고 가 누워서 그곳 여성들을 가르쳤다. 고아로 버려진 순이를 뭍으로 데려와 키우기도 했다. 그 열정은 아무도 못말렸다. 특히 쉐핑은 제주도 해녀들을 무척 사랑했다. 육지의 여성들이 의존적이고 보수적인 반면, 제주도 여성들은 자립정신이 강하고 진취적이었다.

"비록 조선인들이 제주도민들을 경멸하고 천한 사람들로 여기지만, 그 언어와 관습은 금욕적인 조선인들조차 설레게 하고도 남는다. 부지런하고 정열적이고 정직하며 생활이 검소하고 절약하는 사람들이다. 이 섬은 거지가 없다. 여성들은 원할 때 쉽게 이혼할 수 있으며, 시장을 소유하고, 가족의 재정을 통제한다."_The Presbyterian Survey, 1933년 12월호

쉐핑은 항상 자신의 몸을 가장 낮은 곳에 두었다. 하지만 비전만큼은 국제사회를 겨냥할 정도로 큰 그림을 그렸다. 조선이 일제의 식민지로 전락해 국제적 위상을 인정받지 못하자, 1923년 조선간호부회를 조직하고, 조선을 국제간호협의회 회원국으로 가입시키려 여러모로 노력했다. 간호분야에서만이라도 조선을 세계무대에 당당히 세우고 싶었기 때문

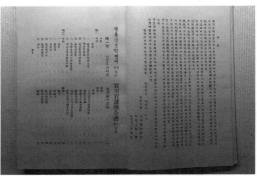

《실용간호학전서》(1930).
조선서양간호부회가 번역하고 쉐핑이 감수를 맡았다.

이다. 그는 언어에 다재다능했지만, 조선어 사용을 금지하는 정책에 맞서 조선간호부회 회칙에 "본회가 사용하는 언어는 조선어로 한다"고 밝히고 기관지를 조선어로 발행했다.

1931년 만주에서 중일전쟁이 일어났을 때는 조선간호부회 대표들을 파견해 만주 동포들을 돌보게 했다. 일본간호협회의 끈질긴 방해로 끝내 조선의 이름을 국제간호협회 회원국 리스트에 올리지는 못했지만, 국경을 넘어선 쉐핑의 활동은 나라 잃은 조선여성들에게 민족적 자부심을 키워주기에 충분했다. 국제적 시야를 갖게 하는데도 큰 힘이 되었다.

"Not Success, But Service"

조선이 빼앗긴 것은 자유만이 아니었다. 땅을 빼앗긴 사람들은 너른 들판을 두고도 처절한 굶주림에 시달리며 인간성의 상실과 싸워야 했다.

쉐핑은 고통이 있는 곳이면 어디든 찾아갔다. 진흙탕도 산골짜기도 마다치 않았다. 그리고 벼랑 끝에 선 조선민중들과 함께 '다른 길'을 열었다. 그는 고통과 시련에 용감했다. 힘든 시간들을 자포자기나 절망이 아닌 단단해지는 기회로 삼아야 한다고 여성들을 격려했다.

"아름다운 무지개가 서기 위해서는 비가 와야 하듯이 시련은 달게 받아야 합니다. 우리에게 유익을 주기 위한 과정이니 오히려 감사해야 합니다."

이러한 삶의 태도는 어린 시절부터 그가 몸으로 체득한 것이었다. 독일에서 태어난 쉐핑은 고아는 아니었지만, 부모의 부재 속에서 어린 시절을 보냈다. 1년 만에 아버지를 잃었고, 어머니마저 미국으로 떠나 할머니가 키웠다. 가난한 할머니와 사는 그를 누구도 친구로 받아주지 않아 늘 혼자였다. 그래도 할머니가 곁에 있어 외롭지 않았다. 10살도 되기 전 할머니가 사망하자, 그는 고아 아닌 고아가 되었다. 9살 소녀는 주소가 적힌 쪽지 하나 들고 얼굴도 잘 기억나지 않는 어머니를 찾아 홀로 대서양을 건넜다. 일찍이 간호사가 된 것도, 조선에 와서 버려진 고아들을 입양해 키운 것도 외롭게 자란 어린 시절을 기억했기 때문일 것이다. 그는 돌봄이 필요한 이들을 그냥 지나치지 못했다. 조선에 오기 전에도 쉐핑은 유대인 요양소, 이탈리아 이민자 수용소, 유대계 결핵환자 요양소에서 봉사하며 사회가 외면하거나 돌아보지 않는 이들을 돌보았다.

세상을 원망할 법도 했지만, 쉐핑은 외로움의 경험을 누군가를 돕는 에너지로 승화시켰다. 물론 저절로 이루어진 것은 아니다. 20살 무렵 뉴욕시립병원에서 간호사 훈련을 받을 때, 우연히 개신교 예배에 참석했다가 우울했던 자신의 과거와 화해하는 중요한 체험을 하게 되었다. 개신교로 개종하면서 가톨릭교도였던 어머니와 다시 절연하는 아픔을 겪었지만, 그는 자신의 선택을 포기하지 않았다. 조선선교사로 활동하던 중, 17년 만에 안식년 휴가를 얻어 어머니를 다시 찾았을 때도, 어머니는 초라한 행색이 부끄럽다며 그녀를 받아들이지 않았다. 어머니에게 세 번이나 버림받은 아픔은 그녀의 폐부를 찔렀지만 내색하지 않았고, 죽음을 앞두고서야 입양한 딸에게 처음 털어놓았다.

가진 것 없는 이들이 사람답게 생존할 수 있는 길은 타인의 희생을 대가로 연명하는 것이 아니라 고통의 짐을 나누어지고 끝까지 함께 가는 것이다. 이는 예수께서 삶으로 보여준 하늘의 가르침이었고, 쉐핑이 고달픈 삶을 살아오면서 직접 몸으로 체득한 지혜였다. 쉐핑은 이 가르침이 고통의 늪에 빠진 조선을 구해내리라 믿었다. 신이 자신을 조선으로 부른 것도 "기꺼이 조선의 짐을 덜어 주라"는 뜻으로 받아들였다. 삶을 던져 조선의 짐을 함께 나누려한 그의 행보는 생존논리에 내몰린 조선인들을 감동시키기에 충분했고, 새로운 삶으로 들어서게 만들었다.

쉐핑은 자신의 좌우명을 벽에 적어놓고 늘 마음을 새롭게 했다.

"Not Success, But Service, 성공이 아니라 봉사다."

예수의 청빈, 남도에서 새롭게 부활하다

만남은 서로를 성장시킨다. 쉐핑도 조선에서 베풀기만 한 것은 아니다. 조선에는 서구의 물질문명과 자본주의 욕망을 넘어설 수 있는 아름다운 청빈정신이 있었다. 물론 처음부터 그 가치를 알아본 것은 아니다. 1929년 안식년 휴가로 조선을 떠나 있는 동안, 쉐핑은 대공황의 혼란에 빠진 미국사회를 목도했다. 그 속에서 근대 서구문명의 본질과 한계가 무엇인지 확인할 수 있었다. 끝도 없는 발전과 성장을 꿈꾸게 하는 물질문명은 끝없는 욕망을 불러일으키고, 끝내는 인간을 탐욕의 노예로 만들었다.

쉐핑은 조선에서 선교사로 살아온 20여 년의 삶을 진지하게 되돌아보았다. 그리고는 첫 출발이 잘못되었음을 이내 깨달았다. 조선과 조선민중들을 가난하다는 이유로 변화와 구원의 대상으로만 인식한 것은 서구문명의 지배를 받은 자신의 오만이었다.

1930년 8월 7일 안식년 마지막 날에 쓴 편지에 담긴 그의 용기 있는 고백은 오늘날에도 큰 울림을 준다.

"조선에서 보낸 지난 17년 6개월을 돌이켜볼 때, 동양생활의 높은 이상과 방식들을 과소평가하는 큰 실수를 범했던 것 같다. 비기독교인인 조선인들의 생활상태가 얼마나 잘 사는가 비천한가와는 상관없이, 서구문명을 나름대로 이상화한 까닭에 과거에는 조선인들의 삶을 내 관점에서 바라보고 저평가한 게 사실이다. 하지만 사실 조선에는 서양인들이 지나치기 쉬운 아름다운 전통과 사랑, 문화적으로 탁월하거나 훌륭한 것들이 너무 많다."

가난이 반드시 무능함을 의미하는 것은 아니다. 어릴 때부터 청교도 후예로 자부하며 모험과 도전을 중요한 가치로 알고 자란 대부분의 미국선교사들은 가난을 무능함과 게으름의 결과로 이해했다. 안정된 삶을 마다하고 수많은 위험이 도사리는 가난한 나라를 용감하게 찾아 나선 것도 근대문명을 알지 못하는 무능하고 가엾은 이교도들을 잠에서 깨워 서구기독교가 이룬 문명한 세계로 인도해야 한다는 사명감 때문이었다.

쉐핑도 예외는 아니다. 하지만 조선에 와서 자신이 알고 있는 것이 다가 아님을 알게 되었다. 가난이 죄가 아니라 부유하게 사는 것이 죄가 됨을 깨달았다. 가장 먼저 변화가 필요한 사람은 생존을 위해 발버둥치는 가난한 조선민중이 아니었다. 인간의 탐욕을 문명이란 이름으로 포장하고 온갖 물질적 혜택을 혼자 누리며 살면서도 죄인 줄 모르는 서구세계였다.

> "나는 물질문명이 발달한 서양 태생이면서도 동양의 청빈사상을 더 좋아합니다. 예수님은 머리 둘 곳도, 두 벌 옷도 갖지 않으셨을 만큼 청빈하셨기 때문입니다. 내가 어느 나라보다도 조선에 온 것을 복으로 알고 기뻐하며 조선을 사랑한 까닭은 조선사람은 예수님처럼 청빈사상을 숭상하기 때문입니다."_평양조선간호부회 총회 설교, 1928년 5월 10일

남도의 가난한 들판은 쉐핑에게 더 이상 고통의 땅이 아니었다. 예수를 새롭게 만난 '거룩한 성지'였다. 남도에서 만난 예수는 오랫동안 서구기독교가 외면해온 예수요, 갈릴리 해변에서 가난한 민중들과 함께 울고 웃던 예수의 원래 모습 그대로였다. 예수는 갈릴리 민중들의 가난을 연민하지도 비난하지도 않았다. 오히려 부유한 자들에게 가난을 요청했다.

쉐핑에게 예수를 새롭게 만나게 해준 동양의 청빈사상은 무엇이었을까. 한양선비들이 시끄러운 세상을 멀리하고 조용히 책을 읽으며 독야청청 지켜온 '고결한' 청빈과는 분명 달랐다. 남도에서 만난 동양의 청빈사

상은 시끄러운 세상을 끌어안고, 양반들이 천하게 여기는 노동을 마다하지 않으며, 정직하게 땅을 일구고, 그 어떤 생명도 가벼이 여기지 않는 것이었다.

남도의 민중들은 청빈의 가치를 통해 평등세상을 꿈꾸기도 했다. 이는 조선역사에 중요한 의미를 남겼던 동학농민항쟁으로도 표출되었다. 조선관군과 일본군의 협공으로 잔인하게 진압되었지만, 그 정신만은 사라지지 않고 남도 민중들의 가슴과 삶 밑바닥에 흐르고 있었다.

쉐핑은 동지로 함께 했던 최흥종, 이현필, 강순명 등을 통해 '동양의 청빈사상' 즉 남도에 도도히 흐르는 생명사상을 제대로 만날 수 있었다. 이들은 남도가 지켜온 동양의 청빈사상과 성서의 '예수정신'이 하나로 만나는 그 지점에서 광주 YMCA를 조직하고, 사회운동의 새로운 장을 열었다. 시대의 사상가요, 영성가였던 다석多夕 유영모와 그의 제자 함석헌도 이현필, 최흥종과 깊이 교류했다. 동양철학에 흐르는 청빈사상과 예수정신은 전혀 다르지 않았다. 서구신학의 한계를 느끼고 고향 진도로 내려온 감리교 신학자 정경옥도 1930년대 중반 이현필의 스승인 이세종을 만난 후 '토착화 신학(土着化神學, 한국적 신학)'이라는 새로운 기독교 담론을 시작했다.

남도에 흐르는 동양의 청빈정신에는 서구기독교가 욕망해온 '땅에 대한 정복'이 없다. 오히려 '땅에 대한 사랑'을 가르쳤다. 세브란스 의전을 졸업하고 광주로 내려와 쉐핑과 함께 일했던 고든 에비슨Gordon W. Avision도 최흥종과 더불어 YMCA운동을 하면서 그 영향을 강하게 받았다. 그는 의사이면서 농업전문가로서 다양한 농업기술을 남도 농민들에게 보급하며 자립공동체를 이루도록 힘을 보탰는데, 늘 세 가지 사랑을 강조

했다.[45]

"하나님을 사랑하라. 땅을 사랑하라. 서로 사랑하라."(경천敬天 존지尊地 애인
愛人)

쉐핑이 교회여성운동의 하나로써 장로교 전체로 확산시켰던 '성미誠
米'도 동학운동에서 이어져 온 남도의 전통이었다. 경제력을 갖지 못한
여성들이 밥을 지을 때마다 한 수저씩 양식을 모아 이웃을 돌보는 구휼
미로 나누는 모습을 보고 영감을 얻었다.

이들에게 청빈은 양식의 나눔이었다.

거리의 성녀, 민중들의 가슴에 묻히다

1934년 여름 쉐핑은 자신의 시신을 의학연구용으로 기증하고 안식에
들었다. 병명을 알지 못했기에 다시는 조선에서 자신과 같은 질병으로
죽는 이가 없기를 바라는 마음이었다. 시신훼손을 상상조차 할 수 없었
던 조선인들에게는 놀라움 그 자체였다. 직접적인 사인은 영양실조였다.
그리고 그의 마지막 부탁은 광주천 빈민들을 돌보아달라는 것이었다. 그
의 사망소식이 전해지자, 광주천 걸인들과 한센환자들이 가장 슬퍼하며
울음을 참지 못했다. 민족운동가들은 물론이요 불교도였던 일본관리들
까지 예를 갖추었다. 광주시민들은 그를 떠나보내는 것이 못내 아쉬웠던
지 모든 시민사회단체들이 모여 범시민추도식을 가졌다.

---

45) 고종의 어의로 세브란스 의전을 설립한 의료선교사 에비슨(Olive R. Avison)의 아들이다.

쉐핑과 함께 했던 조선의 동지들은 해방 후에도 '거리의 성자'로 살며, 그의 삶이 결코 헛된 것이 아니었음을 증명해 보였다. 1948년 여순 학살, 1950년 6·25전쟁이 연이어 터지며 거리를 헤매는 고아와 걸인들이 갑자기 늘어나자, YMCA에서 함께 했던 동지들은 무등산 산자락에 공동체를 이루고 이들과 함께 노동하며 청빈의 삶을 실천했다. 이들이 세운 귀일원과 동광원은 어려운 이웃을 돌보고 예수의 청빈을 실천하는 자생적 수도공동체로 각각 발전했다. 동광원은 지금도 그의 제자들이 뜻을 이어가고 있다.[46] 김필례와 조아라도 YWCA를 중심으로 여성사회운동을 지속해 나갔다. 특히 조아라는 전쟁미망인이나 고아들, 그리고 소외계층의 여성들이 자립적 기반을 마련할 수 있도록 다양한 생활공간과 배움공간을 마련했다.[47]

사막 길을 걸으면서도 마치 꽃길을 걷듯이 기꺼이 자신이 선택한 길을 큰 걸음으로 걸었던 엘리자베스 쉐핑. 그는 남도의 깊은 고통 속에서 참 사람됨의 길을 발견했고, 그 길이 곧 예수 그리스도가 걸었던 길, 아니 여전히 걷고 있는 길이라고 믿었다. 그래서 그는 가장 행복한 사람이었다.

사람은 사람답게 살 때 가장 행복하다. 정직한 노동을 하고 가치 있는 일에 땀을 흘리는 사람이 가장 행복하게 사는 사람이다. 사람답게 살 수 없게 만드는 환경에서 혼자만 행복하다면, 그것은 철저한 자기기만이거

---

46) 귀일원은 "하나님께 돌아가 하나 되어 사는 공동체"라는 뜻으로 이현필이 이름을 지었다. 그는 YMCA에서 시작된 동광원도 귀일원이라고 불렀다.

47) 도립모자원, 성빈여사, 계명여사, 호남여숙, 청소년야학, 별빛학원을 세웠다.

나 지독한 이기주의에 불과하다. 세상을 바꾸는 힘은 타인 위에 군림하거나 타인에게 일방적 희생을 강요하는 위세가 아니라 타인의 고통을 함께 나누어지는 용기일 것이다. 희망은 절망 속에서 더 크게 자라고, 행복은 불행을 나누어질 때 더 커지며, 세상은 땀 흘린 만큼 바뀐다.

조선에서 태어난 서양소년,
해주에서 결핵 치료의 길을 열다

셔우드 홀
(Sherwood Hall, 1893~1991)

가난과 억압만 사람을 불행으로 이끄는 것은 아니다. 때로는 깊숙이 파고드는 보이지 않는 질병이 그리고 그 질병보다 더 무서운 질병에 대한 편견이 사람을 더 큰 절망과 고통으로 몰아넣는다. 아니 평범한 사람을 잔인한 괴물로 만들기도 한다. 셔우드 홀은 기억에도 없는 아버지의 죽음과 준비도 없이 이별했던 어린 동생의 죽음, 그리고 그를 의사의 길로 들어서게 했던 박에스더의 죽음을 경험했다. 어린 시절부터 병원 뜰에서 뛰놀며 컸던 그에게 죽음은 그리 멀리 있지 않았다. 그래서였을까. 그는 누구보다 잘 알고 있었다. 죽음을 가벼이 알면 삶이 무너진다는 것을.

Sherwood Hall

시대는 옳고 그름으로 사람을 선택하지 않는다. 시대가 필요로 하는 사람이 새로운 역사를 열어갈 뿐이다. 1928년 10월 27일 조선에서 처음으로 결핵환자를 위한 요양원이 해주에 세워졌다. 결핵전문의 닥터 셔우드 홀이 결핵을 '부끄러운 병'으로 여기며 숨기거나 피하기에만 급급했던 조선사람들을 끈질기게 설득하고 노력한 덕분이었다. 그때의 절박함은 그의 자서전《조선회상》에 그대로 묻어난다.

"그 당시 결핵은 어떠한 방해도 받지 않고 전국으로 퍼져나가고 있었다. 다른 나라에서는 20명에 한 사람꼴인 이 병이 이 나라에서는 5명 가운데 한 사람의 비율로 희생자가 생겼다."

일제의 식민통치가 날이 갈수록 더해가는 상황에서 눈에 보이지 않는 또 하나의 적이 조선을 갉아먹고 있었다. 결핵균이었다. 조선이 근대사회로 접어들고 새로운 교통수단이 생겨나면서, 결핵균은 시골에서 큰 도시로 그리고 다시 시골로 빠르게 전염되었다. 비위생적인 환경에서 제대로 먹지 못하고 온종일 노동에 시달려야 했던 도시의 공장노동자들이 가장 좋은 감염대상자들이었다. 일단 병균이 침투하면 그 가족들은 병을 피할 수 있는 희망이 거의 없었다. 서민들이 사는 주택들은 굴 속 같이 막혀 있는 구조여서 햇볕이 들어올 틈이 없었다. 이 때문에 병균은 도시 농촌 할 것 없이 농민, 노동자, 지식인, 남녀노소 가리지 않고 퍼져나갔다. 하지만 조선은 무서운 속도로 희생자를 내는 결핵균에 속수무책이었다.

셔우드 홀은 조선 전체가 민족독립이라는 문제에 열중한 나머지, 정작 민족의 생명을 매일매일 갉아먹는 질병들에 대해서는 아무런 대책을 세우지 못하고 있는 것이 너무도 안타까웠다. 근대의학을 공부한 조선의 첫 의사 박에스더도 결핵으로 목숨을 잃었다. 친 이모와도 같았던 그녀의 죽음은 셔우드 홀에게 큰 아픔을 남겼다. 17살 소년은 이 사건을 계기로 결핵을 퇴치하는 의사가 되기로 결심했다.

"에스더의 죽음은 나에게 큰 충격이었다. 가장 황금기의 인생을 맞고 있었던 에스더를 이 세상에서 앗아갔고, 수많은 조선인의 목숨을 앗아간 병. 나는 반드시 폐결핵 전문의사가 되어 조선에 돌아와 결핵요양원을 세우겠다고 굳게 맹세했다."

셔우드 홀은 어린 시절 스스로 한 약속을 지켰고, 1940년 일제에 의해 강제 추방될 때까지 결핵균의 조용한 침투로부터 조선을 구하기 위해 무지와 싸우며 고군분투했다.

조선에서 보낸 어린 시절

청일전쟁이 일어나기 한 해 전인 1893년, 셔우드 홀은 서울에서 선교사의 아들로 태어났다. 부부의사였던 로제타와 윌리엄 홀이 그의 부모다. 셔우드 홀은 어린 시절 대부분을 평양에서 보냈다. 아버지가 평양선교의 문을 열었던 덕분에 그는 태어난 지 6개월 만에 어머니의 품에 안겨 평양을 처음 방문한 첫 서양아기가 되었다. 하지만 한 달 만에 평양은 일본과 중국에 짓밟혀 순식간에 전쟁터로 변했다. 그리고 6개월 후 셔우드 홀은 아버지를 잃었다. 갓 돌이 된 아들을 두고 윌리엄 홀은 청일전쟁으로 폐허가 된 평양으로 들어갔고, 결국 환자들을 치료하다 말라리아와 발진티푸스에 걸려 희생되었다.

셔우드 홀은 기억에도 없는 그의 아버지를 쏙 빼닮았다. 외모만이 아니라 삶에서도 그는 아버지 윌리엄 홀의 성품과 정신을 고스란히 물려받았다. 인도선교사로 활동한 닥터 스톤은 결혼 전 뉴욕빈민가에서 젊은 의사로 일했던 윌리엄 홀의 모습을 이렇게 회상했다.

> "닥터 홀은 자기의 주인, 예수가 행한 것처럼 날마다 고통 받는 사람들의 아픔을 낫게 해주고, 걱정을 덜어 주고, 눈물을 닦아 주고, 밝고 더 나은 생활로 인도하는데 몰두했다. 그는 철학적, 신학적인 이론을 캐는 데 시간을 낭비하기보다는 상냥함과 사랑을 나눠주는 행동의 사람이었다. 사람들이 질문하는 동안 그는 일했다."_《조선회상》, 47쪽

셔우드 홀은 평양에서 하나밖에 없는 어여쁜 여동생과도 이별했다. 아

버지가 사망할 때, 어머니 로제타는 출산을 앞두고 있었다. 동생은 1895년 1월 어머니의 고향인 미국 리버티에서 태어났다. 어머니는 조선에서 아버지를 잃었음에도 조선을 잊지 못했다. 조선을 떠난 지 4년 째 되던 해인 1898년 봄, 셔우드 홀은 어머니 손을 잡고 동생과 함께 서울을 거쳐 다시 평양으로 돌아왔다. 하지만 동생은 조선의 기후와 물에 적응하기 힘들었던지 한 달도 못되어 이질에 걸리고 말았다. 함께 꽃밭을 뛰놀던 시간을 뒤로 하고 이제 겨우 만 3살이 된 동생이 그의 곁을 떠나자, 동생이 좋아했던 하얀 토끼풀꽃을 마지막 선물로 손에 쥐여 주며 준비되지 않은 이별을 했다. 싸늘히 식어버린 동생의 이마를 짚어본 순간을 셔우드 홀은 평생 잊지 못했다.

한복을 입고 조선으로 돌아온 남매 셔우드와 이디스(1897)

그는 조선이 무방비상태로 근대문명을 받아들이는 과정에서 겪었던 비극적인 사건들도 선명히 기억했다. 동생이 떠난 지 1년 후인 1899년, 어머니를 따라 아버지와 동생의 무덤이 있는 서울 양화진을 방문했다. 그해는 서울에 전차가 처음 들어온 해였다. 어린 셔우드는 신기한 장난 감을 본 듯 전차를 타며 신나게 놀았다. 하지만 괴이하게 생긴 물건을 처음 본 조선인들은 어이없는 사고로 목숨을 잃기도 했다. 안개가 짙게 내린 어느 여름날, 한밤 더위를 피해 길에 나와 철로를 목침 삼아 잠을 자던 사람들이 달려오는 새벽전차에 목숨을 잃었다. 안개가 걷히자 참혹한 광경이 그대로 드러났다. 분노한 사람들은 차장을 공격하며 전차를 전복시키고 불태웠다. 사람들은 "외국마귀들의 발명품"이라고 전차를 저주하며 가까이 가는 것을 두려워했다.

물론 그에게 아픈 기억만 있었던 것은 아니다. 조선에서 보냈던 즐거운 유년 시절은 그의 일생에서 가장 행복했던 순간들이었다. 셔우드 홀은 어린 시절을 조선의 아이들과 함께 뛰놀면서 보냈다. 조선의 아이들이 할머니 할아버지에게서 듣는 옛날이야기도 함께 들었다. 한겨울 손을 호호 불며 하던 연싸움, 눈사람 만들기, 팽이 놀이, 널뛰기도 빼놓을 수 없는 기억이었다.

"누구나 아주 어렸을 때의 일을 기억하기는 그리 쉬운 일이 아니다. 그러나 나는 조선으로 돌아왔던 그해(1897년)의 겨울을 마치 어제 일처럼 생생하게 기억하고 있다."

셔우드는 조선음식도 좋아했다. 시간이 지나도 좀처럼 적응하지 못했던 어머니와 달리, 그는 가족으로 함께 지냈던 박에스더나 노수잔이 만들어주는 음식이 제일 맛있었다. 어머니는 지방여행 때도 요리사가 꼭 동행했지만, 셔우드는 그럴 필요가 없었다. 이런 시간들이 하나하나 쌓이며 셔우드 홀은 어느새 조선인의 영혼을 갖게 되었다.

"어둡고 길 모르니 나를 도와주소서." 어린 시절 셔우드 홀이 쓴 한글

책임의식과 자립심을 키워준 어머니

셔우드 홀이 기억하는 어머니는 강인한 여성이었다. 남편과 딸을 잃고
도 조선으로 다시 돌아와 아픈 이들이 있는 곳이면 어디든 찾아갔다. 교
육에서는 누구보다 엄격했다. 합리적 성품과 교육에 대한 높은 식견은
아들 셔우드 홀의 양육에서도 유감없이 발휘되었다. 셔우드에게 가장 강
하게 심어준 것은 책임감이었다. 1900년 1월 동생 이디스를 기념하며

어린이병동을 서양식 건물로 세우면서, 어머니는 면역력이 약한 어린이들에게 깨끗한 물을 먹이기 위해 평양에서 처음으로 물탱크를 만들었다. 그리고는 물탱크의 관리를 7살인 셔우드에게 맡겼다. 비가 올 때마다 양철지붕에 파이프를 타고 내려오는 첫물은 밖으로 내보내고, 깨끗해진 물부터 물탱크로 들어가도록 수로의 잠금장치를 조절하는 일이었다. 셔우드는 그 일을 훌륭하게 해냈다. 자신이 하는 일이 얼마나 중요한지 잘 이해하고 있었기 때문이다.

1906년 여성병원과 어린이병동이 화재로 전소되자, 어머니 로제타는 상하수도와 온수난방 시설까지 갖춘 현대식 건물을 계획했다. 그리고 아들 셔우드에게 감독직을 맡겼다. 그의 나이 겨우 13살이었다. 셔우드는 그때의 막막함을 "장님이 장님을 인도하는 격"이었다고 회상했다. 그는 어머니를 실망시키지 않았다. 2년 후 조선인 목수들과 함께 벽돌과 화강암으로 튼튼한 건물을 완성하여 모두를 놀라게 했다. 벽돌건물이라고는 구경도 해본 적 없는 소년이 지었다고는 도저히 믿어지지 않는 작품이었다. 어린 눈에도 무모해 보였던 어머니의 도전정신 덕분에 셔우드는 "경험보다 더 좋은 교육은 없다"는 것을 일찍부터 몸으로 체득했다.

어머니 로제타는 경제적 자립능력도 중요하게 생각했다. 셔우드가 15살이 되자, 아버지가 남겨준 생명보험금의 일부를 건네며 수익사업을 하게 했다. 셔우드는 병원건물을 지은 경험을 살려 건축을 시작했다. 선교사 두 가족이 평양으로 파견될 것이라는 소식을 듣고 한 건물에 두 가족이 함께 살 수 있는 연립주택을 짓기로 계획했다. 선교활동도 돕고 수익도 내자는 심산이었다. 그의 예상대로 이 사업은 일거양득이 되어 후에 대학등록금을 보태는 데 큰 도움이 되었다.

어머니의 교육방식은 그야말로 "물고기를 잡아주기보다는 물고기 잡는 법을 가르치는 교육"이었다. 셔우드가 17살에 미국으로 건너가 홀로 서기를 하며 의학공부를 마칠 수 있었던 것은 어머니가 일찍부터 길러 준 남다른 책임의식과 경제적 자립능력, 그리고 새로운 도전을 피하지 않는 용기가 바탕이 되었다.

13살 셔우드 홀이 공사 감독을 맡은 평양여성병원(1908 완공)

결핵전문의가 되어 조선으로 돌아오다

1911년 셔우드 홀은 매사추세츠주에 있는 마운트 헐몬 학교Mount Hermon School에 입학했다. 이 학교는 창립자 무디D. L. Moody가 학생자원운동Student Volunteer Movement을 처음 일으킨 곳이었다.[37] 아버지 윌리엄 홀도 여기에서 영향을 받아 의료선교사가 되었다. 윌리엄 홀 부부는 셔우드를 낳기 전부터 아들을 낳으면 이곳에서 공부시키자고 약속했었다. 그러나 조선에서 자유롭게 자란 셔우드에게는 미국생활이 낯설기만 했다. 문화도 사고방식도 너무 달라 조선이 늘 그리웠다.

"아마도 나는 다른 선교사의 자녀들보다 더 철저히 조선식으로 자란 모양이었다. 처음 얼마 동안은 이곳 학교생활에 적응하기가 어려웠다. 간섭이 별로 없는 조선의 생활을 얼마나 그리워했는지 모른다. 조선인들의 생활 철학은 서두르지 않는 태평함에 있다. 이상하게도 그것이 내 성격에도 맞는 것 같았다. 조선사람들은 '또 내일이 있다'고 생각하는데 서양사람들은 마치 '내일은 오지 않는 것'같이 일한다. 항상 눈을 시계에서 떼지 않아야 하는 이런 생활방식은 내게 여간 큰 어려움이 아니었다."

_《조선회상》, 253쪽

조선의 산과 들을 자유로이 뛰어다니며 자란 셔우드 홀에게 정해진 시간과 규칙을 따라야 하는 미국의 도시생활은 답답하기 그지없었다. 하지만 "조선과 미국이라는 서로 다른 두 문화권을 연결하는 데 필요한 지

---

37) 학생자원운동은 19세기 말 서구의 젊은 지성들을 사로잡았던 모더니즘의 등장에 미국 개신교가 위기감을 느끼고 해외선교운동으로 맞선 보수적 성격의 종교운동이었다. 대학 캠퍼스를 중심으로 퍼져나간 이 운동은 급부상한 신흥중산층의 젊은 지성들이 국내 주류로 자리 잡은 전통 귀족층과 경쟁하기보다는 해외로 눈을 돌려 새로운 삶을 개척하게 한 종교적 동기와 계기가 되었다. 이러한 배경으로 "영적 제국주의"라는 비판도 받는다. 하지만 다른 한편으로는 서구 중심적 세계관에 갇힌 젊은 기독교 지성들이 비서구권 세계의 다양한 문화와 종교를 직접 경험하면서 기독교의 자기 변화를 견인하기도 했다. 무엇보다 비교종교학이라는 새로운 학문 분야를 탄생시키고 동양종교에 대한 학문적 관심을 증폭시키는 결과를 가져왔다. 유대영, 《미국종교사》(청년사, 2007), 357-363.

식을 쌓는 과정"이라 여기며 인내했다. 그리고는 조선을 위해 자신이 할 수 있는 일을 찾았다. 가는 곳마다 기회가 될 때마다 조선의 역사와 문화, 풍속과 민담들을 풀어놓으며 동방의 작은 나라를 알렸다.

그의 아내가 된 메리안 버텀리Marian Bottomley도 그 과정에서 만났다. 캐나다를 거쳐 미국에서 교사생활을 하던 메리안은 셔우드 홀과 인생을 함께하기로 하고 필라델피아 여자의과대학에 입학하여 외과의사가 되었다. 셔우드 홀은 아버지의 고향인 캐나다로 가 토론토 의과대학에서 결핵전문의가 되었다.

15년 후인 1926년, 셔우드 홀은 학업을 마치고 아내 메리안과 함께 조선으로 돌아왔다. 그토록 그리던 조선이 새 아침의 여명과 함께 눈에 다시 들어오자 그의 가슴은 뛰기 시작했다. 수면에 반사된 분홍빛 산벚나무의 꽃 그림자들이 바다 위의 황금색 햇빛이 만든 넓은 길과 섞여 절묘한 아름다움을 이루고 있었다. 그는 넋을 잃고 황홀한 광경에 빠져들었다.

그날의 벅찬 감동을 그는 이렇게 회상했다.

"조선! 솟아오르는 아침햇살을 받으며 먼 시야에 들어오는 당당한 조선 땅의 해안선을 바라보았다. 나는 가끔 전쟁에 시달린 이 땅이 어째서 '조용한 아침의 나라'라고 불리는지 궁금했었다. 동트는 순간, 갑판 위에 서 있었던 나는 그 이유를 이해할 수 있었다."

해주 결핵요양원 병원 본관

"공포를 버리고 희망의 옷을 입어요"

셔우드 홀 부부가 임명받은 곳은 해주구세병원海州救世病院이었다.[38] 해주는 그림처럼 선이 고운 기와집들과 초가집들로 이루어진 도시로 상당히 높은 산기슭에 자리 잡고 있었다. 언덕 위에 올라서면 해주항의 전경이 한눈에 들어왔다. 조선인에게 꼭 필요하고 소년 시절부터 키워온 꿈인 결핵요양소를 세우기에 안성맞춤이었다. 푸른 소나무가 병풍처럼 둘러있고 금빛 바다가 내려다보이는 조용한 언덕 위에 세워진 결핵요양원! 상상만으로도 셔우드 홀은 가슴이 뛰었다.

---

38) 평북 영변에서 의료선교사로 활동한 닥터 노튼(A. H. Norton)이 해주에 부임하여 진료소로 시작한 병원이다. 처음엔 조선식 가옥에서 진료하다가 1913년 서양식 건물을 짓고 수술실과 입원실을 마련하여 병원의 체계를 갖추었다.

하지만 처음 길을 내는 일은 쉽지 않았다. 질병치료에 앞서 조선인들 사이에 깊이 자리 잡은 결핵에 대한 공포와 무지, 미신, 편견, 혐오와 먼저 씨름해야 했다. 사람들은 결핵을 수치스럽게 여겨 목숨을 잃는 것보다 이웃에게 알려지는 것을 더 두려워했다. 셔우드 홀이 치료한 첫 결핵 환자는 감리교에서 운영하는 학교의 교사 아들이었다.

부인을 결핵으로 잃은 그 교사는 셔우드에게 말했다.

"남쪽 사람들이 문둥병을 큰 수치로 생각하는 것처럼, 우리 북쪽 사람들은 폐병에 걸린 것을 말할 수 없는 수치로 알고 있습니다. 그래서 집안에 누가 폐병에 걸렸어도 밖에 나와 말할 수 없답니다."

병은 숨기면 숨길수록 깊어지는 법이다. 그러다 보니 제때에 치료를 받지 못해 희생되는 경우가 적지 않았다. 위생관리에 대한 무지가 가족 전체에 치명적인 영향을 미치기도 했다. 침을 뱉으면 가족에게 전염될까 두려워 가래를 그냥 삼켜 장결핵으로 발전하기도 했다. 불치병으로 여겨 자살하는 환자도 많았다. 셔우드 홀은 요양원 건립에 서둘러 착수했다. 먼저 요양소 대지를 구입하기 위해 설립허가를 받아야 했다. 해주시장은 일언지하에 거절했다.

"우리 도시에 결핵 환자들이 우글거리게 할 수는 없소. 그 병원을 지으면 조선 천지에서 폐병을 다루는 유일한 곳이 될 테니 그 병에 걸린 환자들은 모두가 해주로 몰려올 것이 아니오. 그러면 우리 시의 평판이 어떻게 되겠소?"

사람들은 결핵균이 자신들에게 해를 끼칠 것이라는 두려움과 공포로 결핵환자들을 꺼리고 심지어는 혐오했다.

셔우드 홀은 조선인들이 학교를 높이 평가한다는 것을 생각해내고는

'결핵요양원' 대신에 '결핵환자 위생학교'로 이름을 바꾸었다. 실제로 결핵환자들에게는 치료뿐만 아니라 전염방지를 위한 교육이 꼭 필요했다. 해주시장은 완강했다. 셔우드 홀은 친분이 있었던 도경찰국장 사사키에게 도움을 요청했고, 아이러니하게도 일본인인 그의 주선으로 해주에 정착한 지 2년 만에 더 좋은 위치에 요양원을 세울 수 있게 되었다. 셔우드 홀은 이곳을 찾는 환자들이 고통과 절망에서 벗어나 건강과 희망을 되찾는 날들을 상상하며 요양원 입구에 새길 문구도 미리 생각해 두었다.

"공포를 버리세요. 희망의 옷을 입으세요. 이곳에 들어오는 사람들은 누구나!"

온전한 회복을 위한 마을공동체를 세우다

결핵치료에 대한 셔우드 홀의 열정과 노력은 수많은 좌절 속에서도 사그라질 줄 몰랐다. 다른 질병과 달리, 결핵은 치료 그 자체보다 관리가 더 어려운 병이었다. 완치를 위해서는 생활환경을 바꾸어야 했다. 힘든 노동을 피해야 하고, 충분한 영양과 휴식이 공급되어야 하며, 청결한 공기와 햇빛이 잘 드는 공간에서 생활해야 했다. 이는 가족의 이해와 주변의 협조가 절대적으로 필요한 일이었다.

하지만 현실은 늘 반대로 흘러갔다. 치료에 어렵게 성공하고도 섣불리 가족 품으로 돌아갔다가 병이 재발하여 갑작스레 목숨을 잃는 사례들이 계속 반복되었다. 이러한 비극적인 상황은 지방신문에까지 기사화되었다. 심각한 상태로 병원에 온 서울의 배재고보 학생은 교장인 헨리 아펜젤러H. D. Appenzeller가 입원시킨 학생이었다. 그러나 집중적인 치료로 몸에 차도가 보이자, 치료가 끝나기도 전 집으로 돌아가 버렸다. 가족들은 그를 반가워하지 않았다. 오히려 그의 병을 의심하고 두려워하여 햇빛도 들지 않는 축축한 광에 가두었다. "외국악마들이 경영하는 곳에 있어 아이 몸에 악귀가 들었다"며 무당을 불러 악귀를 내쫓고 침을 놓아야 한다고 강요하기도 했다. 고된 노동도 상황을 악화시켰다. 결국 그는 재입원을 기다리던 중 사망하고 말았다.

셔우드 홀은 모든 치료를 원점으로 되돌리는 악순환의 반복을 끊어낼 방안을 계획했다. 바로 넓은 부지를 마련하여 건강한 몸으로 일상에 복귀하도록 돕는 시범마을을 세우는 것이었다. 몸에 무리가 가지 않는 가벼운 노동으로 생활력을 키울 수 있는 농장과 과수원을 마련하고, 환자들에게 꼭 필요한 우유를 얻을 수 있는 젖소목장도 만들었다. 고단백 식품인 달걀과 좋은 육질의 고기를 얻기 위해 양계도 했다. 환자가족들의 지속적인 만남과 교육을 위해 마을회관을 짓고, 공중위생센터를 운영하고, 환자들의 휴식을 돕는 정원도 마련했다. 마을 한가운데에는 아름다운 예배당을 지었다. 예배당은 어머니 로제타의 헌신을 기려 로제타기념예배당으로 이름을 지었다.

질병의 사후관리와 재발방지를 위한 시범마을이 들어서자, 사람들의 태도도 조금씩 달라지기 시작했다. 기부자들도 생겨났다. 첫 기부자는 셔우드 홀에게 치료를 받은 여성이었다. 그는 넓은 부지를 마련하기 위해 애쓰는 셔우드 홀에게 땅 주인이 비싼 값으로 땅을 내놓자, 동포들을 위해 일하는 요양원을 상대로 돈을 벌려 한다고 비난하면서 그 차액을 본인이 모두 부담했다. 전혀 예상치 못한 도움에 셔우드 홀은 다시 한 번

힘을 낼 수 있었다.

해주에 세워진 결핵요양원과 마을

"중국인, 일본인, 미국인, 영국인들은 이미 이 요양원에 많은 것을 기부했다. 그러나 정작 실제적인 혜택을 받고 있는 조선 사람은 지금껏 거의 아무런 희사도 없었다. 이제 조선 사람이 기부를 했으니 여러 의미에서 매우 보람 있는 일이다."_《조선회상》, 477쪽

조선이 처음인 아내 메리안은 대단한 인내심의 소유자였다. 짐도 풀기 전 난산으로 위험에 빠진 산모를 구하기 위해 청진기를 들고 뛰었다. 그 이름 모를 여인은 메리안의 도움으로 건강한 사내아이를 무사히 출산했다. 소문은 마을에서 마을로 금방 퍼져나갔다. 조선여인들은 새로 온 외국인 여의사가 사내아이를 낳게 하는 묘한 재주가 있다며, 밤낮없이 그녀를 불러댔다. 조선에서는 아들을 낳아야만 여인으로서 인정받을 수 있었기에 아들을 낳는 일은 조선여성들에겐 최고의 미션이었다. 언어, 문화, 기후, 음식 모든 것이 낯선 메리안은 새로운 환경에 적응할 틈도 없이 밀려드는 환자들로 밤에 잠조차 제대로 잘 수 없었다. 서양의술을 처

음 접한 조선여성들은 과학적 의술조차 신통력 있는 주술로 이해했다.

메리안과 셔우드 홀이 가장 힘들었던 것은 병 자체보다 병에 대한 두려움과 무지였다. 아픈 사람이 생기면 가족들은 악귀를 몸에서 내쫓는다며 환자의 몸을 소독도 안 한 바늘로 함부로 찔러 상처를 내거나 신체의 특수한 부위를 불에 달군 쇠붙이로 지진 다음 무당집으로 데려가는 것이었다. 그 상처들이 점점 악화되어 더 이상 손을 쓸 수 없을 즈음, 마지막으로 물에 빠진 사람 지푸라기라도 잡는 심정으로 병원에 데려왔다. 치료할 수 없는 지경에 온 환자들이 비참하게 죽어가는 모습을 지켜보는 것은 말할 수 없는 고통이었다. 두 부부는 밤마다 악몽을 꾸었다.

'크리스마스 실' 운동을 시작하다

1930년 여름, 셔우드 홀 부부는 안식년 휴가를 받아 미국을 방문했다. 셔우드 홀은 해주결핵요양원을 계속 유지하기 위한 경비를 마련하는 것이 급선무였다. 마침 미국에서는 전국결핵협회에서 '크리스마스 실 Christmas Seal 운동'을 진행하고 있었다. 이 운동은 덴마크의 어느 소박하고 평범한 우체국 직원이 집 가까이에 있는 작은 결핵요양원의 경제적 어려움을 덜어주고자 생각해낸 아이디어였다. 우표라는 것은 부자나 가난한 자를 막론하고 다 사는 것이며, 그 값은 싸지만 많은 수를 모으면 상당히 큰 금액이 된다는 경험에 착안한 것이었다. 우표와 함께 붙이는 실은 값이 싸기 때문에 남녀노소 누구나 결핵을 퇴치하는 운동에 참여할 수 있는 새로운 방식의 운동이 되기도 했다. 미국에서도 처음 소개되었던 1907년부터 1930년까지 6,100만 달러 이상이 모금되었다.

셔우드 홀은 해주로 돌아오자마자, '크리스마스 실 운동'을 전개해나
갔다. 사람들은 "서구에서나 가능한 일이지 가진 것 없는 나라에서는 절
대 가능성이 없다"고 잘라 말하기도 했다. 하지만 셔우드 홀은 도전해보
기로 했다. 실의 첫 도안으로 세계 최초로 철갑을 입힌 군함을 만들어 왜
적을 크게 물리친 이순신 장군과 거북선을 생각해냈다. 이는 자신뿐 아
니라 조선인 모두가 가장 자랑스럽게 여기는 역사로 이 도안이 인쇄되
어 나오면 분명 모두에게 용기를 줄 터였다. 하지만 일본이 가장 싫어하
는 것이기도 했다. 일본정부의 허가를 받기 어려웠다. 결국 조선의 역사
적 상징인 남대문으로 도안을 바꾸어 1932년 12월 3일 첫 크리스마스
실을 발행했다.

첫 크리스마스 실(1932)

결핵의 침입으로부터 조선을 지켜내는 일은 그에게 거부할 수 없는

사명이었다. 의사가 되어 돌아왔을 때, 아버지 같았던 아서 노블W, Arthur Noble은 그에게 한 가지를 당부했다.

"진실하고 정직한 선교사가 되는 길은 항상 최선을 다하는 태도라야 한다. 선교사역이란 전적으로 하나님을 위한 일이며 다른 사람들에게 봉사하는 것이다. 개인의 야심이나 이득을 위한 일이 아니다."

셔우드 홀은 그의 당부를 한시도 잊지 않았다. 1940년 가을이 저물어 가는 11월, 조선과도 이별해야 할 마지막 순간이 왔다. 일제의 강제추방은 그에게도 큰 아픔이었다. 배에 오르기 전, 부산의 한 공원을 찾아 이별식을 준비했다. 이곳은 1926년 메리안과 함께 돌아왔을 때 조선인 친구들과 지인들이 환영잔치를 열어주었던 곳이었다. 그는 품속 깊이 감추어둔 태극기를 꺼내 나뭇가지에 걸었다. 아름답게 수놓아진 태극기는 조선 동료들이 준 선물이었다. 셔우드는 가족과 함께 둘러서서 그가 태어난 땅 조선이 영원하기를 빌며 마지막 인사를 나누었다. 조선에서 나고 자란 세 아이들에게도 기약 없는 슬픈 이별이었다.

"조선 만세."

조선과 이별한 셔우드 홀은 어머니의 조국인 미국으로도 아버지의 조국인 캐나다로도 가지 않았다. 조선만큼이나 절박하게 도움의 손길을 기다리는 인도로 가 은퇴할 때까지 결핵퇴치에 힘을 보탰다. 그리고 44년 만인 1984년에야 대한결핵협회 초청으로 아내와 함께 한국 땅을 다시 밟을 수 있었다. 그의 나이 91세였다. 평생을 청빈하게 살아온 노부부에겐 변변한 옷 한 벌 남아있지 않았지만, 고향 하늘을 다시 볼 수 있다는 설렘과 기쁨에 세상을 다 가진 얼굴이었다.

그렇다. 조선에서 가장 필요했던 것은 두려움의 실체를 벗겨내고 희망의 새 옷을 짓는 일이었다. 기회는 기다리면 언젠가 오는 '우연'이 아니다. 누군가의 보이지 않는 선택이 만들어내는 '필연'이다. 그래서 때로 그 필연은 우연처럼 다가오기도 한다. 아픈 것만으로도 죄가 되는 질병으로부터 조선인들을 구하기 위해 모두가 도망치는 결핵균을 붙들고 평생을 씨름했던 셔우드 홀의 선택과 노력이 그렇다. 조선 땅에서 나고 자란 셔우드 홀이 의사가 되어 죽음이 도처에 깔린 조선으로 다시 돌아온 것은 단순히 결핵을 정복하기 위한 의사의 단순한 야망이 아니었다. 아프다는 이유만으로 살아있는 생명을 죽음보다 더한 절망의 나락으로 밀어버리는 인간의 무지와 나약함, 이기적인 욕망을 끊어내고 그 자리에 희망을 심고 싶었기 때문이다.

가난과 억압만 사람을 불행으로 이끄는 것은 아니다. 때로는 깊숙이 파고드는 보이지 않는 질병이 그리고 그 질병보다 더 무서운 질병에 대한 편견이 사람을 더 큰 절망과 고통으로 몰아넣는다. 아니 평범한 사람을 잔인한 괴물로 만들기도 한다. 셔우드 홀은 기억에도 없는 아버지의 죽음과 준비도 없이 이별했던 어린 동생의 죽음, 그리고 그를 의사의 길로 들어서게 했던 박에스더의 죽음을 경험했다. 어린 시절부터 병원 뜰에서 뛰놀며 컸던 그에게 죽음은 그리 멀리 있지 않았다. 그래서였을까. 그는 누구보다 잘 알고 있었다. 죽음을 가벼이 알면 삶이 무너진다는 것을.

제3부

대중매체:
역사적 주체로
자기정체성을
세우다

'아름다운 아침의 나라'(朝鮮) 짓밟은 제국의 야만을 고발하다

호머 헐버트
(Homer B. Hulbert, 1863~1949)

조선은 결코 약한 민족이 아니었다. 그가 조선을 도운 이유는 오히려 민족의 강인함 때문이었다. 그 어떤 야만에도 굴하지 않고 끝까지 저항해온 역사, 어느 민족 어느 나라도 흉내 낼 수 없는 독창적인 자신들만의 문화를 가꿔온 생명력 강한 민족이었다. 헐버트가 세상에 알렸던 조선의 역사와 노래는 그 나라를 깊이 이해하지 못하면 읽어내기 어려운 가치들이었다. 문명국가는 힘으로 만들어지지 않는다. 그는 인류사의 아름다운 가치들을 품어온 조선의 주권을 지키는데 자신의 운명을 걸었던 삶을 후회하지 않았다.

Homer B. Hulbert

"고종 황제는 일본에 항복한 일이 결코 없다. 굴종하여 신성한 국체를 더럽힌 일도 없다. 휜 적은 있으나 끝내 굴복하지 않았다. 그는 고립무원의 군주였다. 한민족 모두에게 고한다. 황제가 보이신 불멸의 충의를 간직하라."

조선 말기의 어느 충신이 남긴 말이 아니다. 1942년 미국 워싱턴에서 3·1 만세운동을 기념하여 열린 한인자유대회에서 헐버트 Homer B. Hulbert 가 한국인들에게 당부한 말이다

조선이 근대사회로 나아가는 길목에서 헐버트를 만난 것은 최고의 행운이었다. 일제강점기를 거쳐 어렵게 해방정국에 도달하기까지 반세기가 넘는 고난의 시간을 헐버트가 함께했다. 낯선 이방인으로 찾아와 최악의 위기에 빠진 나라의 숨겨진 가치를 알아보고, 그 가치를 지키는데 인생을 바쳤던 인물은 세계사에서 유례를 찾기 어렵다. 고립된 국제환경 속에서 탐욕스러운 이웃 나라들의 먹잇감으로 전락해버린 조선에 헐버트는 그야말로 신이 내린 최고의 선물이었다. 팔다리가 묶인 조선정부를

대신하여 폭력으로 나라를 빼앗은 일본의 야만을 국제사회에 폭로하는데 거침이 없었다. 자국을 포함한 강대국들의 패권주의가 국제질서를 혼란케 한 문명의 기만을 고발하고 정의에 대한 신념을 단 한 순간도 포기하지 않았다. 무엇보다 그는 한국인들 스스로가 역사의 주체로 설 수 있도록 숨은 노력을 아끼지 않았다.

그럼에도 불구하고 오늘날 그를 기억하는 사람은 그리 많지 않다. 힘의 논리에 짓눌려 모든 나라가 침묵할 때 조선을 끝까지 대변한 진정한 친구로서 뿐 아니라, 인종과 국가의 벽을 넘어선 세계시민으로서 참된 인류애가 무엇인지 보여준 헐버트의 휴머니즘은 오늘날도 여전히 유효하다.

조선과 맺은 첫 인연

1886년 7월 4일, 미국의 독립기념일에 헐버트는 23세의 청년으로 조선을 처음 찾았다. 길모어G. W. Gilmore 부부, 벙커와 함께였다. 가을에 개교하게 될 육영공원Royal English College의 교사로 조선정부의 초빙을 받고 왔다. 2년 전, 다트머스대학을 졸업하고 뉴욕에서 형이 다니는 유니언신학대학에 입학하려고 준비하던 가을이었다. 아버지가 찾아와 극동에 있는 '조선'이라는 나라에서 교사가 필요하다는데 관심이 있는지 물었다. 조선정부로부터 교사파견을 요청받은 미 정부는 교육위원장에게 맡겼고, 그는 대학 동창인 헐버트의 아버지에게 연락하여 두 아들에게 먼저 의사를 타진했다. 헐버트의 집안은 교육명문가였다. 어머니는 다트머스대학 창립자의 증손녀였고, 아버지는 미들베리대학 총장을 지낸 회중교회

목사였다. 그의 부모는 "승리보다 인격이 중요하다"는 가르침을 가훈으로 삼을 만큼 분명한 교육철학을 가지고 있었다.

헐버트는 망설임 없이 그 자리에서 조선행을 허락했다. 대부분 조선이라는 나라가 존재하는지조차 모르고 있었지만, 헐버트는 한반도의 위치까지 정확하게 알고 있었다. 학창시절 세계지리를 좋아했고 세계지도를 즐겨 그렸던 덕분이다.

"취미로 그려본 세계지도 속의 한반도 'Korea'에서 나를 찾는다는 소식이 들려오다니 그저 경이로울 뿐이었다."

1년 전 대학캠퍼스에서 우연히 본 조선인들도 떠올랐다. 차양이 둥그런 기이한 모자를 쓰고 흰 망토처럼 생긴 옷을 입고 있었다. 아마도 그가 보았던 조선인들은 1883년 9월 미국을 방문했던 견미사절단이었을 것이다. 육영공원 설립은 견미사절단이 미국에서 돌아와 야심차게 추진한 근대화 프로젝트 중 하나였다. 갑신정변으로 계획이 조금 지체되었지만, 그 바람에 헐버트는 신학수업과 함께 틈틈이 조선과 동아시아에 대해 미리 공부할 수 있었다.

"조선에 대해 공부하던 그 시점부터 유구한 역사와 자랑스러운 문화를 가진 조선과 1,600만 조선인은 나의 인생을 사로잡는 대상이었다."

'한글'을 국제사회에 처음 소개하다

조선에서 발견한 첫 보석은 '한글'이었다. 헐버트는 언어에 매우 섬세한 감각을 지닌 인물이었다. 조선정부는 교육방식을 완전히 미국식으로 해달라고 요청했지만, 헐버트는 학생들을 잘 가르치기 위해 자신이 먼저 한글을 배워야 한다고 생각했다. 언어에 관심이 컸던 만큼 어학선생을 구하는데도 꽤 까다로운 모습을 보였다. 그 까다로움이 "평생 빚을 다 갚을 수 없는" 은사를 찾아주었다.

헐버트는 배우는 데도 대충이 없었다. 여러 사람을 거쳐 만난 은사는 영어를 할 줄 몰랐지만, 가장 소중한 가치인 한글의 우수성에 눈 뜨게 해 주었다. 발음기호가 없고 자음과 모음의 조합이 과학적이고 간편해 쓰기와 말하기가 세계 어느 언어보다 쉬웠다. 헐버트는 4일 만에 글을 뗐다. 모음과 자음을 조선의 문살문에서 모두 읽어낼 수 있다니 입이 다물어지지 않았다.

이 낯선 외국인은 한글에 담긴 세종대왕의 민본사상에까지 다다랐다. 《세종실록世宗實錄》을 읽지 않고는 알 수 없는 세종대왕의 근검정신, 백성을 생각하는 마음, 법치에 크게 감동했다. "어려운 한자를 쓰는 백성을 위해 한글을 독창적으로 창제했음은 인류사에 빛나는 업적"이라며 조선인들도 다 알아보지 못한 세종대왕의 위대성을 단번에 알아보았다. 조선이 겪는 극심한 혼란을 눈앞에서 목도하고도 "조선왕조의 초기정신은 중국 것의 모방이 아닌 독창성"이라고 읽어낼 만큼 역사를 보는 통찰력도 남달랐다. 그러나 정작 조선인들은 세계 최고의 언어를 가졌음에도 자부심은커녕 한글을 천한 글이라 여겨 '언문諺文'이라 부르며 관심도 두지 않았다.

헐버트는 한글의 우수성을 세계에 알리기로 했다. 1892년부터 1906년까지 영문저널과 세계학술지에 기고한 글만 수십 편이다. 물론 철저히 학문적 접근을 통해 한글의 우수성을 증명해내는 방식이었다. 한글의 가치를 증명하기 위해 그가 비교해본 문자만 200개가 넘었다. 그가 내린 결론은 "문자의 단순성과 소리를 표현하는 힘의 일관성에서 한글보다 더 나은 문자는 이 세상 어디에도 없다"는 것과 "현존하는 문자 가운데 가장 훌륭한 문자"라는 것이었다.[47] 1903년 미국 정부와 의회에 보내는 연례보고서에 실린 논문에서는 "대중적 의사소통의 매체로써 한글이 영어보다 우수하다. 훈민정음의 글들은 음성학의 법칙을 거의 완벽할 정도로 정확하게 따르고 있다"는 평가를 내렸다.[48]

첫 한글 교과서 《사민필지》의 탄생

한글에 푹 빠진 헐버트는 조선에 온 지 3년 만인 1889년 직접 한글로 교재를 만들었다. 첫 한글 교과서는 《사민필지士民必知》다. "선비와 백성 모두가 반드시 알아야 할 지식(士民必知, Knowledge Necessary for All)"이라는 뜻이다. 제목대로 양반집 자제들인 육영공원 학생들 뿐 아니라 일반백성들까지 염두에 두고 쓴 책이다.

헐버트는 책 한 권에도 조선의 필요와 요구를 정확하게 담아냈다. 세계지리와 우주계, 각 대륙과 나라, 각국의 정부형태, 풍습, 사업, 교육, 심지어는 군사력까지 근대의 기초지식을 총망라했다. 중국고전에 갇혀 있었던 조선인들이 고립된 환경을 벗어나 국제사회로 나가는데 '가장 필

---

47) *Hulbert's Manuscripts*, 163.
48) 이 논문은 〈코리아 리뷰 Korea Review〉 1902년 10월호에 먼저 발표되었다.

요한 책'이었다. 오늘날 쓰고 있는 국명이나 지명의 한글표기도 이 책에서 시작되었다. 1909년 개정판을 거치며 '옝길리'는 영국英國, '미리견합줍국米利堅合衆國'은 미국美國으로 정착했다. 미국의 한자 표기가 '쌀 미米'자에서 '아름다울 미美'자로 바뀐 것도 이때다.

헐버트는 한글의 민족적 가치뿐 아니라 현대적 가치까지 꿰뚫어 보았다.

"중국글인 한문으로는 모든 사람이 빨리 알지 못하고 널리 볼 수 없으며, 조선 언문은 본국 글일 뿐더러 알기 쉬우니 슬프다! 조선 언문이 중국글자에 비해 크게 요긴하건만 사람들이 요긴한 줄도 모르고 오히려 업신여기니 어찌 안타깝지 아니하리오."

《사민필지》(겉표지, 1909)

어려운 한문과 달리 한글은 말과 글이 하나인 음성언어이기에 일반대중들도 쉽게 배울 수 있었다. 한마디로 한글은 소수의 지배계층에게 제한되었던 지식독점의 시대를 마감하고 일반대중들도 근대지식과 사상에 쉽게 접근할 수 있는 새로운 시대를 열어줄 열쇠였다. 헐버트는 조선인 스스로 외면해온 한글의 가치를 제대로 낚아 올린 셈이다. 《사민필지》는 1909년 일본이 국민의 사상교육에 지나치게 자극적이라는 이유로 출판과 판매를 모두 금지할 만큼 조선민족의 의식확장에 새로운 장을 열었다.

가만히 있는 '조용한' 나라?

"자기 나라 역사를 알지 못하는 자는 금수와 다름없으며, 외국과의 경쟁에 참여할 수도 없고, 설령 참여해도 패배할 수밖에 없다."

헐버트의 말이다. 그가 조선에서 발견한 또 하나의 보석은 오랜 세월 가꿔온 축적된 역사였다. 그는 역사를 모든 학문의 기초로 보았다. 헐버트는 서구학자들이 베일에 가려진 조선을 상상에 가까운 글로 무책임하게 왜곡시키는 것을 참을 수 없었다. 특히 찬란한 문화와 역사를 일궈온 역동적인 조선이 끊임없이 변화하는 세계와 단절된 채 쥐 죽은 듯이 조용히 지내는 '은둔의 나라'로 소개되는 것에 분노했다. 진보와 발전이 최우선의 가치로 떠오른 시대에 "가만히 있다"는 말은 정체와 무능, 어리석음을 의미했다. 더 이상 변화를 추구하지 않는 '은둔의 나라'로 조선의 이미지를 처음 고착시킨 이는 윌리엄 그리피스다. 1882년 그가 펴낸 《은둔의 나라 한국 _Corea, Hermit Nation_》은 당시 서구에서 가장 널리 알려진 조선역사책이었다.

헐버트는 조선에 와 보지도 않은 저자가 일본 측의 자료에만 의존해 쓴 책을 신뢰할 수 없다고 신랄하게 비판했다. 조선 측 자료가 완전히 배제된 역사에 "진정한 조선과 조선사람의 모습"이 담길 리 없다는 것이 이유였다. 그리피스는 1902년 〈뉴잉글랜드 매거진 New England Magazine〉에 "Korea, the Pigmy Empire"(난쟁이 제국 한국)라는 글을 기고했다. 미국에서 'Pigmy'는 작고 지능이 낮다는 뜻으로 아프리카의 왜소한 흑인들을 비하하여 부르는 표현이었다. 헐버트는 자신이 발간하던 영문월간저널 〈코리아 리뷰 Korea Review〉에 즉각 반박하는 글을 실었다.

견미사절단 안내를 맡았던 로웰Percival Lowell이 1885년에 펴낸《조용한 아침의 나라 조선 *Choson, the Land of the Morning Calm*》도 나을 것이 없었다.[49] 로웰은 아예 나라 이름을 제멋대로 해석해 소개했다. '조선朝鮮'은 '조용한 아침'이 아니라 '아름다운 아침'이라는 뜻이다. '선'자는 '고요할 선禪'이 아니라 '고울 선鮮'자다. '곱다', '아름답다', '빛을 발하다'는 의미다. 한마디로 '서광이 비치는 아름다운 나라'가 '언제나 가만히 있는 조용한 나라'로 그 의미가 완전히 바뀐 것이다. 오랫동안 조선정복을 꿈꿔온 일본의 시각과 장난질이 그대로 담겨 사실인 냥 국제사회에 유통되었다. 그리피스의 책이 영향을 주었을 것이라는 것은 말할 필요도 없다.

로웰이 쓴《조용한 아침의 나라 조선 *Chosen, the Land of the Morning Calm*》, (1885)

49] 로웰을 견미사절단의 안내자로 고용한 것은 조선정부가 아니었다. 1876년 강화도조약을 계기로 조선외교에 개입하기 시작한 일본대사관이 일본에 머물고 있던 그를 '비서 겸 고문'(Foreign secretary and counselor)으로 채용하여 조선사절단에 딸려 보낸 것으로 알려지고 있다. 로웰은 훗날 천체물리학자로 명성을 얻었다.

헐버트는 1896년 5월 〈코리안 리포지토리 The Korean Repository〉에 기고문을 실어 "굳이 영어로 번역한다면 'Morning Radiance'나 'Radiant Morning'으로 표기해야 한다"고 조선의 이름을 바로 잡았다. 당시 외국인들은 물론이요, 내한한 선교사들도 모두 조선을 '조용한 아침의 나라'로 알고 있었다. 지금도 조선을 '아름다운 아침의 나라'가 아닌 '조용한 아침의 나라'로 알고 있다면, 이는 부끄러운 일이다.

'아름다운 아침의 나라' 조선의 역사를 쓰다

국제사회에서 나라 이름이 왜곡되고 공공연히 조롱당해도 조선은 이에 대응할 준비가 되어 있지 않았다. 헐버트는 조선의 문화와 역사를 가르칠 한글교과서 시리즈를 계획했다. 1906년부터 2년간 15권의 교과서가 나올 수 있었던 것은 전적으로 헐버트의 열정과 노력 덕분이었다.

헐버트는 1907년 〈뉴욕헤럴드 New York Herald〉와의 인터뷰에서 "교과서 시리즈를 갖추는데 15,000달러를 썼다"고 밝혔다. 가장 정성을 쏟은 것은 역사교과서다. 헐버트는 제자 오성근과 함께 《대한역사 大韓歷史》를 집필했다. 역사는 쉽게 가르치고 쉽게 배울 수 있어야 한다는 생각으로 만들었다. 조선대중들의 애국정신을 높이고 자주독립의 의지를 일깨우는 것이 목적이었다. 상하권으로 기획되었지만, 헐버트가 고종의 특사로 헤이그에 갔다가 돌아오지 못하면서 미완성 작품으로 남은 듯하다. 단군시대부터 고려말까지 다룬 상권은 1908년 오성근이 출판했는데, 하권은 지금까지 발견되지 않았다.

일제는 1909년 《대한역사》도 불온서적으로 낙인찍어 사용을 금지했다.

헐버트는 친구에게 이렇게 써 보냈다.

"일본경찰이 영장도 없이 출판사에 급습하여 《대한역사》책 전체를 몰수하여 불태워버렸다. 미국정부를 통해 이의 시정을 요구했지만 아무 효과가 없었다."

일찍부터 헐버트는 국제사회가 조선의 역사와 문화를 제대로 알아야 한다고 생각했다. 서구학자들이 조선을 왜곡하고 조롱하는 글들을 학문이라는 옷을 입혀 국제사회에 유통시키는 것을 마냥 두고 볼 수 없었다. 무분별하게 생산되는 글들이 일본의 조선침략을 정당화하고 국제여론을 왜곡시켰다.

헐버트는 15년 동안 꼼꼼히 추적한 자료들을 바탕으로 1901년부터 영문저널 〈코리아 리뷰 Korea Review〉에 조선의 역사를 연재하기 시작했다. 4년간 연재한 내용은 1905년 《한국사 The History of Korea》로 발행되었다. 근대의 역사서술 방식으로 체계 있게 풀어낸 첫 영문역사서다. 단군시대부터 조선의 고종까지 고대, 중세, 근대로 구분하여 두 권에 나누어 담았다. 〈동사찬요東史纂要〉, 〈동사강목東史綱目〉, 〈동국통감東國通鑑〉 등 고대자료는 물론이고, 중국자료인 〈문헌통고文獻通考〉까지 참고했다. 연구범위가 고종을 포함하고 조선왕조에 대한 첫 평가가 될 것이기에 사료를 공개한다는 것은 매우 민감한 사안이었다. 당대의 사료는 누구도 볼 수 없게 되어 있었지만, 고종은 주변의 반대를 물리치고 헐버트가 조선시대의 사료를 볼 수 있도록 특별히 윤허했다.

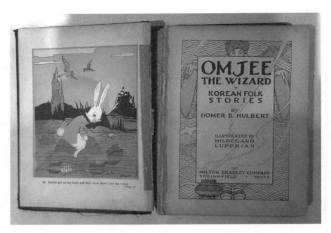

헐버트가 쓴 《마법사 엄지》

　25년간 조선왕조를 연구한 한 학자도 이름을 밝히지 않고 숨은 조력
자로 헐버트를 도왔다. 도성에서 가장 완벽한 자료를 보유한 사료관에
접근할 수 있었던 것도 훌륭한 역사학자를 만난 덕분이었다. 이 과정에
서 조선민족의 문화적 독창성과 면면히 이어온 자주독립 정신을 다시
한 번 확인할 수 있었다. 헐버트는 명성황후 시해사건을 기록하면서 '히
로시마법정 판결문' 등 조선인들이 쉽게 접근하기 어려운 자료들도 함
께 실었다. 주목을 끄는 것은 대마도가 본래 신라의 속지였다고 밝혀 둔
점이다.

　이 책은 1962년 《헐버트 한국사 Hulbert's History of Korea》라는 제목으로
미국에서 재출간되었다. 조선의 운명처럼 일제강점기를 거치며 사람들
의 뇌리에서 서서히 잊혀진 책의 진가를 웜스C. N. Weems 교수가 재발견한
덕분이었다. 웜스도 선교사인 아버지를 따라 어린 시절을 조선에서 보낸
기억이 있었다.

고종황제와 한민족에게 바치는 헌사

헐버트가 쓴 또 하나의 역사책으로 《대한제국 멸망사 *The Passing of Korea*》가 있다. 1906년 영국 런던에서 발행한 이 책은 그의 말대로 "고종황제와 한민족에게" 바치는 헌사였다. 《한국사》가 기록을 바탕으로 학문적 접근을 한 역사서라면, 《대한제국 멸망사》는 조선이 나라를 빼앗기는 고통스러운 현실에 놓였다는 것을 종합적으로 알린 책이다. 서문에서 그는 "이 책은 악의에 찬 외세에 의해 시달림만 받을 뿐 옳은 평가를 받아본 적 없는, 심한 역경에 빠져 있는 한 국가와 민족에 대해 독자들의 관심을 불러일으키기 위해 쓰인 사랑의 열매"라고 밝혔다.

그의 바람대로 《대한제국 멸망사》는 한민족의 문제를 국제문제로 부각시키고 이슈화시키는데 큰 도움을 주었다. 헐버트는 한민족이 다른 나라의 보호나 지배를 받아야 할 만큼 열등한 존재가 아니라는 점을 강조했다.

"한민족은 중국인들처럼 상술에 능하지도 못하며, 일본인들처럼 무사적인 기질을 가진 민족도 아니다. 기질 면에서 보면 중국인이나 일본인보다 오히려 앵글로 색슨 민족에 가까우며, 극동에 사는 민족 중에서 가장 우호적인 민족이다."

언뜻 서구중심적이고 인종차별적 발언으로 들리지만, 당시 서구의 정서를 정확하게 읽고 쓴 표현이다. 모든 인종과 문화를 우열의 개념으로 줄 세우기에 바빴던 당시 서구인들, 특히 국제사회를 주도한 영미계는 앵글로 색슨 족을 가장 우월한 유전자를 가진 인종으로 믿어 의심치 않았다. 이런 서구적 정서에서 한민족의 뛰어남을 어필하는데 "앵글로 색슨에 비견되는 가장 우호적인 민족"이라는 표현만큼 영리한 레토릭 rhetoric, 수사법은 없었다. 헐버트는 역사가 증명하듯이 "조선은 개성이 뚜렷하고, 독창적인 언어를 가졌으며, 주변국과 구별되는 온전히 독립된 민족"으로써 일본의 보호 아래 있어야 할 하등의 이유가 없음을 차분히 설득해나갔다.

헐버트는 조선이 최악의 상태에 있다는 것도 인정했다. 하지만 그 원인이 열등한 민족성에 있지 않다고 밝혔다. 관료사회의 부패와 타락, 특히 "관료들의 정의감 결핍"이나 "진실성의 상실"이 위기를 초래했다고 강하게 비판했다. 동시에 조선정부가 무력화된 것은 일본의 극악무도한 야만과 이를 묵인한 미국의 태도에 근본적인 원인이 있다며 두 나라를 정조준했다. 특히 자신의 조국인 미국이 조선과 맺은 조약을 지키지 않고 을사늑약이 맺어지는 과정에서 비열한 태도를 보였다고 맹비난했다. "조선에 어려움이 닥치니 미국이 제일 먼저 조선을 저버렸다. 그것도 가장 모욕적인 방법으로, 인사도 없이." 서구국가들 중 가장 먼저 조선과 통상조약을 맺었던 미국정부는 을사늑약 직전 비밀리에 일본의 조선침략을 묵인한다는 밀약을 맺었다. 그리고 을사늑약 직후 가장 먼저 미공사관을 조선에서 철수시켰다. 헐버트는 이에 대한 분노를 숨기지 않고 일갈했다.

"조선의 충신들이 나라를 잃은 분노로 자결을 하는 마당에 미국공사는 정의를 짓밟은 자들과 샴페인 잔을 높이 쳐들고 있었다."

세계열강들의 부도덕한 패권주의에 분노하면서도 헐버트는 한민족에 대한 애정을 숨기지 않았다. "이 책이 나오기까지 위로는 비단옷을 입은 양반으로부터 아래로는 감옥에서 족쇄를 찬 죄수, 암자에 입산한 사람, 배를 타고 바다로 나가는 사람에 이르기까지 사회 각계각층의 친절한 조선인들로부터 많은 도움을 받았다"고 감사인사를 전했다. 그가 만난 조선은 분명 신분제사회였지만, 잃어버린 주권을 되찾으려는 열정과 노력에는 곤룡포를 입은 왕이나 흰옷을 입은 백성이나 큰 차이가 없었다.

헐버트가 미국에 발이 묶여 있는 동안, 일본정부는 조선의 언어뿐 아니라 역사의 기록과 기억을 지우는 프로젝트를 가동시켰다. 친일사학자들을 모아 조선사편수회를 구성하고 조직적으로 식민사학을 조작해냈다. 헐버트가 앞을 내다본 듯하다.

민중의 노래 아리랑, 악보가 되어 날다

역사를 유서 깊은 서고書庫에서만 만날 수 있는 것은 아니다. 헐버트는 글을 모르는 민중들의 한숨 섞인 가락과 설움이 녹아 있는 노랫가락에서, 머리 하얀 할머니가 손주들에게 들려주는 옛이야기 속에서 짙게 배인 조선역사의 혼을 느꼈다. 1896년 헐버트는 소리로 전해지는 조선의 민요 아리랑을 처음으로 악보에 옮겨 〈코리안 리포지토리 The Korean Repository〉에 소개했다. 이것이 세계에 알려진 최초의 아리랑 악보다. 학창시절부터 음악을 좋아 했고 어떤 음악이든 한 번 들으면 "오리가 물에

---

50) 헐버트 부부는 음악에 조예가 깊었다. 조선에 오기 전 헐버트는 교회 성가대를 이끌었고, 그의 부인은 오르간 반주를 했다. 조선에 온 후로도 사범대학 출신이었던 그의 부인은 이화학당에서 음악을 가르쳤다.

서 헤엄치듯" 그 노래를 소화했던 헐버트의 재능 덕분이었다.[50]

시조 〈청산아〉와 경기도 민요 〈군밤타령〉도 음계를 붙여 함께 소개했다. 상류층 양반들이 부르는 것은 시조, 아리랑은 민중의 노래, 군밤타령은 중간층 사람들이 부르는 노래라고 친절한 설명도 덧붙였다. 헐버트는 "조선인에게 아리랑은 쌀과 같은 것"이라며, "조선의 귀로 듣기 전까지는 조선음악에 대해 함부로 말하지 말라"고 조언했다.

그는 조선 가락의 아름다움을 일찍이 알아챘다.

"조선의 노래는 박자가 맞지 않는다고 하는 이들이 있는데, 이는 셰익스피어의 시가 운율이 맞지 않는다고 혹평하는 것과 마찬가지다."

조선의 5음계 가락이 8음계의 음악만을 접해온 서구인들의 귀에는 노래로 들리지 않았던 모양이다. 조선에서 피아노를 치며 노래를 가르쳤던 선교사부인 매티 노블M. W. Noble도 처음에는 조선에 노래가 없는 줄 알았다고 고백한 적이 있다.

헐버트는 지역마다 버전이 다르게 구전되는 노랫말의 뿌리를 알아내려고 여러 사람을 찾아다녔다. '아리랑 아라리오'는 러시아란 뜻의 '아라사'에서 온 말이라는 사람도 있었고, '나의 사랑하는 낭군'이라는 뜻의 한자어 '아애랑我愛郎'에서 나왔다는 사람도 있었다. 헐버트는 노랫말의 뿌리만이 아니라 노랫말에 담긴 조선민중들의 '한恨'도 읽어냈다. 그가 채보한 아리랑은 〈문경새재 아리랑〉이었다. 경복궁 중건에 문경의 박달나무가 많이 공출되자, 부역에 끌려온 민중들이 그 상실감과 저항감을 서로 달래며 함께 부른 노래다.

헐버트는 외국인이었지만 구성진 가락에 삶을 담아낼 줄 알았던 조선의 음악적 가치를 누구보다 잘 이해했고 높이 평가했다.

헐버트가 국제사회에 소개한 첫 아리랑 악보(코리안 리포지토리 The Korean Repository 1896년 2월호)

"조선인은 즉흥곡의 명수다. 부르는 이들마다 노래가 다르다. 조선인이 노래하면 바이런이나 워즈워스 같은 시인이 된다."

민담도 헐버트의 귀를 피해 가지 못했다. 조선은 이야기로 가득한 보물창고였다. 아이들의 귀를 번쩍 뜨이게 할 만큼 흥미롭고 사람들을 무한한 상상의 세계로 빠져들게 할 만큼 신기한 이야기들이 무궁무진했다. 일일이 기록으로 남기지 못하는 것이 안타까울 정도였다. 헐버트는 1907년 헤이그 특사 사건으로 조선에 돌아가기 어렵게 되자, 모아두었던 조선의 민담들을 소재로 책을 펴냈다.

1927년 미국에서 발행된 《마법사 엄지 Omjee the Wizard》는 미국 어린이들에게 동방의 신비한 나라 조선의 이야기를 들려주고 싶어 쓴 책이다. 어린이들에 대한 애정이 잘 묻어난다. 서울에서 살 때도 그의 집 마당은 늘 꼬마손님들로 북적거렸다. 그는 아이들을 좋아해 재미있는 동화를 자주 들려주곤 했다. 1926년 펴낸 《안개 속의 얼굴 *The Face in the Mist*》은 제주도를 무대로 한 모험소설이다. 제주도의 정확한 지형과 직접 가보지 않고는 그려낼 수 없는 풍경들을 실감나게 담아냈다.

헐버트의 관심은 온통 조선뿐이었다. 기회가 없으면 만들어서라도 장르를 넘나들며 사람들의 기억 속에서 사라져가는 조선의 이야기를 계속했다. 역사는 기억으로 의미를 얻는다는 것을 그는 잘 알고 있었다. 앞서 1922년에는 한글성서번역에 참여했던 게일이 조선의 대표적인 민중소설 《구운몽九雲夢》을 영어로 번역하여 영국에서 발행했는데, 이는 국제사회에 소개된 첫 한국문학이었다.

'참 선교'는 고통 받는 이들을 돕는 것

헐버트가 선교사 자격을 얻어 다시 조선 땅을 밟은 것은 1893년이다. 계약종료로 육영공원 교사를 그만둔 뒤 조선에 다시 오기 위해 장로교 선교사로 지원했다. 본래 청교도 신앙전통에서 자랐을 뿐더러 언더우드와 친밀하게 지냈던 것도 영향을 주었을 것이다. 하지만 장로교 선교부는 "자유주의 신앙"을 가졌다는 이유로 그를 받아들이지 않았다. 대신에 조선을 떠날 때부터 그의 귀환을 추진했던 아펜젤러를 비롯한 감리교 선교사들이 손을 잡아주었다. 헐버트의 두 번째 조선 행은 미국의 버나드대학 총장 자리를 마다하고 온 선택이었다.

조선을 구원하겠다고 제 발로 찾아든 선교사들은 조선의 위기에 대부분 고개를 돌렸다. 곁눈질도 해서는 안 되는 교회 밖의 일이거나 정치인들에게 맡겨두어야 하는 정치문제로 치부했다. 오로지 선교에 불똥이 튀지 않을까 그 여파에만 관심을 두었다. 선교사들 사이에서는 일본을 자극하지 말자는 일종의 암묵적인 합의까지 있었다. 그러나 헐버트는 달랐다.

"어떻게 위기에 처한 조선인들을 수수방관하는 것이 참 선교라 할 수 있는가?"

선교사들의 이율배반적인 태도를 도저히 용납할 수 없었다. "진실한 애국심과 참된 신앙은 결코 떨어져 있지 않다"며 선교사들의 타협논리를 받아들이지 않았다. 그에게 참 선교는 "고통 받는 조선인들을 돕는 것"이었다.

청일전쟁과 일본정부의 기획 살인인 명성황후 시해사건은 헐버트를 '탐구자의 자리'에서 벗어나 '조선 구하기'에 직접 뛰어들게 했다. 상상을 넘어서는 일본의 야만을 도저히 묵과할 수 없었다. 감리교가 운영한 삼문출판사와 배재학당이 일본의 야만을 국제사회에 고발하고 조선인들의 국권회복운동을 돕는 발판이 되었다. 1895년 10월 8일 왕비가 잔인하게 시해되자, 삼문출판사에서 발행한 영문월간지를 통해 일본의 칼잡이들이 궁을 침입한 사건의 전말, 수많은 의문점들, 누구도 처벌하지 않는 일본법정의 야만적 행태까지 상세하게 폭로했다. 국제사회가 약속이라도 한 듯 침묵하자, "조선에서 손 떼라고 일본에게 요구하지 못하는 것은 서양문명의 한계이며 우울한 역사"라고 꼬집었다.

국권회복을 위해 독립협회운동을 주도한 서재필, 이승만, 주시경 등은 모두 헐버트가 배재학당에서 가르친 학생들이었다. 특히 주시경은 삼문출판사에서 헐버트와 함께 한글 연구에 참여했다. 이들의 손끝에서 한문처럼 죽 내려쓰던 한글에 '띄어쓰기'와 '점찍기'가 만들어졌다. 영어에서 힌트를 얻었다. 덕분에 1896년 띄어쓰기 방식을 도입한 첫 한글신문인 〈독립신문〉이 탄생할 수 있었다. "한글, 한문, 영어 세 언어로 출판한다"는 뜻을 가진 삼문출판사는 수많은 서적과 저널, 신문, 문서들을 생산해 내며 이름값을 톡톡히 했다. 내용도 종교서적에 제한되지 않았다. 근대학문과 진보적인 개혁사상들을 빠르게 공유하며 조선이 근대시민사회로 한 발 더 다가서도록 적극적으로 도왔다.

"나는 죽을 때까지 조선을 대변할 것이다"

헐버트는 가장 가까운 친구가 되어 국왕을 돕기도 했다. 명성황후가 시해된 지 50여 일 만에 춘생문 사건이 일어나자, 위험에 빠진 고종을 지키기 위해 언더우드, 에비슨과 함께 궁궐로 달려가 밤새 불침번을 섰다. 고종은 일본의 손아귀에 있던 조선의 대신들보다 이들을 더 신뢰했다.

특히 헐버트는 궁궐에 갇힌 고종의 손발이 되어 조선의 비밀특사로 활동했다 첫 특사로 파견된 것은 1905년 을사늑약을 앞둔 시점이었다. 미국에 도움을 청하는 고종의 친서를 들고 조국을 찾았지만, 미국정부는 이미 일본정부와 밀약을 맺은 상태였다. 고종도 헐버트도 이를 알지 못했다. 일본과의 밀약을 위해 미국정부는 15년 넘게 주한미국공사로 활동한 알렌을 소환하고 모건을 신임공사로 임명했다. 고종을 암암리에 돕고 있었던 알렌으로는 자신들의 계획을 이루기 어렵다고 판단했기 때문이다. 알렌은 명성황후 시해 때도 고종을 도왔다는 이유로 미국정부로부터 질타를 받았다. 미국정부의 계획된 행동을 알지 못했던 헐버트는 고종의 친서를 무사히 미국대통령에게 전달하기 위해 직접 들고 가지 않고 모건에게 맡겼다. 하지만 결과적으로 고양이에게 생선을 맡긴 꼴이 되고 말았다. 모건은 일본이 대한제국 외교고문으로 세운 스티븐스D. W. Stevens와 수시로 연락하며 헐버트의 임무인 루즈벨트와의 면담을 방해했다.[51] 고종의 친서는 외면당했고, 헐버트의 수고도 수포로 돌아갔다.

이후부터 헐버트는 자신의 조국인 미국을 향하여 한미조약을 지키지 않았으니 "일말의 양심이 있다면 지금이라도 조선에 교육비를 투자하여 그 빚을 갚아야 할 것"이라고 날을 세웠다. 을사늑약과 포츠머스조약 체결을 연이어 성공시켜 노벨평화상의 주인공이 된 시어도어 루즈벨트에게도 미국 대통령으로서 잘못된 선택을 한 것에 대해 인정하라고 기회 있을 때마다 공개사과를 요구했다. 멈추지 않는 그의 공격은 결국 사망 직전 루즈벨트의 시인을 이끌어 냈다.

1907년 헤이그 평화회의 특사는 고종황제와 헐버트가 생명을 걸고 계획한 일이었다. 헐버트가 건의한 것으로 알려진 이 거사는 일본의 삼엄한 감시 속에서 치밀하게 이루어졌다. 고종은 9개 조약국의 국가원수들을 만나 친서를 전달하는 임무를 헐버트에게 맡겼다. 이상설·이준·이위종에게는 만국평화회의에 참석하여 을사늑약이 고종의 서명 없이 이루어진 불법임을 알리고 조선의 국권회복을 요청하도록 했다. 일본을 국

---

51) 스티븐스는 3년 후인 1908년 샌프란시스코 오클랜드 항구에서 장인환, 정명운에게 암살당했다.

제중재재판소에 제소하는 것이 최종목적이었다.

상동교회 전덕기 목사와 상동청년회를 이끌던 이회영 등이 준비과정을 비밀리에 도왔다. 고종의 비밀연락책 김 상궁은 전덕기 목사 인척이었고, 고종의 생질녀는 이회영의 며느리였다. 헐버트, 전덕기, 주시경, 메리 스크랜턴 등은 상동청년학원 교사로 연결되어 있었다. 이상설, 이준, 을사늑약에 항거하며 자결한 민영환도 상동청년회를 통해 만난 동지들이었다. 이위종은 왕족이었고 미국에서 헤이그로 날아온 윤병구는 헐버트의 제자였다. 헐버트는 요시찰 인물이 된 자신의 위치를 역이용하는 기지를 발휘해 조선인 특사들이 무사히 헤이그에 도착하도록 도왔다. 하지만 이미 일본으로 기울어진 국제여론의 흐름을 바꾸기에는 역부족이었다. 이준은 자결했고, 고종황제는 강제퇴위 되었으며 11살 황태자는 일본의 볼모로 끌려갔다. 이상설과 이위종도 귀국하지 못하고 외국에서 사망했다. 헐버트도 조선으로 돌아오지 못했다. 일본은 배후인물로 헐버트를 지목했다. 1919년에도 헐버트는 파리로 날아가 김규식을 도왔다. 임시정부를 대표해 파리강화회의에 제출한 독립청원서는 헐버트와 여운홍이 뉴욕에서 만나 밤새 작성한 것에 기초한 것이었다.

헐버트는 미국에서도 조선을 돕는 일이라면 발 벗고 나섰다. 틈날 때마다 한인들이 개최하는 강연회에 참석하여 "정의는 반드시 승리할 것이다. 그리고 조선은 틀림없이 나라를 되찾을 것이다"라고 외치며 희망을 버리지 말 것을 당부했다. 미국언론을 통해 일본의 반인륜적이고 야만적인 행위에 대해 낱낱이 고발하기도 했다. 일본의 횡포로부터 조선인들의 재산을 지키기 위한 자구책으로 1페니Penny, 1원에 그들의 재산을 구입하여 원할 때 돌려주기로 계약한 서류들만 가마니에 한 가득이었다는 일화도 전했다.

헐버트는 일제가 약탈해간 개성의 경천사지 10층 석탑도 끈질기게 항의하여 되찾아왔다. 이 석탑은 1907년 조선을 방문한 일본 궁내부대신이 인부들을 동원해 빼앗아간 것이었다. 헐버트는 사진을 찍어 증거를 남기고, 영국 언론인 베델Ernest T. Bethell과 함께 조선의 보물을 되찾아오기 위해 국제언론까지 동원했다.[52] 헤이그에서도 일제의 문화재 약탈을 공개하며 일본의 야만을 조목조목 폭로했다. 국세사회의 비난이 거세지자, 일본은 1919년 슬그머니 10층 석탑을 조선에 돌려주었다.

고종이 헐버트에게 수여한 헤이그 평화회의 특사증

조선이냐 가족이냐를 두고 헐버트는 선택의 갈림길에 서기도 했다.

---

52) 베델은 영국의 〈데일리 크로니클 The Daily Chronicle〉 특파원으로 러일전쟁을 취재하러 왔다가 언론인으로 조선의 항일운동을 도왔다. 양기탁과 함께 〈대한매일신보〉와 영문신문인 〈코리아 데일리 뉴스 Korea Daily News〉를 발행했다.

1909년 비밀리에 잠시 내한했는데, 고종이 측근을 보내 조용히 마지막 부탁을 해왔다. "상하이에 있는 독일계 은행에 예치해둔 내탕금을 찾아 훗날 조선을 위해 요긴하게 써 달라"는 것이었다. 20만 달러 정도로 나라 전체 세입의 1.5%나 되는 적지 않은 돈이었다. '상해임시정부로 보낼까', '멕시코 유카탄Yucatan에서 노예나 다름없는 생활을 하는 교민들에게 보낼까' 고민하며 상하이로 가던 중 부인에게 급보를 받았다. 둘째 딸이 급성뇌종양으로 위독하다는 소식이었다. 고민하던 헐버트는 조선을 선택했다.

결국 딸의 마지막을 지키지 못했고, 그의 부인은 이 일로 평생 우울증에 시달렸다. 하지만 딸 대신 선택한 고종의 내탕금도 이미 일본정부의 손으로 넘어가고 없었다. 친일파 대신들과 독일정부가 일본에 협력한 결과였다. 헐버트는 빼앗긴 내탕금을 되찾기 위해 평생을 뛰어다녔지만 끝내 뜻을 이루지 못했다. 사후에 그의 변호사가 대한민국 정부에 관련서류들을 모두 넘겨주며 내탕금을 꼭 되찾으라는 마지막 부탁을 전했다. 그러나 이승만 정부는 무엇이 두려웠는지 이를 역사 속에 조용히 묻어버리고 말았다. 헐버트가 남긴 숙제는 아직 끝나지 않았다.

헐버트는 조선을 사랑했다. 하지만 힘없는 민족을 도운 영웅은 아니다. 조선은 결코 약한 민족이 아니었다. 그가 조선을 도운 이유는 오히려 민족의 강인함 때문이었다. 그 어떤 야만에도 굴하지 않고 끝까지 저항해온 역사, 어느 민족 어느 나라도 흉내 낼 수 없는 독창적인 자신들만의 문화를 가꿔온 생명력 강한 민족이었다. 헐버트가 세상에 알렸던 조선의 역사와 노래는 그 나라를 깊이 이해하지 못하면 읽어내기 어려운 가치들이었다. 문명국가는 힘으로 만들어지지 않는다. 그는 인류사의 아름다운 가치들을 품어온 조선의 주권을 지키는데 자신의 운명을 걸었던 삶을 후회하지 않았다.

1949년 86세의 노구로 그토록 그리워했던 대한민국에 돌아와 땅에 마지막 입맞춤을 하고, 일주일 만에 그 품에서 영원히 잠들기까지 그의 인생에서 "가장 값진 가치는 조선"이었다.

마지막 인터뷰에서 헐버트가 남긴 말이다.

"나는 웨스트민스터 사원보다 한국 땅에 묻히기를 원한다."

3·1운동 민족대표 숨겨진 34번째,
"맨손혁명"을 증언하다

프랭크 스코필드
(Frank W. Schofield, 1889~1970)

스코필드는 여전히 젊은이들의 순수한 열정을 믿었고 사랑했다. 40년 전 그날처럼 희망은 젊은이들이었다. 이승만 정부는 정의를 향한 젊은이들의 항거에 결국 무너졌다. 정의는 지는 법이 없음을 보여준 또 하나의 역사적 사건이었다. 스코필드는 4월 혁명을 이끈 "젊은이들의 승리가 나이 많은 사람들의 어리석은 처사에 의해서 허사로 돌아가지 않도록" 경계하고 또 경계해야 한다고 조언을 아끼지 않았다.

Frank W. Schofield

"항거하라. 항거하지 않으면 혼까지 잃고 만다."

3·1운동 51주년을 맞은 1970년, 죽음을 눈앞에 둔 프랭크 스코필드 Frank W. Schofield가 침상에서 한국의 젊은이들에게 남긴 마지막 당부다. 그의 나이 81세였다. 나이 서른에 목격한 3월의 함성은 그의 영혼을 송두리째 사로잡았다. 그리고 평생 놓아주지 않았다. 누구보다 생생한 기억을 품고 있었기 때문일까. 기쁨의 순간은 잠시, 다시 떠올리고 싶지 않을 만큼 처절한 대가를 치러야 했던 3·1운동! 그러나 두 눈 부릅뜨고 지켜본 한 외국인에겐 살아있음에 대한 놀라운 확인이었다. 일본의 철벽통치로 외딴 섬처럼 완전히 고립된 한반도에서 무슨 일이 일어나고 있는지 세상에 증언하는 일은 그에게 선택이 아니었다. 목숨을 걸고라도 반드시 해내야 하는 하늘의 사명이었다.

3·1 만세운동

조선에서 날아든 편지 한 통

1916년 이른 봄 조선에서 편지 한 통이 날아들었다. 편지를 받아 든
순간, 스코필드는 어린 시절 아버지를 만나러 집으로 찾아왔던 한 조선
청년이 떠올랐다. 작고 아름다운 시골 마을 영국 베즈로에서 살 때였다.
"조선이 어디냐"고 묻는 호기심 많은 꼬마에게 그 청년은 선한 미소로
대답했다.

"베즈로 마을처럼 아시아 동쪽 끝에 있는 매우 아름다운 나라야."

그의 이름도 또렷이 기억났다. 여병현이었다. 편지는 오래전부터 존경
해오던 에비슨 박사로부터 왔다. 뜻밖이었다. 토론토대학 의과대 교수
요, 저명한 의학박사가 안정된 생활을 마다하고 선교사가 되어 먼 나라
조선을 도우러 갔다는 이야기에 그는 일찍부터 감동을 받았다. 에비슨은

세브란스 의학전문학교에 세균학 교수가 필요하다며 도움을 청했다.

"세균학을 잘 아는 사람은 더러 있어도, 이역만리 코리아까지 세균학을 가르치러 올 사람은 그리 흔하지 않습니다."

스코필드는 캐나다 토론토대학에서 수의학으로 박사학위를 받은 후 모교에서 세균학을 가르치기 시작한 지 얼마 안 된 상태였다. 그의 곁에는 결혼 3년 차에 접어든 아내도 있었다. 주변 사람들은 모두 말렸다. 의대시절 얻었던 소아마비로 그는 오른쪽 다리와 왼팔을 잘 쓰지 못했고 지팡이 없이는 한걸음도 걷지 못했다. 그를 아끼던 친구들이나 주변 사람들의 반응은 어쩌면 당연한 것이었다.

스코필드의 생각은 달랐다. 당시 세계는 1차 대전 중이었다. 전쟁터에 나간 친구들에게 늘 빚진 마음이었는데, 인류의 행복을 위해 적극적으로 일할 수 있는 유일한 기회로 여겨졌다. 몸이 불편한 것은 문제가 되지 않았다. 그는 불편한 몸으로도 선수 못지않은 테니스 실력을 갖췄고, 한쪽 다리로도 자전거를 매우 잘 탈만큼 의지가 강한 사람이었다. 곧바로 학교를 정리하고 조선으로 떠날 채비를 했다. 아무도 그의 의지를 꺾지 못했다. 19세에 홀로 캐나다로 건너와 농장에서 일하며 대학에 들어가고 고학으로 학업을 마친 그였다.

조선은 '잠자는 나라'가 아니었다

그해 가을 스코필드는 27살 청년으로 아내와 함께 조선에 도착했다. 대부분의 선교사들처럼, 스코필드도 처음엔 "잠자는 조선"을 깨우겠다는 각오가 컸다. 근대문명의 눈부신 업적을 이룬 서양에서 기독교 선교사들이 찾아와 자비의 손길을 내밀어주길 기다리는 수많은 나라 중 하나쯤으로 여겼다. 그래서 "아직 잠에서 깨어나지 못한 코리아"를 도와준다는 생각으로 와달라는 에비슨의 간곡한 청을 외면하지 못했다. 선교지에 대한 편견은 선교사 양성에 주력한 영국 클리프대학의 교수였던 아버지의 영향이었을 것이다.

하지만 그가 본 조선은 달랐다. 60세가 넘은 어학선생은 점잖은 선비였지만, 영어를 썩 잘했고 가르치는 일에도 감탄할 만큼 열정적이었다. 강의실에서 만난 학생들은 물론이요 그가 만나본 각계각층의 사람들은 나라를 잃었어도 모두가 뛰어난 자질과 배움에 대한 열정으로 가득 차 놀라지 않을 수 없었다. 조선이 왜 일본의 식민지로 전락했는지, 일본의 혹독한 무단통치 아래서 어떤 고난을 겪고 있는지, 진정 원하는 것은 무엇인지 알고 싶고 돕고 싶었다.

스코필드는 신神이 조선으로 자신을 부른 데에는 이유가 있다고 생각했다. 바로 조선의 젊은이들이 자기 민족과 나라를 위해 무엇을 해야 하는지 고민하고 준비하도록 돕는 일이었다. YMCA 운동을 통해 젊은이들의 교육에 힘쓰는 이상재와 개성에서 자기 개인재산을 털어 정화여학교를 설립하고 여성들을 위한 실업교육에 나선 김정혜는 그에게 큰 감동이었다. 특히 그는 김정혜를 어머니로 부르며 평생 존경했다. 스코필드는 언제나 나라를 소중히 여길 줄 알고 민족을 사랑하는 일에 앞장설 것을 강조하며 강의를 마쳤다. 세계와 어깨를 나란히 하기 위해서는 전공지식과 함께 국제사회의 움직임을 잘 알아야 한다는 말도 잊지 않았다.

스코필드(내한 당시, 왼쪽은 어학선생 목원홍)

거사계획에 참여하다

진정성이 통했던 것일까. 3년 만에 조선을 도울 기회가 왔다. 1차 세계대전이 종식되고 미국 대통령 윌슨이 선언한 민족자결주의民族自決主義, self-determination가 세계를 흔들고 있다는 소식이 식민지 조선까지 들려왔다. 당시 한반도는 고립된 섬과 다름없었다. 출판과 집회의 자유가 전면 금지되어 정보공유가 어려웠다. 일본의 고립정책으로 세계정세에도 캄캄했다. 안식년 휴가로 가끔 해외에 나갔다 들어오는 선교사들이 국제사회와 연결된 유일한 끈이었다. 이들의 도움이 없었다면 3·1운동은 국내

---

53) 샤록스는 선천에서 주로 활동했다.

외에서 동시에 진행되기 어려웠을 것이다.

스코필드가 거사계획에 참여하게 된 것은 형제처럼 지낸 이갑성을 통해서다. 그는 세브란스 의전 졸업생이었다. 1919년 2월 초, 집으로 찾아와 조용히 거사계획을 털어놓으며 도움을 청했다. 안식년 휴가로 미국을 다녀온 장로교 선교사 샤록스A. M. Sharrocks가 중요한 소식을 알려왔다는 것이다.[53] 이승만과 안창호 등 미국에 있는 동지들이 교포들과 함께 파리강화회의에 맞추어 조선의 독립의지를 국제사회에 표명할 준비를 하고 있으니 국내에서도 의지를 모아달라는 것이었다.

때마침 국내에서도 전문학교 학생들이 민족궐기를 위한 거사를 논의하던 차에 날아든 반가운 소식이었다. 이갑성과 가까이 살던 함태영과 이승훈이 이를 알게 되었고 자연스레 민중들의 신뢰를 얻고 있던 지도자들, 특히 종교지도자들이 본격적으로 나서게 되었다. 감리교의 손정도 목사와 현순 목사는 상하이로 건너가 해외교민들의 의지를 모으고 동지들을 규합하기로 했다. 문제는 국내인사들이 국제정세를 잘 모른다는 것이었다. 국내소식을 외부에 알려줄 사람이 필요하다는 논의에 이르자, 국내학생과 외국인 연락책을 맡았던 이갑성이 스코필드를 추천했다. 일본 동경에서도 유학생들이 거사를 계획하고 있다는 소식이 들렸다. 비밀리에 귀국한 동경유학생이 2월 8일 동경에서 독립선언 선포식이 있을 것이라고 알려왔다. 최남선은 독립선언서를 서둘러 준비했고, 민족대표 33인이 꾸려져 독립선언서에 서명했다. 기독교, 천도교, 불교 등 종교계 인사들은 종교적 차이를 넘어 연대를 만들어냈다.

스코필드는 조선인들의 독립의지를 사진에 담아 국제사회에 알리기로 했다. 조선인들의 거사를 돕기로 한 것은 단순히 일본에 대한 조선인들의 분노에 동의했기 때문만은 아니다. 세계열강들이 경쟁적으로 약소국가들의 영토와 주권을 침탈하는 식민주의 폭력에 더 이상 침묵할 수 없었기 때문이다. 자신의 조국인 영국도 예외가 될 수 없었다.

"나는 영국에서 자란 사람이요, 영국을 누구 못지않게 사랑합니다. 그러나 아무리 조국이라 할지라도 영국이 많은 식민지를 갖는 것만은 찬성할 수 없습니다. 앞으로 어느 나라든 식민지를 오래도록 차지할 수 없을 것이라고 믿고 있습니다. 인류 역사는 틀림없이 그렇게 흘러갈 것입니다."

3월의 뜨거운 함성을 사진에 담다

1919년 3월 1일, 독립선언서 낭독으로 시작된 만세시위가 전국을 강타하고 세계여론까지 움직일 줄은 누구도 예측 못했다. 독립선언서에 서명한 민족대표들은 예정된 시간에 선언서 낭독장소에 나타나지 않았다. 대신에 요릿집 태화관에 모여 선언서를 조용히 낭독한 후, 경찰서에 연락하여 자진 출두했고 전원 구속되었다. 필요 이상의 혼란과 혹시 모를 희생을 막기 위한 불가피한 선택이라고 했지만, 파고다공원(탑골공원)에 모여든 젊은이들은 이를 받아들일 수 없었다.

학생대표로 정재용이 단상에 올랐다. 독립선언서를 낭독하자, 함성이 터져 나왔다.

"대한독립 만세! 만세! 만세!"

거사계획, 선언서 배포, 시위의 시작도 모두 젊은이들의 손끝에서 이루어졌다.

스코필드는 태극기 대신 사진기를 들고 인파속을 누볐다. 세브란스의 전의 제자들도 여럿 보였다. 어디서 그 많은 사람들이 쏟아져 나왔을까. 종로를 휩쓸고 광화문을 지나 대한문에 이르렀을 때는 일반시민들까지 합류하며 말 그대로 인산인해를 이루었다. 갑작스럽게 승하한 고종의 장례식을 앞두고 지방에서 수많은 사람들이 서울로 올라온 터였다. 더욱이 고종이 독살된 것이라는 소식이 전해지자 조선인들의 울분과 분노는 극에 달해 있었다.

스코필드는 예상치 못한 인파에 밀려 자리를 제대로 잡지 못했다. 눈에 보이는 대로 2층 창문이 열려 있는 일본 빵집으로 뛰었다. 창문이 열린 곳이 가정집이었는데도 신발을 벗을 사이도 없이 베란다로 내달려 셔터를 눌렀다. 일본인 주인이 "도둑이야!" 소리치며 빗자루로 내리친 후에야 사진기를 챙겨 들고 나왔다. 다행히 사진은 잘 나왔다. 그날 학생들의 만세 소리는 밤 깊도록 이어졌다.

고종의 장례가 끝나면 자연스레 사람들이 흩어지겠거니 기대했지만, 일본당국의 예측은 보기 좋게 빗나갔다. 고향으로 돌아간 사람들이 지역에서 동지들을 규합하고 몸에 숨겨간 독립선언서를 배포하여 전국 곳곳에서 동시에 만세시위를 이어갔다. 서울시내 전문학교 학생들이 주도한 시위대도 날이 갈수록 더욱 조직화되는 양상을 보였다. 시위대 확산을 두려워한 일본경찰과 헌병들은 시위대에 총을 쏘기 시작했다. "맨손혁명"에 참여한 학생들은 피를 흘리며 거리에서 쓰러져갔다. 경찰들은 증거물을 찾겠다고 혈안이 되어 학교까지 급습했다.

불과 며칠 사이 수많은 이들이 죽고 구속되고 해외로 망명했다. 그의 제자 이용설도 독립선언서를 찍던 등사기를 석탄창고에 숨기고 다급하게 쓴 메모 한 장을 남긴 채 해외로 망명했다. 해외로 망명한 이들은 이후 상하이에 모여 임시정부를 조직하고 독립투쟁을 계속했다.

주변의 동지들과 제자들이 모두 자취를 감추자, 스코필드는 조선을 위해 무엇을 해야 할까 고민했다.

"나는 영국사람이다. 일본은 쉽사리 나에게 손을 대지 못하리라. 조선인은 할 수 없는 일을 나는 할 수 있을 게다. 모든 것을 똑똑히 보아두자. 조선인들의 소원을 온 세계에 널리 알려주자. 일본인의 비인도주의적 행패를 온 인류에 폭로하자."

스코필드는 사진기를 들고 다시 거리로 나섰다. 서툰 연기와 온갖 기지를 발휘해 경찰에게 끌려가는 학생들을 빼내고, 경찰서장에게 받은 명함으로 곤경에 처한 조선인들을 구해내기도 했다. 서울역에도 자주 나갔다. 시골청년들이 오라에 묶여 서울로 압송되는 광경을 사진에 담았다. 행여 일본경찰들이 공포 분위기를 조성할라 치면, 서양인 특유의 서툰 조선말로 이들을 크게 조롱하여 주변사람들을 한바탕 웃게 만들기도 했다. 오랫동안 억눌려온 조선인들의 독립의지는 일본의 포악한 진압을 압도했다. 스코필드는 사진기와 특유의 유머 그리고 영국인 교수라는 신분을 무기로 민족대표 34인의 역할을 톡톡히 해냈다.

잔인한 4월의 학살을 기록하다

집중탄압을 받은 서울 시위는 4월 들어 잦아드는 듯했다. 하지만 바통을 이어받은 지방시위는 골짜기에서 골짜기로 파고들며 들불처럼 번져나갔다. 시위가 지방으로 옮겨가자, 일본정부는 대응방식을 달리했다. 서울을 벗어난 공간에서는 군인들까지 동원해 살인과 방화, 집단학살까지 온갖 만행을 서슴지 않았다. 외국인 거주자들의 눈을 조금이나마 의식했던 서울과 달리, 지방은 고립된 공간이었고 감시하는 눈이 없어 무엇이든 가능했다.

불타버린 제암리교회

스코필드가 수원 제암리 학살 소식을 들은 것은 4월 17일이었다. 30여 세대가 모여 사는 제암리 주민들은 서울에서 시위소식이 들리자, 장터로 나가 만세를 불렀다. 이웃 마을인 수촌리 사람들도 합세했다. 3월 29일엔 수원경찰서 앞에서 어린 기생들이 만세시위에 나섰다. 이에 기가 찬 일본경찰은 잔인하게 이들을 진압했다. 격분한 시민들은 다음 날 5개 마을이 합세하여 만세시위에 참여했다. 이날 30여 명이 사망했다. 분노한 마을주민들은 위협사격을 가하는 경찰들에 맞서 투석전까지 벌였다.

3월 31일과 4월 5일 만세시위에 일본경찰은 무자비한 매질로 대응했다. 수원은 지리적으로 서울과 가깝고 각 지방으로 갈라지는 주요거점이었다. 만세시위가 전국으로 번져나가는 것을 두려워한 일본정부는 군대를 투입했고 여기저기서 마을이 통째로 불태워졌다. 4월 15일 제암리에도 일본군 중위가 이끄는 군대가 들어왔다. 군인들은 집집마다 다니며 15세 이상 남자들은 교회로 모이라고 소집명령을 내렸다. 일본당국의 사과를 기대했던 30여 명의 청년들이 모두 모이자, 무차별 사격을 가하고 증거를 없애기 위해 교회에 기름을 붓고 불을 질렀다. 공권력이 함부로 발을 들일 수 없는 교회에서 군인들이 집단학살을 저지른 것이다. 남편을 찾아 나선 아낙들도 그 자리에서 살해되었다. 민가도 불태워졌다. 상상할 수 없는 야만이었다.

스코필드는 아침 일찍 사진기와 자전거까지 챙겨 기차에 올랐다. 예상대로 헌병들이 외부인 출입을 막아섰다. 스코필드는 제암리와 정반대 쪽으로 자전거를 몰아 뒤쫓던 헌병을 따돌리는데 성공했다. 논두렁과 비탈길을 더듬어 제암리로 들어섰다. 언덕 위에 자리 잡은 빨간 흙무덤 앞에서 두 어린이가 슬피 울고 있었다. 바라보는 것만으로도 눈물이 나 사진 찍는데 애를 먹었다. 스코필드는 평생 이 사진을 고이 간직했다. 감시를 피해 마을 이곳저곳을 살피다 경찰과 맞닥뜨려 위기에 빠지기도 했다. 하지만 이것이 기회가 되어 의외의 행운을 건졌다. 경찰이 일본정부의 부탁을 받고 일본에서 건너온 선교사를 안내하고 있음을 알아채고는 기지를 발휘해 이들과 동행했다. 사진기를 옷소매에 감추고 이들을 따라다니며 대화를 엿듣고 순간을 활용하여 셔터를 눌렀다. 덕분에 역사 속에 묻힐 뻔했던 '제암리의 만행'을 사진으로 남길 수 있었다. 이후 이 스냅사진들은 일본의 포악상을 세상에 알리는데 결정적인 공헌을 했다.

옆 마을 수촌리도 마치 전쟁을 겪은 듯했다. 집단학살은 간신히 피했지만, 총검에 찔린 위중한 환자들이 많았다. 불태워진 민가에서 아무런 치료도 받지 못한 채 여기저기 흩어져 있었다. 응급처치를 하고 다음날 병원으로 옮겼다. 장로교의 언더우드(H. H. Underwood, 원한경)와 감리교의 노블 등 동료 선교사들도 한달음에 달려왔다. 노블 부인의 기록에 따르면, 전멸된 마을이 16개나 되었다. 극한 두려움 속에서 망연자실한 가족들을 대신해 불태워진 시신들, 타다 남은 시신들을 수습했다. 선교사들은 보고서를 작성해 본국에 알리고, 선교사 부인들은 모임을 조직해 살아남은 가족들을 돌보았다.

스코필드는 여러 차례 수원을 오가며 증거자료들을 모았다. 돌아오는 길에 우연히 기차 안에서 이완용을 만났다. 말쑥한 차림으로 일본경찰들의 호위를 받고 있던 노신사가 물었다. "캐나다 선교사 양반, 내가 예수를 믿으려면 어떻게 하면 되오?" 스코필드는 진심을 담아 답했다. "선생님의 경우는 2,000만 온 국민 앞에 진심으로 사죄해야만 하나님을 믿을 수 있을 것입니다."

수원에 다녀온 후, 스코필드는 조선에 주둔하고 있던 일본군 총사령관 고지마를 찾아갔다. 군사령부는 이미 실상을 알고 있었고, 자신들의 잘

못을 시인한 보고서를 본국정부에 보냈다고 알려주었다. 스코필드는 중요한 단서가 될 것이라 여겨 그 사본을 받아냈다. 며칠 지나지 않아 평북 선천에서도 시위에 참여한 학생들이 큰 고초를 겪고 있다는 소식이 들려왔다. 일본경찰이 본때를 보이려고 시위가담 학생들을 십자가 모양의 판때기에 묶어 하루 30대씩 매질을 했다. 며칠 만에 여러 명이 죽어나갔고, 간신히 목숨을 부지한 학생 18명이 병원으로 옮겨졌다. 스코필드는 선천으로 달려가 경찰과 실경이를 벌이며 사진을 찍었다. 다시 고지마를 찾아갔지만, 오히려 스코필드에게 국제적 분규를 일으킨다며 화를 냈다.

크게 실망한 스코필드는 자신이 직접 보고 들은 것을 보고문으로 작성했다. 고향으로 돌아가는 외국인 친구들을 통해 세계에 알리기 위해서였다. 해방 이후까지도 스코필드는 이 문건들을 소중히 보관했다. 하지만 제암리 학살에 관한 보고서 만은 끝내 공개하지 않았다. 내용이 너무 처참해 한국인들이 원한에 사로잡힐까 우려한 때문이었다.

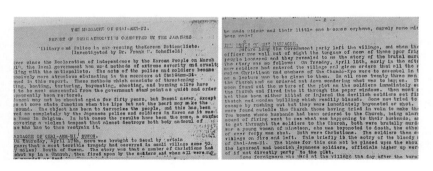

제암리 학살 보고서

자유를 향한 여성들의 불꽃 투쟁에 감동하다

죽음의 그림자는 학살의 현장에만 있지 않았다. 감옥마다 만세 시위자들로 넘쳐나고, 죽음보다 더한 고문과 가혹행위가 행해진다는 소식이 매일 들려왔다. 감옥은 서울이든 지방이든 바깥 세상으로부터 완전히 고립된 공간이었다. 그 안에서 무슨 일이 벌어지고 있는지 아무도 알지 못했다.

수감자 면회나 형무소 방문이 일절 허용되지 않아 애를 태우던 5월, 기회가 찾아왔다. 조선에서 일본이 발행하던 영자신문 〈서울 프레스 The Seoul Press〉에 '서대문형무소 방문기'가 실렸다. 조선에 거주하는 외국인들에게 형무소가 이상적으로 운영되고 있다고 선전하기 위한 여론용 기사였다. 형무소장은 너그럽고 인자한 인물이며, 수감자들은 매일 운동하고 목욕도 할 수 있는 좋은 환경에서 훌륭한 기술자가 되기 위해 기술을 배우고 있다는 것이다. 책도 차입할 수 있으며, 특히 기독교인들을 위해 성경을 읽을 수 있도록 배려하는 "요컨대 형무소라기보다는 일종의 기술학교"라고 소개되었다.

스코필드는 즉시 신문사 사장인 야마가다에게 편지 한 통을 썼다. 그는 일본정부에 비판적인 사람으로 스코필드와 가깝게 지내던 인사였다. 야마가다는 스코필드의 편지를 익명으로 처리하고 "외국인들은 뿌리 깊게 우리를 의심하고 있다"는 제목을 달아 신문에 실었다. 열흘쯤 지나 스코필드에게 서대문형무소 방문이 예외적으로 허용되었다.

스코필드는 노순경부터 찾았다. 그는 세브란스병원 간호사로 노백린 장군의 딸이었다. 한 눈에 봐도 심한 고문을 당했음이 분명했다. 그가 수

감된 '여자감방 8호실'에는 병천에서 끌려온 이화학당 학생 유관순, 개성에서 끌려온 전도부인 어윤희, 고문의 상처로 목을 감싼 정신여학교 학생 이애주, 해산날이 멀지 않아 보이는 구세군 사관부인 엄명애가 함께 있었다. 얼마 후 이애주는 세브란스병원으로 실려와 수술을 받았다. 이때 스코필드에게 노순경이 심한 고문을 받았다고 알려왔다. 불에 구운 젓가락으로 다리를 마구 찔려 일어서지도 못하는 형편이라고 했다. 스코필드는 총독부로 달려가 총독 하세가와와 정무총감 미즈노를 만나 일본의 비인도적 처사에 강력하게 이의를 제기했다. 그리곤 곧장 서대문 형무소로 내달렸다. 그 후 여자감방 8호실은 잔인한 고문에서 벗어날 수 있었다.

일본의 이중성을 잘 알고 있었던 스코필드는 야마가다의 도움을 받아 〈서울 프레스〉에 다시 글을 실었다.

"1,000명이 죽고, 1,500명이 다치고, 1,000명이 투옥당하고 25만 명이 만세 시위에 참가하고, 20명이 불에 타죽고, 1,000명이 집을 잃고, 그리고 1,600만 명이 공포정치에 벌벌 떠는 대가가 과연 무엇이란 말인가! 아직은 아무도 알지 못한다. 그러나 모든 사람은 이것이 자유를 위한 것이라고 믿고 있다."

통계는 공식적인 것일 뿐 전체 피해를 합친다면 그 숫자는 놀랄 만한 것이 될 것이라는 말도 잊지 않았다.

그러나 정작 스코필드가 가장 놀란 것은 상상할 수 없는 일본의 포악함이 아니었다. 이에 굴복하지 않는 조선인들, 특히 여성들의 인내와 포기할 줄 모르는 자유에 대한 열망이었다. 이는 너무나 강렬하게 다가와 평생 조선을 잊을 수 없게 만들었다. 그에겐 정의와 자유를 향한 투쟁의 원체험이었던 셈이다.

1919년 끝자락인 11월 말, 한 간부의 밀고로 대한애국부인회 간부와 회원 모두가 일제히 검거되었다는 소식이 전해졌다. 대도시인 서울과 평양을 중심으로 교회여성들이 비밀애국결사단체를 조직해 활동했다는 사실 자체가 충격이었다. 어리석어 보일 정도로 순진무구했던 여성들이 사선을 뚫고 비밀조직을 만들어 활동할 줄은 꿈에도 생각지 못했다. 회장 김마리아를 포함해 대부분의 간부는 스코필드와 매우 가깝게 지내던 여성들이었기에 그 놀라움은 더욱 컸다. 스코필드는 조선여성들의 끈질긴 인내와 지치지 않는 열정에 감동하지 않을 수 없었다. 일본정부는 이들이 외부의 도움을 받을 수 없도록 대구감옥에 수감했다. 그 중 김마리아는 모진 고문으로 움직일 수조차 없다는 말이 전해졌다

스코필드는 지체 없이 대구로 내려갔다. 미리 챙겨간 정무총감의 명함은 꽤 쓸모가 있었다. 일본정부의 고위관료들을 만나 조선인들에 대한 부당함에 항의하면서도 항상 스코필드는 명함을 챙겼다. 하다못해 그들과 만났다는 것을 증명해줄 기념품이라도 꼭 챙겨 나왔다. 이 작은 물건들은 영국인 세균학자라는 자신의 신분과 함께 일본인을 상대할 때 매우 유용했다. 이번에도 명함 덕분에 예외적으로 애국부인회 수감자들을 만나볼 수 있었다. 고문에 지쳐 축 늘어진 김마리아를 보니 기가 막혔다. 어찌 살아 있는 사람에게 이렇게까지 할 수 있는가.

스코필드는 즉시 새로 부임한 사이토 총독을 찾아가 고문의 부당성에 항의하며 수감자들에 대한 처우개선을 요구했다. 이후에도 여러 차례 약을 챙겨 대구형무소를 찾았다. 첫 여성기자였던 최은희의 기록대로 "바

뻔 틈을 내어 다리가 불편한 그가 멀리 대구에까지 온 이유는 젊은 애국여성들의 기개를 북돋고 신상을 보살펴 조금의 불편이라도 덜어주기 위한" 것이었다.

다행히 1920년 3월 28일, 1년 만에 시위자들에 대한 대사면이 이루어졌다. 1907년 11살 어린 나이로 일본에 볼모로 끌려간 조선의 마지막 황태자 영왕(英親王. 이은)이 일본의 황족과 결혼하게 된 것이 명분이었다. '치욕적인 경사'로 기록된 슬픈 날이었지만, 무거운 판결을 받은 사람들을 제외하고 대부분 풀려났다. 서대문형무소 여자감방 8호실 사람들도 완강하게 감옥투쟁을 벌인 유관순을 제외하고 모두 출소했다. 어윤희는 중년 부인으로 온갖 고난을 다 견뎌내고, 고향으로 돌아가 민족의 역량을 키우는 일을 다시 시작했다. 스코필드는 눈물이 났다. '이것이야말로 무슨 힘으로도 억제할 수 없는 꺼지지 않는 정열이며 끌 수 없는 불꽃이구나.'

스코필드는 일 년 동안 직접 보고 들은 것을 기록해둔 원고뭉치를 다시 꺼내 들었다. 그리고는 오랫동안 비워둔 첫 표지 제목 란에 "꺼지지 않는 불꽃Unquenchable Fire"이라 적어 넣었다. 이 원고는 캐나다로 돌아가면 책으로 발행하여 3·1운동의 진상과 포기를 모르는 조선인들의 불꽃투쟁을 세계에 알리게 될 보석이었다.

암살시도에 이어 강제추방까지

일본 정부는 사진기를 들고 전국을 누비는 '영국인 신사'를 두고 고민에 빠졌다. 그는 가만히 있지도 않았고 조용하지도 않았다. 증거만 모으는 것이 아니라 일본에서 발행되는 영자신문에까지 일본정부를 비판하는 글을 실어 일본의 국제적 위상에 상처를 냈다. 담당형사를 붙여 감시했지만, 그는 두려워하지도 않았다.

"당신은 왜 조선사람이 만세 부르는 것을 부추기고 있소?"라고 질타하는 형사에게 그는 "그런 생각하는 동안에 왜 남녀노소 모두가 만세를 부르는지 그 까닭이나 알아보시오!"하며 쏘아붙이기 일쑤였다.

영국 국적을 가진 데다 주목받는 캐나다 세균학 박사였기에 그를 거칠게 다룰 수도 없었다. 일본정부는 세브란스 의전에 압력을 넣는 간접적인 방식을 생각해냈다. 학교 총책임자였던 에비슨 박사는 꿈쩍도 안 했지만, 동료선교사들은 입장을 달리했다. 선교사직을 망각하고 조선의 정치문제에 참견하여 일본정부와 갈등을 빚고 학교까지 위태롭게 만들었다며 스코필드의 결단을 요구했다.

스코필드는 반문했다.

"악을 물리치고 약한 자를 도와야 한다고 교실에서 교회에서 밤낮으로 가르치는 우리가 경찰과 헌병이 무서워서, 나라를 찾으려고 피 흘리면서 아우성치는 이 겨레를 그냥 모른 척해야 옳습니까? 이미 나라를 잃은 이 민족에게 한 가닥 남은 '민족의 얼'마저 사라진다면, 우리는 도대체 누구를 위해 무엇을 위해서 여기 머물러 있단 말입니까?"

아무도 대답을 못 했다.

뜻대로 되지 않자 일본 정부는 스코필드의 주변 사람들, 특히 학생들을 잡아들였다. 스코필드는 또 혼자가 되었다. 그러나 조선인 동지들이 자신을 외면한 것이 아님을 잘 알고 있었다. 일본의 탄압을 받을수록 조선인들은 그를 신뢰하고 존경했다. 홀로 지내며 건강이 나빠지기도 했지만, 스코필드는 한 치의 흔들림도 없었다. 1919년 9월 일본 동경에서 동아시아지역 선교사 전체회의가 열리자, 캐나다장로교 내한선교사 대표로 참석해 3·1운동의 진상을 상세히 보고했다. 한국, 중국, 필리핀, 일본에서 활동하는 선교사 800명이 모인 자리에서 밝힌 그의 이야기에 모두가 경악했다. 스코필드는 특유의 유머감각을 발휘해 입회한 일본경찰의 제지에도 불구하고 의장으로부터 시간 연장까지 이끌어내며 준비해간 모든 이야기를 전했다.

결국 일본정부는 스코필드 암살을 계획했다. 그가 모아둔 증거자료와 그가 알고 있는 진실이 세상에 알려지는 날엔 일본이 치명상을 입을 게 뻔했다. 스코필드가 1년간 모은 기록으로 보고서를 완성할 즈음인 1920년 4월 어느 늦은 밤, 침실 창문에 비친 달빛에 괴한의 그림자가 어른거렸다. 스코필드는 재빠르게 몸을 숨기고 창문을 넘는 괴한을 지켜보았다. 발 디딜 것을 찾자, 얼른 그의 발밑에 자신의 어깨를 대주었다. 전혀 예상치 못한 대응에 당황한 괴한은 단도를 땅에 떨어뜨리며 용서를 구했다. 놀랍게도 그는 일본인이 아니라 조선인이었다.

"총독이 준다는 돈에 눈이 어두워 하마터면 당신 같은 훌륭한 분을 죽일 뻔했습니다. 죽을 죄를 용서해주시면 당신이 하라는 대로 하겠습니다."

스코필드는 그에게 타이핑 하는 일을 돕게 했다.

이 일은 외국인들 사이에 빠르게 퍼져나갔다. 일본정부는 당황했다. 이 사건으로 일본은 오히려 그가 무사히 캐나다로 돌아가기만을 바라야 하는 형편에 빠졌다. 그가 잘못되면 일본정부가 무조건 의심받게 되어 있었다. 이제 봄 학기를 마지막으로 세브란스 의전과 계약이 끝나는 스코필드의 계약연장을 무슨 수를 써서라도 막는 방법밖에 없었다. 스코필드도 이를 잘 알고 있었다. 귀국이 기정사실로 되자, 모아 놓은 자료가 마지막 관문이 되었다. 스코필드는 불편한 다리에 붕대를 칭칭 감고 그 속에 사진을 감추기로 했다. 문제는 오랜 정성을 들인 〈꺼지지 않는 불꽃〉 원고였다. 타이핑 작업까지 마친 상태로 분량이 300매에 이르렀다. 스코필드는 며칠 밤을 새워 급히 한 부를 필사했다. 그리고는 훗날을 기약하며 그 필사본을 세브란스병원 지하실에 묻었다. 원본은 신의 도우심을 바라며 소지품 깊숙이 챙겨 넣었다. 다행히 그에게 빚이 있던 일본정부는 검열 없이 짐을 돌려주었다. 섣부른 암살시도가 스코필드에겐 전혀 기대하지 않은 최고의 선물이 된 셈이다.

'사유화'가 아닌 '사회화'다

스코필드는 4년간 머물렀던 조선을 쉽게 잊지 못했다. 마음과 달리, 해방 후에도 한국행은 쉽지 않았다. 모교에서 수의병리학 교수로 학생들을 가르치며 주목받는 학자가 되었지만, 그에겐 남모를 아픔이 있었다. 아내였다. 자신과 달리, 아내는 조선생활에 잘 적응하지 못했다. 조선에서 신경질환을 얻어 1년 만에 만삭의 몸으로 홀로 귀국했다. 그 후엔 정신질환으로 평생을 병원에서 보냈다. 스코필드는 귀국 후부터 1957년 아내가 사망할 때까지 홀로 아들을 키우며 뒷바라지했다. 아내 곁을 지키지 못했던 4년 공백은 열 배인 40년을 요구했다. 태어나자마자 엄마를 잃고 냉정한 새어머니 밑에서 어린 시절을 보낸 스코필드에게 따뜻한 가정생활은 고작 3년뿐이었다. 조선과 함께 했던 세월에 대한 대가는 혹독했다.

아내를 하늘로 보내고 나서야 스코필드는 이듬해 한국을 다시 찾을 수 있었다. 70세를 바라보는 노년의 나이였지만, 여생을 한국을 위해 살고 싶었다. 쉽지 않은 세월을 건너온 탓일까. 다시 만난 한국은 마치 다른 나라가 된 듯했다. '땅'은 빼앗겨도 '얼'만은 잃지 않으려 항거했던 조선의 정신은 어디로 갔을까. 목숨을 걸고 뛰어다녔던 거리는 그대로였지만 정의를 향한 그 날의 열정과 자유를 향한 갈망은 어디로 사라졌는지 보이지 않았다.

스코필드의 실망은 대단히 컸다. 국민을 아랑곳하지 않는 부패한 권력과 사심에 눈먼 지도자들의 부도덕함이 한국사회를 망치고 있었다. 그는 한국 이름인 '석호필石虎弼'의 '호虎'자가 호랑이라는 뜻이라며 일본정부를 호령했던 그 노기로, 나라를 '민주공화국'이 아닌 '부패공화국'으로 만든 이승만 정부를 겨냥했다. 정권 말기에 접어든 이승만 정부는 신국가보안법을 손에 쥐기 위해 무장경찰까지 동원하여 국회를 위협했다. 그 모습은 1919년 일본의 행태 그대로였다.

그러나 스코필드는 여전히 젊은이들의 순수한 열정을 믿었고 사랑했다. 40년 전 그날처럼 희망은 젊은이들이었다. 이승만 정부는 정의를 향한 젊은이들의 항거에 결국 무너졌다. 정의는 지는 법이 없음을 보여준 또 하나의 역사적 사건이었다. 스코필드는 4월 혁명을 이끈 "젊은이들의 승리가 나이 많은 사람들의 어리석은 처사에 의해서 허사로 돌아가지

1919년 시청광장과 자유를 향한 투쟁의 기록 〈꺼지지 않는 불꽃〉

않도록” 경계하고 또 경계해야 한다고 조언을 아끼지 않았다.

정권이 바뀌어도 부패는 쉽게 사라지지 않았다. 대다수 국민들은 월 3만환도 안 되는 돈으로 사는데, 국회의원들은 월 50만환을 의원 세입으로 통과시켰다. 스코필드는 말만 하고 스스로 행동하지 않는 국회를 향해 “새로운 생활운동은 가진 자들의 높은 곳에서 시작하여야 할 것이지, 없는 자의 낮은 곳에서 시작할 것은 아니다”라며 쓴 소리를 마다하지 않았다.

부의 독점과 부패는 한국사회가 가장 먼저 해결해야 할 과제로 보였다. 스코필드는 일갈했다.

“부자들이 가난한 사람들의 형편을 걱정하지 않는 것이 오늘날 한국에서 가장 창피하고 위험한 경향이다. 한 나라의 발달 정도는 그 나라의 국민이 어렵게 지내는 사람들, 과부, 고아, 병자, 빈자에 대해 베푸는 관심의 정도로 저울질할 수 있다.”_〈한국일보〉 1961년 1월 8일

스코필드는 부자가 많은 나라가 아니라 작은 것도 함께 나누는 행복

한 나라가 한국의 미래여야 한다고 조언했다. 해답은 '사유화'가 아니라 '사회화'였다. 그는 여러 대학에서 강의하면서도 틈나는 대로 옛 여성동지들이 돌보는 보육원을 찾아 아이들과 함께 시간을 보냈다.[54] 가난으로 배움의 기회를 얻지 못한 청소년들을 위해 대학생들이 힘을 모은 청량리의 흥국직업소년학교에도 힘을 보탰다.[55]

외국의 친구들과 동료들도 그를 힘껏 도왔다. 스코필드는 "공의를 위한 헌신과 봉사는 버려둔 채 사욕을 채우는" 삶의 방식으로는 어떤 미래도 꿈꿀 수 없음을 젊은이들에게 반복해서 말해주곤 했다.

영혼의 고향을 찾듯 40년 만에 돌아온 스코필드. 그에게 한국이 해준 것은 서울대학교에서 마련해준 4평짜리 방 하나가 전부였다. 그는 수도사가 된 듯 그 작은 방에서 '앎'이 '삶'이 되는 청빈의 생활을 이어갔다. 낡은 외투 하나조차 자신의 것으로 삼지 않았다. 어릴 때부터 아버지에게 엄격하게 배운 청교도 정신과 정직한 땀의 가치는 평생 그를 강직하고 책임감 있는 삶을 선택하게 만들었다. 영양결핍으로 소아마비를 앓을 만큼 가난의 고통도 일찍 경험했다. 이러한 시간들이 가난한 이들과 어려움에 처한 이웃의 고통에 섬세하게 다가갈 수 있는 삶의 감각을 키워주었다.

---

54) 3·1만세 운동으로 서대문형무소에서 처음 만나 누님이라 부르며 존경했던 어윤희는 해방 후 서울 마포에 유린보육원을 세웠다. 1920년 스코필드가 사재까지 털어 일본 동경으로 유학을 보냈던 이경지는 서울 뚝섬에 봉은보육원을 세웠다. 당시 이경지는 배일사상을 가르친다는 이유로 일제에 의해 학교에서 쫓겨났다. 이들은 해방 후 보육원을 세워 전쟁고아들을 돌보았다.
55) 서울대 농대를 졸업한 홍종완과 대학생들, 특히 고려대생들이 주축이 되어 1960년 3월 설립했다.

스코필드는 제자들에게 당부하고 또 당부했다.

"약자에겐 비둘기같이 자애롭게, 강자에겐 호랑이같이 엄격하게."

이름 없는 조선민초들의 삶을
기록하다

매티 노블
(Mattie Wilcox Noble, 1872~1956)

조선 여성들에게 배움은 단순히 글을 깨치고 새로운 지식을 얻는 의미만은 아니었다. 그
것은 실체를 알 수 없는 두려움과 공포에서 벗어나 새로운 삶의 지평에서 자기 자신을
새롭게 만나는 신비로운 체험이었다.

Mattie Wilcox Noble

    같은 시대를 살아도 사람은 저마다 살아내는 몫이 다르다. 매티 노블은 선교사 부인으로 내한했지만, 서양에서 온 평범한 가정주부로만 살지 않았다. 조선에 와서 7명의 자녀들을 낳아 키우면서도, 어려움에 빠진 조선인들을 대신하여 조선이 경험한 아픈 역사의 현장과 아무도 주목하지 않는 조선민초들의 고달픈 삶을 기록으로 생생히 남겨 놓았다. 여섯 권의 일지에 담긴 42년간의 기록은 구한말부터 일제강점기까지 글 쓰고 말하는 자유를 철저히 유린당했던 조선의 어두웠던 시간을 꼼꼼하게 엮어낸 역사의 증언록이다.

    선교지에서 겪은 에피소드나 직간접적으로 경험한 사건들을 기록해 두는 것이 선교사들에겐 그리 특별한 일은 아니었다. 선교사 대부분이 대학교육을 받은 지식인층이었기에 자료를 모으고 기록하는 일에 매우 익숙했다. 본국에 보내는 공식적인 선교보고서 외에 후원자들에게 선교지의 상황을 알리며 지속적인 지원을 부탁하는 글을 쓰거나 하루하루의 일상을 일기에 남겨두는 경우가 적지 않았다.

개인적으로 기록해둔 글들을 모아 책으로 펴내는 경우도 더러 있었다. 장로교 의료선교사로 내한했다가 1년 만에 언더우드와 결혼한 릴리어스 호턴도 15년간의 기록을 모아《조선견문록 *Fifteen Years among the Top-Knots*》을 발행했다. 하지만 선교사들이 생산해내는 글들은 대부분 기독교가 들어가지 않은 지역에서 일궈낸 선교활동의 역사적 성과나 의미들을 기록으로 남기는 것이 우선적인 동기였다.

노블일지

하지만 매티 노블의 기록은 결이 다르다. 기독교로 개종한 조선인들과 함께 마을 곳곳을 찾아다니며 만났던 사람들, 직접 보고 들은 조선민중들의 이야기들을 '정복당한 자의 시선'으로 담아내려 애쓴 흔적이 역력하다. 대부분의 선교사들은 신생근대국가로 떠오른 일본에 호의적이었다. 을사늑약 당시부터 일본과 조선을 동시에 관할했던 감리교 감독 해리스는 심지어 조선인들이 일제치하에 있게 된 것을 행복해한다고 공공연하게 말했다.[56] 그러나 매티 노블은 일본의 야만적 폭력을 날카롭게 지적하는 것은 물론, 억압적 폭력에 대한 조선인들의 용기 있는 저항과 자유에 대한 갈망도 놓치지 않는다. 그녀는 민중들의 고달픈 삶을 동정 어린 시선으로만 바라보지 않고 역사의 한 조각으로 담아낼 만큼 남다른 통찰력을 보여준다. 자필로 쓴 그의 일지는 사후에 자녀들이 타이핑 작업을 해 세상에 처음 내놓았다.

스무 살 신부가 한밤중에 한양도성을 넘다

매티 노블이 조선에 온 것은 1892년 가을, 이제 막 신부가 된 21살이었다. 그녀는 남편 아서 노블W. Arthur Noble과 함께 밤중에 서울에 도착했다. 성문은 굳게 닫혀 있었다. 160cm 키에 46kg의 마른 몸을 가진 그녀 앞에 던져진 첫 번째 미션은 높이가 9m나 되는 성벽을 몰래 타고 넘는 것이었다. 평범한 가정에서 여러 형제와 더불어 다양한 경험을 하며 자유롭게 자란 덕분에 그리 당혹스럽지는 않았다. 미리 대기하고 있던 장로교 선교사 마펫이 밧줄을 내려주었다. 예전에는 발각되면 사형에 처할 만큼 성문은 엄격하게 통제되었다. 하지만 이제는 추방령으로 처벌이 완화되었고, 외국인이 몰래 성벽을 타고 넘을 만큼 관리도 허술했다. 불과 몇 년 사이에 수백 년간 유지되어온 조선의 수비는 빠르게 무너져 내리고 있었다. 개척선교사들이 처음 도착했던 7년 전만 해도 외국인이 도성

---

56) 《노블일지》 1919년 3월 14일

안으로 들어가는 것 자체가 생명을 걸어야 하는 위험한 일이었다.

노블 부부는 펜실베이니아 와이오밍신학교에서 처음 만나 3년 만에 결혼했다. 이 학교는 미국에서 처음 선보인 남녀공학 기숙학교였다. 남편이 된 아서 노블은 그 사이 드류신학교를 졸업했다. 두 사람은 결혼 직후 바로 조선으로 향했다. 조선에서 시작한 신혼살림은 공동생활이나 다름없었다. 비슷한 시기에 조선에서 결혼식을 올린 부부 의료선교사 로제타와 윌리엄 홀 집에서 함께 지냈다. 한발 먼저 내한한 윌리엄 홀은 감리교가 그해부터 지방으로 선교확장을 시작하면서 지방순회로 집을 비우는 시간이 많았다. 두 가정은 한 가족처럼 서로 도우며 의지했다.

매티 노블이 처음 만난 조선은 "어마어마한 신분제가 존재"하는 나라였다. 도착한 지 한 달쯤 지났을 때, 왕비의 생일축제가 있었다. 노블은 집안일을 돕는 일꾼으로 고용한 용만이의 안내를 받으며 다른 선교사들과 함께 거리구경을 나갔다. 중국에서는 외국인들을 서양귀신이라는 뜻의 '양귀洋鬼'로 부르는데, 조선에서는 극존칭인 '대부'와 '대부인'이라고 불렀다. 어디 그 뿐인가. 다른 외국인들이 고용한 일꾼들과 용만이가 길을 밝히며 "천인天人 납신다!", "대인大人 납신다!"고 외치니, 밀집해 있던 일반군중들은 물론 양반들까지 뒤로 물러섰다. 용만이는 이렇게라도 양반들에게 호령할 수 있음을 매우 즐거워했다. 불과 4년 전만 해도 서울에서 '영아소동'이 일어날 정도로 외국인들은 의심과 배척을 받았다. 하지만 이젠 외국인을 양반보다 '더 높은 사람'으로 여기며 두려워했다.

매티 노블은 계급사회가 갖는 한계를 날카롭게 지적했다.

"내가 알기로 두 개의 뚜렷한 계급이 있다. 쿨리Coolie, 苦力 곧 노동계급
과 양반이다. 양반들은 품위를 떨어뜨린다고 생각하는 어떠한 육체노동도
하지 않는다. (중략) 계급이 다르면 쓰는 말도 달라서 계급마다 다른 식으로
말을 해야 한다."_1892년 11월 14일 일지

해가 바뀌자 동학군이 북상한다는 소식이 들렸다. 동학군의 요구에는
외국인들을 모두 내보내라는 내용도 포함되어 있다고 전해졌다. 선교사
들은 긴장하지 않을 수 없었다. 실제로 그들이 든 깃발에는 "외국인은
물러가라"고 쓰여 있었다. 하지만 매티 노블은 표면적으로 내건 구호보
다 이들이 진심으로 원하는 것이 무엇인지에 관심을 가졌다. 그가 알아
본 바로는 동학군으로 구성된 남쪽 지방 사람들은 단순히 "외국인을 해
치려는 것"이 아니었다. 자신들 중에서 "새 왕을 선출하여 새로운 형태
의 정부를 수립하려는 것"이 목적이었다.

한마디로 외세에 의존하는 태도를 버리고 수백 년간 지속된 봉건주의
체제를 스스로 해체하여 주권재민의 새로운 질서를 세우자는 이른바 근
대시민사회를 향한 요구였다.

매티 노블은 동학군의 근대적 요구를 당연한 것으로 이해했다.

"백성들은 국정에 대해 불만을 품고 있다. 고위층들은 가난한 사람들에
게 돈을 요구하고, 가난한 이들은 그것을 피할 길이 없다. 이것이 이 나라를
가난하게 만들고 국민을 비참하게 만든다."_1893년 5월 17일 일지

그러나 조선왕실은 근본적인 변화의 요구에 귀 기울이지 않았다. 민중

들의 변화요구를 수용할 능력이 없었던 조선왕실은 이웃 나라들에게 개입할 빌미를 내주며 전쟁을 자초하고 말았다. 평양을 폐허로 만든 청일전쟁은 조선 민중들에게 큰 아픔을 남겼다. 이들을 치료하기 위해 제 발로 평양을 찾아간 윌리엄 홀의 목숨도 앗아갔다. 한집에서 가족처럼 살았던 두 가정은 마음에 큰 상처를 입은 채 귀국길에 올랐다. 한 사람은 남편을 잃고, 또 한 사람은 건강을 잃었다.

청일전쟁이 일어난 평양

배움에 목마른 평양여성들을 만나다

노블 부부가 조선으로 다시 돌아온 것은 청일전쟁이 끝난 1896년 여름이었다. 그해 가을, 평양으로 파송되었다. 마지막 순간까지 윌리엄 홀과 함께했던 김창식이 전쟁의 회오리 속에서도 흔들림 없이 자신의 자리를 충실히 지키고 있었다. 평양에 처음 발을 들인 사람들이 늘 그랬듯이, 노블 부부도 이질로 호된 신고식을 치렀다. 딸 루스도 피해갈 수 없었다.

첫 여학교가 설립된 지 벌써 10년이나 된 서울과 달리, 평양에는 기녀들을 길러내는 학교 외엔 여성이 배울 수 있는 곳이 없었다. 다행히 평양은 서울보다 새로운 변화에 훨씬 열려 있었다. 청일전쟁을 직접 겪으면서 서구로부터 근대문물을 받아들인 일본의 급성장을 목격한 탓인지, 윌리엄 홀의 헌신적인 희생을 기억한 덕분인지 더 이상 외국 선교사들에게 적의를 보이지 않았다. 오히려 새로운 문물을 배울 수 있으리라 기대했다. 매티 노블은 한 달 만인 11월 여학교를 처음 열었다.[57] 학교는 가정에 꼭꼭 숨어 지내던 여성들을 만날 수 있는 좋은 채널이 되었다. 목마른 사람이 우물을 판다는 속담을 증명이라도 하듯, 적지 않은 여성들이 배움에 대한 열정 하나로 수십리 길을 걸어서 학교를 찾아왔다.

매티 노블은 시간이 날 때마다 직접 가정을 방문하기도 했다. 평양의 여성들은 노블이 들려주는 이야기를 듣고 그와 함께 노래 부르는 것을 무척이나 좋아했다. 처음에 노블은 조선에 노래가 없는 줄 알았다. 어디를 가나 어른이든 아이들이든 여성이든 남성이든 운율에 맞추어 낮은 목소리로 읊조릴 뿐이었다. 심지어는 글을 읽을 때도 몸을 앞뒤로 흔들면서 단조로운 박자에 맞추어 읊조리듯 책을 읽었다. 노래를 부르는 것은 오로지 기녀들 뿐이었다. 그런 탓에 선교사들이 노래를 부르니, 선한

---

57) 이 학교는 정의여학교로 발전했다.

성품을 가진 사람들인지 의심부터 했다. 하지만 곧 노블의 풍금소리를 좋아하게 되었고, 함께 노래 부르는 시간을 너무나 즐거워했다. 조선은 선교사들을 통해 서양음악을 처음 접했다. 매티 노블은 자신의 부족한 재능이 누군가에게 기쁨을 준다는 사실에 큰 위로와 힘을 얻었다.

그는 일지에 이렇게 적어 놓았다.

"어떤 이는 내 목소리가 참 예쁘다며 내가 말하는 사소한 것들까지도 귀 기울여 들으면서 받아 적곤 했다. (중략) 나는 정말 평범하고 겉으로 드러난 재능도 없으며, 미국에서는 노래 부르는 이 축에도 끼지 못한다."

_1902년 1월 16일 일지

조선에는 집에 오는 손님에게 음식을 대접하는 문화가 있었다. 즐겨 내놓는 음식은 국수와 김치였다. 처음에는 맵고 짠 음식을 먹는 것이 고역이었지만 차츰 익숙해졌다. 평양도 다르지 않았다. 한 여성은 매티 노블이 자기 집을 방문했을 때 제대로 대접하지 못해 부끄러웠다며 집으로 직접 찾아와 달걀 10개를 건네주고 간 적도 있었다. 어떤 가정에서는 긴 담뱃대에 담배를 담아 권하기도 했다. 남편 아서 노블은 지방순회를 하면서 "마른 쌀이 목에 걸릴 때까지 조선음식을 먹고 다니는" 바람에 몸이 안 좋아지기도 했다. 사람들은 조그만 친절에도 그냥 지나치는 법이 없었다. 무척 고마워했다. 첫해 크리스마스엔 교회에서 성탄 트리를 선보이며 노래와 선물을 준비해 잔치를 열었다. 조그만 예배당에 무려 200명이나 모였다.

2년 뒤인 1898년 가을에는 조선여성이 조선여성을 가르칠 수 있도록 지도자 양육 프로그램으로 성경훈련강좌를 시작했다. 25명 정도가 참여했다. 여성들을 위한 공간이 없었던 상황에서 교회가 여성지도력센터 역할을 한 셈이다. 그해 봄 평양으로 다시 돌아와 준 의사 로제타 홀이 큰 힘이 되었다. 1900년 9월에는 한글로 번역된 신약성서가 출판되어 한글과 성경을 동시에 가르치기가 훨씬 수월해졌다. 로제타의 제자 박에스더도 그해 미국유학을 마치고 돌아와 강의를 맡아주었다.

조선여성들의 향학열은 실로 놀라웠다. 딸 교육을 위해 머리카락을 팔겠다고 나선 어머니도 있었다. 1901년 여름에 찾아온 데이지라는 세례명을 가진 여성이었다. 서울에 소녀들을 잘 보살펴주는 좋은 학교가 있다는 말을 듣고 왔다며 자신의 딸을 훌륭한 여성으로 만들어 달라고 부탁했다. 하지만 너무 가난했다. 여비를 마련할 길이 없자, 그녀는 자신의 긴 머리카락을 잘라 팔았다. 그의 소망은 하나였다. "자신은 글도 읽을 줄 모르고 무식하지만, 자신의 딸은 읽는 법을 배우고 잘 읽는 즐거움을 누리고, 자신처럼 성서를 읽고 싶지만 읽지 못해서 느껴야 하는 씁쓸한 실망감을 느끼지 않게 해주는 것"이었다.

나라가 어려워질수록 조선여성들은 배움에 대한 열의가 더 강해졌다. 며느리를 공부시키기 위해 스스로 목동 일을 자처한 시어머니도 있었다. 나라 잃은 슬픔이 가득했던 1910년 겨울, 며느리가 매티 노블이 시작한 여자연합성경학원 학생이라며 한 여성이 찾아왔다. 며느리의 이름은 인애였는데, 등록금을 마련하기 위해 노블 집에서 일을 도왔던 학생이었다. 남편은 아내의 학업을 도우려 했지만, 시어머니가 완강하게 반대했었다. 그래도 인애는 공부를 포기하지 않았다. 그 모습에 감동한 시어머니는 이제 자신이 부족한 등록금을 마련해주고 싶다며 한 가지를 요청해 왔다. 매년 봄마다 노블이 소년을 고용하여 소 한 마리를 돌보게 했는데, 소년 대신 자신을 고용해달라는 것이었다. "평양에서는 그런 일을 하는 여자가 없다"고 며느리가 극구 말렸지만, 그는 뜻을 꺾지 않았다. 오히려 "옛날 중국에 한 학자가 있었는데, 그는 소년 시절에 목동 일을 하면서 날마다 소들에게 풀을 뜯기고 책을 보며 공부를 해 결국 위대한 선생이 되었다"는 이야기를 들려주었다. 시어머니 덕분에 인애는 학업을 다 마칠 수 있었다.

공포와 두려움의 허상을 깨다

조선여성들에게 배움은 단순히 글을 깨치고 새로운 지식을 얻는 의미만은 아니었다. 그것은 실체를 알 수 없는 두려움과 공포에서 벗어나 새로운 삶의 지평에서 자기 자신을 새롭게 만나는 신비로운 체험이었다.

1893년 10월, 매티 노블이 조선에 온 지 1년쯤 되었을 때 부정을 저질렀다는 이유로 남편에게 코와 손이 잘린 여성이 여성병원인 서울 보구여관에 입원한 적이 있었다. 닥터 커틀러는 그녀에게 코를 새로 만들어주기 위한 수술을 하려고 한참을 애썼다. "어떻게 이런 일이 일어날 수 있느냐"고 묻는 매티 노블에게 조선에서는 흔한 일이라고 그의 어학선생이 일러주었다. 때때로 죽이기도 하지만 죽이는 것이 어려우므로 이렇게 큰 고통을 주거나 신체적 기형을 징벌로 준다는 것이다. 폭력을 행사한 남성은 아무런 처벌도 받지 않았다. 여성들은 자신을 보호할 힘도 자신을 지켜줄 그 어떤 사회적 안전장치도 없이 무자비한 폭력에 그대로 노출되어 있었다. 여성들이 할 수 있는 일이란 자신의 운명을 탓하며 그저 견디는 것 뿐이었다.

조선의 여성들은 고통에 익숙했다. 그러나 이들에게도 인내할 수 없는 고통이 있었다. 바로 아이가 아픈 것이었다. 자신의 신체에 가해지는 고통은 얼마든지 참을 수 있지만, 알 수 없는 질병으로 신음하거나 죽어가는 아이는 차마 볼 수 없었다. 하지만 웬일인지 치료할 생각을 하지 않았다. 그저 무당을 불러 굿을 하거나 물을 떠놓고 무언가를 향해 비는 것이 고작이었다. 사람들은 모든 불행은 본인이 잘못을 저질러서 나쁜 귀신들이 노하여 생겨난 것이라고 믿었다. 그래서 아이가 불구이거나 아픈 것을 보면 죄가 드러난 것이라 여기고 나쁜 귀신이 부모와 아이를 질책하는 것이라며 비웃곤 했다. 매티 노블을 찾아온 한 여성은 자신의 딸이 곱사등이인데 사람들이 놀릴까봐 두려워 집 밖으로 한 번도 나가본 적이 없다고 했다.

원인을 알 수 없는 질병이나 전염병이 돌 때는 이름도 없는 수많은 귀신의 허상이 이들의 목을 조르며 무지의 포로로 삼았다. 해마다 여름이 오면 갖가지 전염병들이 나돌았는데, 민중들에겐 전쟁보다 전염병이 더 무서웠다. 위생시설이나 오물처리 시스템이 제대로 갖추어 있지 않은 탓에 조선에서는 유독 전염병으로 희생되는 경우가 많았다. 1899년은 천연두까지 기승을 부렸다. 천연두, 홍역, 열병으로 매일 새로운 환자들이 생겨나고 많은 사람이 죽어갔다. 매티 노블이 조선에 온 이후로 이렇게 많은 환자의 소식을 들은 적이 없었다고 기록할 정도였다. 특히 면역력이 약한 아이들의 희생이 컸다. 사람들은 전염병을 귀신들이 일으키는 해코지라고 여겼다. 아이들이 하루가 멀다고 죽어 나가자, 귀신들을 달

랜다며 바구니에 옷가지들을 담아 성벽을 따라 길게 늘어선 나무에 매달아 두었다. 심지어는 아이의 시체를 가마니에 말아 나뭇가지에 걸어 놓은 것도 보았다. 다른 한 아이의 시체는 땅바닥 위에 장대에 묶여 있었다. 이유를 물으니, 가족 중에서 한 아이가 천연두로 죽고, 다른 아이들은 아직 발병치 않은 상태면 죽은 아이의 시체를 나무 위에 달아 다른 아이가 회복되는지 지켜본다고 했다. 매티 노블은 경악하지 않을 수 없었다. 로제타 홀을 비롯한 평양의 의료진들은 천연두 같은 질병뿐 아니라, 질병에 대한 무지와 두려움으로 실체 없는 유령들의 포로가 된 사람들과도 씨름해야 했다.

조선의 여성들은 늘 무언가를 빌었다. 명산名山은 어디나 유명한 불교 사찰이 있었는데, 가는 곳마다 절을 하며 무언가를 비는 여성들이 있었다. 무엇을 기도하느냐 물어보면 "잘 살게 해 달라", "아들을 낳게 해 달라"고 빈다고 했다. 명산뿐 아니다. 제아무리 가난한 집안도 선반에 밥이나 옷가지가 담긴 바구니 하나씩은 있었다. 귀신이 재앙을 내리지 않도록 빌며 공물을 바치는 것이라고 했다. 가정이라는 작은 공간에 갇혀 가족의 시중을 드는 일 외엔 아무것도 허락되지 않았던 삶에서 여성들이 선택할 수 있는 것은 별로 없었다. 예기치 않게 다가오는 수많은 고통 앞에서 이들이 아는 단 한 가지 방법은 누구라도 좋으니 이 고통을 피해갈 수 있게만 해달라고 비는 것 뿐이었다. 고통의 원인이 무엇인지 질문하고 그 실체를 밝히고 이를 극복할 방법을 찾는 것은 너무나 당연하였지만, 그 당연한 것조차 들어본 적도 배워본 적도 없었다.

매티 노블은 공포와 두려움에 사로잡힌 여성들에게 새로운 세상을 보여주고 싶었다. 그들이 비는 세상이 다가 아니라는 것을 알려주고 싶었다. 그가 평양에서 여학교를 열고 성경공부반과 주일학교를 시작한 이유였다. 그를 찾아온 여성들은 교회와 학교에 다니며 하나둘씩 한글을 깨치고, 성서를 읽고, 세상이 돌아가는 이치를 배우면서 달라지기 시작했다. 자신들의 목을 조르던 실체 없는 유령을 더는 두려워하지 않게 되었다. 과감히 선반에 모셔두었던 바구니들을 끄집어내 불태우는 것으로 새로운 삶의 시작을 알렸다. 물을 떠놓고 아침저녁으로 비는 대신 새로 깨우친 한글로 매일매일 성서를 읽었다.

남편의 손찌검도 더 이상 두려워하지 않았다. 오히려 두려움에 벌벌 떨던 모습에서 벗어나 남편과 자식들을 설득하기 시작했다. 입이 있어도 말 한마디 못했던 벙어리의 삶을 벗어 던지고 자신에게 찾아온 새로운 경험에 대해 이웃에게 말하기 시작했다. 자신에게 이름이 있었는지조차 잊고 살았던 삶에 마침표를 찍고, 낯설지만 새로 얻게 된 이름으로 다르게 살고 싶어 했다.[58] 누구의 엄마나 누구의 아내로만 살았는데, 이젠 자신의 이름으로 산다는 것이 무엇인지 알게 되었다. 평생 까막눈으로 살 줄 알았는데, 자신의 눈으로 직접 글을 읽고 자신의 이름으로 불리는 것이 너무 신기해 이들은 3박 4일을 걸어도 힘든 줄 모르고 배움에 열중했다.

그러나 새로운 변화에 가족들과 이웃들은 너그럽지 못했다. 가정에 안주해 있던 이들이 세상 밖으로 나오려 하자 두려웠는지 폭력을 행사하

---

58) 결혼 이후 자신의 이름을 잊고 사는 조선여성들을 안타깝게 여긴 초기 선교사들은 교회에서 세례를 베풀 때 성서의 이름이나 미국 이름에서 따온 세례명을 새 이름으로 지어주는 경우가 많았다.

고 비난을 멈추지 않았다. 그래도 새로운 세상을 한 번 경험한 이들은 과거로 쉽게 돌아가려 하지 않았다. '전도부인'이라는 새로운 일을 맡아 매티 노블의 동역자로 활동하는 이들도 생겨났다.

물론 새로운 세계에 눈을 떴다고 눈앞의 현실이 사라지거나 달라진 것은 아니었다. 달라진 자신의 모습이 신기해 여성들은 "해방된 날"이라고 고백했지만, 조선의 현실은 달라지지 않았다. 오히려 갈수록 암담했다. 민초들의 삶도 나날이 팍팍해지고 날로 피폐해졌다. 차이가 있다면 고통스러운 현실에 대응하는 방식이 달라졌다. 이들의 눈물겨운 분투기는 성서에 나오는 초대교회 여성들을 떠올리게 할 만큼 실로 경이로운 것이었다.

1927년 매티 노블은 이들의 자전적 이야기를 엮어 《승리의 생활 *Victorious Lives of Early Christians in Korea*》을 세상에 내놓았다. 안타깝게도 이들이 조국독립을 위해 용기를 냈던 시간들은 일본의 검열 때문에 철저히 숨겨야 했다.

《승리의 생활》 겉표지(1927)

일본의 야만을 기록하다

전쟁을 치른 지 10년 만에 한반도에서 또 전쟁이 일어났다. 러일전쟁이었다. 평양은 이번에도 무례하기 짝이 없는 외국 군인들에게 짓밟혔다. 미국공사에서는 일본이 조선에 거주하는 미국인들을 지켜줄 것이라고 말했지만, 일본은 미국인들의 재산을 보호할 계획 같은 건 애초에 없었던 듯 보였다. 그만큼 일본은 자신감에 차 있었다. 결국 선교사들을 포함하여 조선에 머물던 미국인들은 스스로 자신들을 지키고 방어하기 위한 계획을 세웠고, 깃발과 불빛을 이용한 신호를 정해 가정마다 이를 학습해두었다.

매티 노블의 눈에 비친 일본 군인들은 기강이 제대로 잡혀있지 않았고, 러시아 군인들보다 훨씬 무례했다. 매티 노블은 일본 군인들의 이율배반적 행동에도 크게 실망했다.

1904년 초반 상황을 적어 놓은 날짜미상의 글이다.

"그들은 자기네들이 먹고 싶은 음식이 있으면 사람들한테서 빼앗고 그에 대한 대가도 치르지 않는다. 물건을 사고 돈을 내는 경우가 가끔 있지만 대개는 음식이나 곡물을 그냥 가져가서는 값도 치르지 않는다. 강 건너편 마을의 어느 가장은 자신의 부인과 딸을 지키려다 일본 군인의 칼에 코를 베이기도 했다. (하지만) 일본인 관리들은 미국인들이 미국인과 관련된 일들로 이야기하러 오면 무척 예의 바르게 대한다. 그들은 미국인을 존중한다."

---

59) 영문판은 1933년에 발행되었다.

노블 부부가 2차 안식년 휴가를 마치고 조선으로 돌아왔을 때, 을사늑약이 맺어졌다. 상동교회 청년회를 비롯하여 많은 교회 청년들이 적극적으로 움직이기 시작하면서 크고 작은 충돌이 일어났다. 대부분의 선교사가 그랬듯이, 매티 노블도 교회 청년들의 움직임을 염려하지 않을 수 없었다. 교회 청년조직이 정치적인 목적에 이용되는 것은 아닌지에 대한 우려도 있었지만, 그가 더욱 크게 우려했던 것은 일본의 앞잡이 노릇을 하는 일진회가 개입하여 청년 모임을 방해하거나 돌멩이와 몽둥이를 가지고 들이닥치곤 했기 때문이다. 그러나 이는 시작에 불과했다. 일본군의 주둔은 갈수록 조선인들을 힘들게 했고, 매일매일 아무런 보상도 없이 거처를 잃는 가족들이 생겨났다.

매티 노블은 분노했다.

"일본인들이 손에 넣은 넓고 좋은 땅과 집은 군사적 필요성을 핑계 삼아 조선인들로부터 빼앗은 것이다."

그럼에도 불구하고 외국에서는 조선에서 무슨 일이 일어나는지 알지 못했다. 뉴스가 조선 밖으로 나가지 못하기 때문이었다. 일본인들은 선교사들이 소유한 땅까지 빼앗으려 하거나 소산물을 훔쳐갔다. 이에 항의하다 구타를 당한 선교사들도 생겨났다. 조선인들의 상황은 말할 것도 없었다. 농부들이 수확할 즈음, 일본인들이 땅을 이용해야 한다며 찾아와서는 막무가내로 농사지은 것들을 다 갈아엎고 농부들에게는 아무런 보상도 해주지 않는 일이 비일비재했다.

매티 노블이 더욱 이해할 수 없었던 것은 아시아에 관심을 갖는 미국의 지식인들이었다. 1907년 봄, 일본 정부의 초청과 지원을 받고 평양을 찾은 한 무리의 미국인들이 노블의 집에 묵었다. 예일대학교 심리학 교수인 래드G. T. Ladd 박사 부부도 있었다. 그는 이토 히로부미의 초대를 받아 조선에 와서 두어 달간 머물며 강연을 했다. 초대에 응한 이유를 묻자, 그는 "교육과 도덕을 위하여"라고 대답했다.

그날의 만남은 노블 부부를 크게 실망시켰다.

"이들 부부는 일본과 일본 사람들을 무척 좋아하기 때문에, 일본인들이 싫어하는 모든 것에 대해 편견이 있었다. 일본인들이 조선 땅에서 저지른 옳지 못한 일들에 대해 어쩌다 이야기를 하게 되자, 래드 부인은 '솔직히 저는 믿지 못하겠어요'라고 말했다. 이것이 조선에 머무르는 동안 그들이 보여준 태도다."

노블 부부는 일본이 국제여론까지 치밀하게 관리하고 있음에 혀를 내둘렀다. 하지만 조선은 이에 대해 아무런 대응도 할 수 없었다. 노블 부부는 로제타 홀과 함께 경비를 직접 마련해가며 조선의 동료들을 상하이에서 열리는 연회Annual Conference에라도 참석시키려고 노력했다. 한 번도 외국에 나가보지 못한 이들에게 이렇게라도 조선 밖의 세상을 보여주고 싶었다.

일본이 국제여론을 만드는 동안, 황해도에서는 교회 대중들 사이에 어이없는 이야기들이 나돌기도 했다. 조선을 사랑하는 미국의 한 부인이 사경회와 주일학교를 위해 벽돌로 만든 멋진 2층짜리 건물을 완성하여 조선으로 보낼 것인데 곧 비행기로 도착한다는 것이다. 어린 아이들의 상상 속에서나 가능한 이야기였지만, 다수가 모이는 교회의 대형집회들을 통해 대중들 사이로 빠르게 퍼져나갔다. 나라를 잃고 깊은 상실감에 빠진 조선의 대중들은 이런 식으로라도 희망을 갖고 싶었나 보다.

"맨손혁명"에 학살로 답한 일본

일본의 하늘이 되었다고 모두가 불행했던 것은 아니다. 조선인들 중에는 더 큰 부와 권력을 누렸던 이들도 적지 않았다. 1917년 9월, 매티 노블은 박영효 후작의 초대로 그의 집을 방문했다. 노블 일행은 서양식으로 접대되는 맛있는 조선음식들을 맛보았다. 음식은 10가지 코스로 구성되었는데, 후식으로 아이스크림과 과일, 핑거볼이 나왔다. 커피에 이어 입을 닦아내는 그릇까지 나왔다. 물로 입을 가신 뒤 뱉어내는 3단으로 된 그릇은 처음 보는 것이었다.

그러나 같은 하늘 아래서 너무나 많은 사람들은 매일매일 죽음을 안고 살았다. 그해 겨울 혹독한 추위가 이어졌고 하룻밤에 27명이나 되는 사람들이 동사하기도 했다. 매티 노블은 다른 선교사들과 구호단체를 조직하고 음식이나 쌀, 헌 옷 등을 구입할 기금을 마련하여 가난한 이들을 찾아 나섰다. 많은 가정이 작은 보금자리조차 빼앗기고 공터에 구덩이를 파고 그 위에 지푸라기를 지붕으로 얹은 곳에서 겨울을 나고 있었다. 음식을 익히는 화로가 전부였고 밤에 덮을 낡은 넝마 하나가 있을 뿐이었다. 일거리를 찾아 매일 거리로 나오지만, 일감을 찾기는 어려웠다.

그래도 조선민중들은 희망의 끈을 놓지 않았다. 나라를 되찾겠다는 열망은 1919년 3월 1일을 "위대한 조선의 날"로 만들었다. 오후 2시 각 학교 학생들이 모여 일본의 조선 지배에 항거하는 시위를 벌였고, 거리로 나가 "대한독립 만세"를 외치며 행진을 시작했다. 이날 만세시위는 전국으로 퍼져나갔다. 일본 정부가 고종황제를 시해했다는 내용의 전단이 거리에 뿌려졌다.

매티 노블이 3월 2일에 쓴 기록에 보면, 파리강화회의를 앞두고 일본과 조선은 함께 움직일 때 더욱 발전할 수 있으며 조선은 일본으로부터 분리되기를 원치 않는다는 내용의 문서에 거의 강제적으로 서명이 이루어졌다. 고종황제가 이에 격노하여 서명을 거부하자, 강제적으로 서명을 받아낸 이들은 그에 따른 파장을 두려워해 고종황제를 독살하고 궁녀들도 살해했다. 바로 윤덕영과 당시 전의였던 안상호의 짓이었다. 조선과 일본의 관계를 담은 문서에 이완용, 조중응, 김윤식, 송병준, 임태영, 신흥우가 서명했다는 내용이 담긴 전단지가 온 거리에 뿌려졌다.[60]

사복으로 위장한 일본경찰에게 많은 학생들이 무자비하게 구타당했다. 노블의 비서였던 김봉율도 폭행당하는 이화학당 여학생을 구하려다 집단폭행을 당하고 체포되었다. 전도부인 이에스더, 신학교 조교인 이봉갑, 이화학생 박인덕도 구속되었다. 이들은 짧게는 몇 개월 길게는 몇 년간 갇혀 심문과 고문을 당했는데, 매티 노블은 이들의 옥바라지를 도우며 그 안에서 무슨 일이 있었는지 일지에 상세히 기록했다. 발가벗겨진 채 매를 맞으며 심문을 당한 여학생들의 이야기는 차마 듣기 어려웠다. 말 그대로 "맨손의 혁명"이었다. 3월 내내 평양의 홀기념병원과 서울의 세브란스병원에는 칼에 잔인하게 베인 환자들로 넘쳐났다. 모두 그저 맨

---

60) 배재학당을 졸업한 신흥우는 미국유학을 마치고 돌아온 이듬해인 1912년 첫 조선인 배재학당 당장이 되었다. 조선총독부의 교육정책에 따라 배재학당이 고등보통학교로 개편되면서, 1916년엔 배재고보 교장이 되었다. 이때부터 그의 행적은 일제와 내통하여 계략을 꾸민다는 의심을 받았다. 이후 실제로 이중 행보를 보였다. 3.1운동이 일어났을 땐 평양 홀기념병원(기홀병원)에 입원하여 일체 면회를 거절했다. 만세운동으로 배재 학생들이 여럿 체포되었으나 철저히 외면했다. 그해 5월엔 태도를 바꾸어 미국에서 열린 세계감리교대회에 조선 대표로 참석해 3.1운동을 알리고 〈The Rebirth of Korea〉를 발행했다.

손으로 단지 "자유, 우리에게 자유를!"을 외쳤던 사람들이었다.

1919년 3.1 만세시위에서 학생들이 불렀던 노래(노블일지, 3월 5일)

4월은 더욱 잔인한 달이었다. 일본은 군인들을 파병했다. 일본군의 야만과 만행은 상상을 초월했다. 수원에서 30명이 죽임을 당한데 이어, 서울에서 10리쯤 떨어진 마을에서는 어른이나 아이 할 것 없이 100여 명이 끌려가 발가벗겨진 채 죽을 만큼 매를 맞았다. 거리를 지나다 조선인들처럼 차려입은 일본 재향군인들에게 몰매를 맞아 죽기도 했다. 칼로 수십 군데를 난자당해 사망 직전 병원에 실려 오기도 했다. 마을이 불에 타는 일도 있었다. 수원 제암리에서 일본 군인들이 자행한 학살은 그 어떤 죽음보다 참혹했다. 이 지역은 아서 노블의 선교관할 구역이었다. 정보가 철저히 통제된 상황에서 몰래 도망친 이들이 전해준 실상은 도저히 묵과할 수 없는 것이었다. 군인들은 남자들을 모두 교회로 불러내 통째로 불살라버렸다. 도망치는 사람은 쫓아가서 총을 쏘았다. 남편이 어떻게 됐는지 교회로 보러 왔던 여성들도 처참한 죽임을 당했다. 재가 되어버린 교회와 숯덩이가 된 시신들, 살이 타면서 나는 냄새로 마을은 이미 지옥이었다.

아서 노블은 사색이 되어 동료선교사인 케이블, 베크, 빌링스, 스코필드, 그리고 국제뉴스 통신원인 테일러와 함께 사건 현장으로 달려갔다. 의사였던 스코필드 박사는 홀로 그곳에 남아 일본군과 헌병들을 따돌리며 밤을 새워 세밀한 진상을 알아내려 애썼다. 매티 노블은 그날의 일들도 모두 기록으로 남겼다.

"늙은 부처"가 되어 조선을 떠나다

1926년 가을, 남편 아서 노블은 60세 환갑을 맞았다. 조선에서 평생을 보낸 노블 부부를 위해 조선동료들이 여러 지역에서 축하잔치를 마련했다. 죽음을 넘나드는 길고 험난한 세월을 함께 해준 것에 대한 고마움이 여기저기서 묻어났다. 어떤 이는 노블의 조선식 이름인 노불老佛은 '늙은 부처'를 뜻하는 한자와 같다며 노블 부부에게 이렇게 말했다.

"노블 박사님은 노불老佛과 다르지 않습니다. 불교에서는 사람이 종교적인 삶을 살아가면 나이가 들었을 때 산의 풀과 나무와 자연도 그 사람의 도덕이 지닌 힘의 영향을 받게 된다고 합니다. 저는 노블 박사님과 사모님을 외국인, 미국인으로 보지 않습니다. 같은 나라 사람으로 느낍니다."

동양에서 들을 수 있는 최고의 찬사였다. 또 어떤 이는 아서 노블의 책상 위쪽에 걸려 있던 "승하하신 고종황제의 사진을 보았노라"고 말하며 "자신의 조국을 사랑하는 만큼이나 고종과 조선을 사랑하고, 존경하고, 기억한 마음이 고맙다"고 눈물을 글썽였다. 제암리 학살이 있었던 수원에서는 빨간색 케이스에 담겨진 둥글게 생긴 아름다운 은그릇을 선물했다. 매티 노블은 "인간의 사랑은 각이 져서 사람을 차별하지만, 그리스도의 사랑은 둥글기 때문에 끝이 없으며, 사람을 차별하지 않고 흑인, 백인, 황인을 모두 사랑하신다"는 말로 고마움을 전한 조선친구들의 우정을 오래도록 간직했다. 노블 부부는 개신교의 조선선교 50주년을 맞은 1934년 12월 평생을 함께했던 조선에 아쉬운 이별을 고했다.

"바람보다 빨리 눕고 바람보다 먼저 일어난다." 매티 노블의 기록은 김수영의 시 〈풀〉을 떠올리게 한다. '민주공화국'이라는 이름을 바보로 만들었던 어느 시대에 누군가는 숨죽여 되뇌었던 말이 이제는 국민시가 되었다. 시인은 식민시대에 소리 없이 흘러든 "민초"라는 단어조차 언제나 땅을 지켜온 민중들의 질긴 생명력을 노래하는 생생한 언어로 바꾸어 놓았다. 민초들의 얼굴 없는 사연들은 시가 되고 이야기가 되어 지워지지 않는 역사의 흐름을 만들어냈다.

매티 노블은 자신의 기억저장소에 땅을 빼앗기고도 어김없이 씨앗을 심었던 이 땅의 진짜 주인공들의 수많은 사연을 빼곡히 적어 놓았다. 때로는 얼굴 없는 이름으로 때로는 이름 없는 얼굴로 그의 일지가 채워졌다. 주인을 잃어버린 사연들도 적지 않다. 그의 기록은 잠시 지나가는 여행객의 탐색에서 비롯된 것도 아니요, 늘 한 걸음 떨어져 세상을 바라보는 학자적 관찰에서 나온 것도 아니다. 그가 직접 만나고 소통하고 함께 호흡해온 이들을 대신하여 쓴 살아있는 기록이요 기억이다. 그래서 조선 역사를 지켜온 진짜 주인공들이 누구였는지, 이들이 그 생명의 뿌리를 어떻게 지켜냈는지 고스란히 전해준다. 무엇보다 그의 기록은 그 자체로 조선민초들이 임금을 섬기던 '백성'에서 벗어나 한 사회의 '시민'으로 서기 위해 걸었던 험난했던 시간들을 여과 없이 담아낸 성장스토리다. 역사는 기록으로 말하고 기억으로 의미를 얻는다.

지금 우리는

쿠바를 떠날 때,
누군가 나에게 이렇게 말했다.

당신은 씨를 뿌리고도
열매를 따 먹을 줄 모르는
바보 같은 혁명가라고.

나는 웃으며 그에게 말했다.

그 열매는 이미 내 것이 아닐 뿐더러
난 아직 씨를 뿌려야 할 곳이 많다고.
그래서 나는 행복한 혁명가라고.

"시대정신을 가장 완벽하게 구현한 휴머니스트"로 평가받는 어느 혁명가의 글이다. 고통에 신음하는 가난한 민중들을 끝까지 지켜야 할 첫 조국으로 삼았던 체 게바라Che Guevara가 그 주인공이다. 체는 자신이 나고 자란 아르헨티나를 뒤로하고 촉망받는 의학도로서 약속된 장밋빛 미래도 내려놓았다. 남미의 동지들과 친구들은 그를 '전사 그리스도'라고 부르며 오래도록 그리워했다.

"제아무리 어두컴컴한 밤일지라도 그는 저 하늘의 별로 늘 떠 있어요. 진정한 목자, '체'라는 이름의 별로."

자신의 생이 행복했노라 고백한 체 게바라의 글은 반세기 앞서 조선에 찾아와 근대시민사회의 첫 씨앗을 뿌린 '잊혀진 이방인들'의 선택을 그대로 대변해주는 듯하다. 이들은 기독교의 가르침을 들고 낯선 얼굴로 다가와 다양한 공간에서 다양한 방식으로 조선이 새로운 꿈을 꿀 수 있도록 도운 휴머니스트들이었다. '작은 씨앗'으로 뿌린 교육과 의료는 근대시민사회의 기반이 되는 공교육과 공공의료의 시작이 되었다. 처음 선보인 대중들을 위한 서적들과 매체들의 생산은 소수의 지배계급이 지식권력을 독점했던 전제사회에 균열을 내고, 시민의식의 고취와 대중들이 함께 소통할 수 있는 지식공유의 공간을 만들어냈다.

처음부터 세상을 바꾸겠노라고 거대한 꿈을 꾸었던 것은 아니다. 이들이 참여하고 실천했던 것은 가난과 식민착취의 이중 포로가 된 조선 민중들과 사람됨의 가치를 공유하고 변화의 주체로 설 수 있도록 돕는 일이었다. 이들이 뿌린 작은 씨앗들이 오늘날 시민사회의 기반이 되었다.

지금 우리는 일찍이 누군가 심어놓은 씨앗의 열매만을 탐할 뿐이다. 씨앗의 가치를 사회적 자산으로 공유하지도 못하고 다음 세대를 위한 미래자산으로 키우지도 못하고 있다. 인간존엄의 가치는 거대자본의 시장논리에 내어준 지 오래고, 공공성의 가치를 최우선으로 삼았던 교육과 의료조차 사유화되어 소수 특권층을 위한 권력의 확대와 재산증식의 수단으로 전락해버렸다. 성장지상주의의 포로가 된 교회는 모든 사람이 신 앞에 평등하다는 성서의 가르침을 더 이상 삶 속에 녹여 내지 못하고 있다. 아니 거꾸로 낡은 시대의 차별적 프레임을 끊임없이 부활시키며 다양성의 미래 가치를 원천봉쇄하고 있다. 때로는 역사의 수레바퀴를 뒤로 돌리는 반동의 역할도 마다하지 않는다.

역사는 땅을 탐내고 사람을 지배하려는 자들과 암하아레츠_{am ha'arez}, 곧 '땅의 사람들'을 지키려는 이들의 치열한 싸움이 만들어낸 열매인지도 모른다. 휴머니즘은 땅에 경계를 긋고 그 경계를 확장시키기 위해 인류의 고통을 끝없이 만들어내는 일체의 시도를 거부하는 시대정신이다. 고통의 땅에서 고통 받는 이들과 함께 하는 모든 이들이 휴머니스트다. 휴머니즘은 사람과 사람 사이에 차별과 경계의 담을 두지 않는다. 국경도 없다. 휴머니스트의 조국은 '땅'이 아니라 '사람'이기 때문이다.

휴머니즘은 이념과 종교의 틀에 갇히지 않는 인류의 보편가치다. 휴머니즘이 사라지는 순간 모든 혁명은 잔인한 폭력이 되고, 모든 종교는 집단파멸을 부르는 광기가 된다. 어떤 이념도 어떤 종교도 사람됨의 가치를 놓아서는 안 된다. 인간존엄의 보편가치를 놓는 순간, 모든 이념과 종교는 세상에서 가장 위험한 덫이 된다. 모든 시대는 휴머니즘을 요구하며, 휴머니즘은 제 아무리 강조해도 지나침이 없다.

체가 남긴 말이다.

"진실한 인간이라면 모두 다른 사람의 뺨이 자신의 뺨에 닿는 것을 느껴야 한다."

부록

도움을 주는 책들

- 《언더우드 부인의 조선견문록 *Fifteen Years Among the Top-knots*》(릴리어스 호톤 언더우드 저/김철 역/이숲, 2011)
- 《릴리어스 호튼 언더우드》(정미현 저/연세대학교 대학출판문화원/2015)
- 《한국의 선교역사, 1884-1934》(엘리자베스 언더우드 저/변창욱 역/케노시스/2013)
- 《제임스 S. 게일 목사의 선교편지, 1891-1900 *Rev James S. Gale's Missionary Letters*》(제임스 S.게일 저/김인수 역/쿰란출판사/2009)

04 누가 가난한 농촌으로 갈 것인가 – 애나 채핀

- 〈황무지를 헤치며〉《신여원》(1972. 4~7) / 황애덕 저
- '거역할 수 없는 사랑의 능력으로 : 채핀 부인의 삶과 선교' 〈성광교회 창립 55주년 기념 학술대회 자료집〉(2012) / 이덕주 저
- '또 하나의 상록수 : 김로득과 1930년대 농촌운동', 〈성광교회 창립 55주년 기념 학술대회 자료집〉(2012) / 하희정 저
- '1930년대 황애덕의 농촌사업과 여성운동'《한국기독교와 역사》35호(2011. 9) / 김성은 저

제2부. 공공의료: 협력과 연대로 사회안전망을 구축하다

01 시장터에 민중병원을 열다 – 윌리엄 스크랜턴

- 《스크랜턴 : 어머니와 아들의 조선 선교 이야기》(이덕주 저/공옥/2014)
- 《상동청년 전덕기》(이덕주 저/공옥/2016)
- 《한국 개신교 초기 그리스도를 나눈 의료선교사 1884-1924》(차신정 저/캄인/ 2013)

02 백정마을로 왕진 다닌 어의 – 올리버 에비슨

- 《근대한국 42년, 1893-1935》(올리버 R. 에비슨 저/박형우 편역/청년의사/2010)
- 《구한말 40여년의 풍경》(올리버 R. 에비슨 저/황용수·장의식 편역/대구대학교출판부/2006)

- 《올리버 R. 에비슨 자료집》(박형우 편역/연세대학교 대학출판문화원/2015)
- 《한국 개신교 초기 그리스도를 나눈 의료선교사 1884-1924》(차신정 저/캄인/ 2013)
- 《한국의 선교역사 1884-1934》(엘리자베스 언더우드 저/변창욱 역/케노시스/2013)

03 숭고한 인류애로 조선여성을 치료한 '평양의 오마니' – 로제타 홀

- 《로제타 홀 일기1》(양화진문화원 편/김현수·강현희 역/홍성사, 2015)
- 《로제타 홀 일기2》(양화진문화원 편/김현수·강현희 역/홍성사, 2016)
- 《닥터 로제타 홀: 조선에 하나님의 빛을 들고 나타난 여성》(박정희 저/다산호당/2015)
- 《한국에서 최초로 순직한 선교사 닥터 윌리엄 제임스 홀》(로제타 셔우드 홀 편저/현종서 역/에이멘/1995)

04 버려진 이들의 어머니가 된 남도의 성녀 – 엘리자베스 쉐핑

- 《조선을 섬긴 행복 : 서서평의 사랑과 인생》(양창삼 저/서빙더피플/2012)
- 《바보야, 성공이 아니라 섬김이야 : 엘리제 쉐핑 이야기》(서빙더피플/2012)
- 《임락경의 우리 영성가 이야기》(임락경 저/홍성사/2014)

05 조선에서 태어난 서양소년, 해주에서 결핵치료의 길을 열다 – 셔우드 홀

- 《닥터 홀의 조선회상》(셔우드 홀 저/김동열 역/좋은씨앗/2003)
- 《닥터 로제타 홀 : 조선에 하나님의 빛을 들고 나타난 여성》(박정희 저/다산초당/2015)
- 《한국에서 최초로 순직한 선교사 닥터 윌리엄 제임스 홀》(로제타 셔우드 홀 저/현종서 역/에이멘/1995)

제3부. 대중매체: 역사적 주체로 자기정체성을 세우다

01 '아름다운 아침의 나라' 짓밟은 제국의 야만을 고발하다 - 호머 헐버트

- 《한국사, 드라마가 되다1·2》(호머 헐버트 저/마도경·문희경 공역/리베르/2009)
- 《안개 속의 얼굴》(호머 헐버트 저/이현표 역/코러스/2011)
- 《마법사 엄지》(호머 헐버트 저/이현표 역/코러스/2011)
- 《헤이그 만국평화회의 관련 일본정부 기밀문서 자료집》(헐버트박사기념사업회 편역/선인/2007)
- 《헐버트 조선의 혼을 깨우다》(김동진 저/참좋은친구/2016)
- 《파란눈의 한국혼 헐버트》(김동진 저/참좋은친구/2010)
- 《임페리얼 크루즈》(제임스 브래들리 저/송정애 역/프리뷰/2010)

02 3·1운동 민족대표 숨겨진 34번째, "맨손혁명"을 증언하다 - 프랭크 스코필드

- 《프랭크 스코필드》(프랭크 W. 스코필드 저/키아츠 엮음)』(KIATS, 2014)
- 《민족대표 34인 석호필 : 프랭크 윌리엄 스코필드》(이장락 저/바람/2011)
- 《노블일지 1892-1934 : 미 여선교사가 목격한 한국 근대사 42년간의 기록》(매티 윌콕스 노블 저/강선미·이양준 공역/이마고/2010)

03 이름 없는 조선민초들의 삶을 기록하다 - 매티 노블

- 《노블일지 1892-1934 : 미 여선교사가 목격한 한국 근대사 42년간의 기록》(매티 윌콕스 노블 저/강선미·이양준 공역/이마고/2010)
- 《한국교회 처음 여성들 : 개화기 여성 리더들의 혈전의 역사》(이덕주 저/홍성사/2013)
- 《승리의 생활 Victorious Lives of Early Christians in Korea》(Mrs. W. A. Noble/The Christian Literature Society/1927)